经济管理国家实验教学示范中心
经济管理省级实验教学示范中心 共同资助

暨南大学经济管理实验中心实验教材

计量经济学模型及R语言应用

Econometric Models and the Application of R Language

王斌会 编著

北京大学出版社 PEKING UNIVERSITY PRESS
暨南大學出版社 JINAN UNIVERSITY PRESS
中国·北京 中国·广州

图书在版编目（CIP）数据

计量经济学模型及 R 语言应用/王斌会编著．—广州：暨南大学出版社，2015.5

（暨南大学经济管理实验中心实验教材）

ISBN 978－7－5668－1382－4

Ⅰ．①计…　Ⅱ．①王…　Ⅲ．①程序语言—程序设计—应用—计量经济学—经济模型—高等学校—教材　Ⅳ．①F224.0－39

中国版本图书馆 CIP 数据核字（2015）第 071098 号

出版发行：暨南大学出版社

地　址：中国广州暨南大学
电　话：总编室（8620）85221601
　　　　营销部（8620）85225284　85228291　85228292（邮购）
传　真：（8620）85221583（办公室）　85223774（营销部）
邮　编：510630
网　址：http：//www.jnupress.com　http：//press.jnu.edu.cn

排　版：广州联图广告有限公司
印　刷：广东广州日报传媒股份有限公司印务分公司

开　本：787mm×1092mm　1/16
印　张：15
字　数：374 千
版　次：2015 年 5 月第 1 版
印　次：2015 年 5 月第 1 次

定　价：32.00 元

总　序

百年沧桑，弦歌不辍；巍巍暨南，展焕新颜。暨南大学自1906年创办以来，始终秉承“宏教泽而系侨情”的办学宗旨，注重以中华民族优秀的传统道德文化培养造就人才。“始有暨南，便有商科”，最初设立的商科便因兼具理论与实用的“暨南特色”而享誉海内外。经过一百多年的发展，商科已分化出经济管理学科中的许多门类，各门类分工明确而细化，又交叉融合，近年来屡屡在学科发展上有突破和创新，尤为可喜的是暨南大学经济管理实验教学中心于2012年荣获国家级实验教学示范中心项目。这是我校继2008年获批媒体实验教学中心之后，再次获得国家级实验教学示范中心项目，是教育部“质量工程”重要建设项目之一，也是质量工程中含金量较高、获批难度较大的一个项目。这些项目是高等学校实验教学研究和改革的基地，引领着全国高等学校实验教学改革的方向。

暨南大学经济管理实验教学中心（以下简称“中心”）依托产业经济学和金融学2个国家级重点学科，3个一级学科博士学位点，拥有一支以珠江学者、教学名师和知名专家带头人组成的优秀教学团队，其中“会计学教学团队”被评为国家级教学团队。中心包括金融模拟、会计模拟、ERP实验、电子商务模拟、行为分析、经济统计与分析、财税管理与分析、酒店管理等18个实验室。中心师资力量雄厚，副高级以上教师占总人数的75%，承担全校22个本科专业以及研究生、博士生相关课程的实验、实训、实习等教学任务。

中心继承和发扬暨南大学经济管理教育重视实际操作、强化能力培养的优良传统，紧贴经管发展的现实需求，全面开展“虚拟仿真实验+校企合作实践”模式的实践教学形式改革，注重能力培养与社会需求相结合的教学内容改革。实验是教学不可或缺的一个重要组成部分，作为理论教学的基础和延伸，中心始终坚持“强化基础、重视实践、个性培养与创新能力紧密结合”的实验教学理念，逐步构建理论教学、实验教学、课外实践等多维互动、整体提升的创新实验教学体系，以培养未来华商领袖为己任，着力培养具有创新能力的复合型经管专业人才，为建设成为“具有浓厚华人华侨特色，享誉海内外的‘高端、优质、创新’复合型经济管理人才培养基地”而努力。在中心全体教职工的共同努力下，中心工作取得了显著成效，比如，开设的“财务学原理”、“基础会计学”被评为国家级精品课程，工商管理类和经济学类专业被评为国家级特色专业，中心申报的教学成果项目于2010年获广东省教学成果奖一等奖等。

随着经济和科学技术的进步，尤其是计算机技术的飞速发展，数据、模型与实验对于当代科学乃至整个社会的影响和推动作用日益显著。“暨南大学经济管理实验中心实验教材”作为国家和广东省教学示范中心的资助教材，根据经济管理类专业、学科特点，实验教材中的数据、模型和例子全部选自经济、管理等方面的内容，形成了一个能反映经济管理类院校特色的“经济管理实验”系列教材。这一特色的形成，不仅对国内经济管理实验是一个突破与创新，而且对培养经济管理类院校的应用型、创新型、复合型人才，有着积极意义。

本系列教材在总结过去教材建设经验的基础上，结合应用型本科教育的特点，借鉴国内外的经验做法，在经济管理各专业的课程体系、课程内容，教学方法、教材编写等方面进行进一步探索和创新。

本系列教材具有五个方面的特点：第一，创新性。从培养学生的兴趣入手，以掌握方法论和创造性思维为主线，以知识、概念和理论为基石，进行总体设计，思路新颖，写作体例风格独特。第二，前瞻性。搜集了最新的数据资料和理论研究成果，使教材内容着力体现超前性、前沿性、动态性。第三，实践性。体现了实验型本科教学的专业特点，以提高学生竞争力、综合素质和社会适应能力为最终目标。第四，系统性。基础知识、学科理论和课程体系融为一体，注重基础理论与实际应用的结合。第五，可读性。突出“以学生为中心”的思想，强调学以致用，所用语言浅显易懂，并附有一定的案例分析。

“暨南大学经济管理实验中心实验教材”的建设，改变了传统课程那种仅仅依赖“一支笔，一张纸”，由教师单向传输知识的模式。它提高了学生在教学过程中的参与程度，学生的主观能动性在实验中能得到相当充分的发挥。好的实验会引起学生学习科学知识和方法的强烈兴趣，并激发他们自己去解决相关实际问题的欲望，有助于促进学生独立思考和创新意识的培养。

教材建设是课程体系和教学内容改革的核心，是进一步加强学生教学工作，深化教学改革，提高学生教育教学质量的重要措施。暨南大学经济管理实验教学中心精心组织教材编写，通过专家组评审，分批立项，每批近十种，覆盖金融模拟、会计模拟、ERP 实验、电子商务模拟、行为分析、经济统计与分析、财税管理与分析、酒店管理等实验课程。这些教材符合教育改革发展趋势，反映了经济管理学科建设的新理论、新技术、新方法、新实践，在国内同类教材中较为先进。我们期望通过几年的努力，打造出一系列特色鲜明的经济管理实验教材。

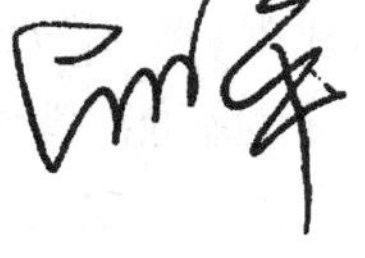

暨南大学校长、教授、博士生导师

国家重点学科产业经济学带头人

2014 年 6 月

前 言

近年来，计量经济学建模的理论和实践都有了飞速发展，也涌现了一大批相关的教材，遗憾的是有些教材缺乏技术的论述，还有一些教材则缺少实际操作应用的介绍。本教材力图在介绍计量经济学建模技术与实际操作应用的同时，采用自然的方式将两方面内容有机地结合起来，使之能够为更多学生和实际工作者所理解和接受。

计量经济学和时间序列建模的教材较多，但将两者结合起来的教材并不多。其中，有的教材侧重理论的讲述，需要读者具备较深厚的数学基础，其主要阅读对象是统计类专业的学生；有的教材则注重模型的应用，不将理论和技术细节作为重点，主要面向经济类专业的学生。本书则均衡地介绍了计量经济学的理论与应用，使之能满足更多专业方向的学生和研究者的需求。在理论方面，全书主要采用经济管理领域的实际计量经济学数据来阐述方法论。本书在给出一般性理论描述的同时，注重通过各种简单实例演绎具体的推导过程，清晰地阐释有关理论，方便读者对理论的理解。在应用方面，本书提供了基于模拟数据和真实数据的丰富例证，通过基于模拟数据的例子使读者深刻认识到时间序列的基本性质，并通过基于真实数据的例子使读者体会计量经济学模型的实际应用效果。

本书可作为一个学期的课程教材，供经济、管理、统计、工程及定量社会科学等专业的学生使用，读者需要具备从基本应用统计到多元线性回归等多方面的基础知识。只要读者具备基本的高等数学知识，即可阅读本书。而要深入理解本书的理论，则需具备一定的数学与统计学知识。

书中所有的图形和数值的输出均借助于 R 语言软件，该软件可从“统计计算 R 项目”网站（www. r-project. org）上下载。作为一款免费软件，R 语言软件的源代码格式符合自由软件基金会《GNU通用公共许可证》的规定，可以在 UNIX 平台及 Windows、Mac OS等类似的操作系统上运行。

R 语言是一种数据分析、绘图的统计语言和操作环境。在国外，R 语言非常流行，主要因为它具有强大的编程功能，可被无偿使用，而且在网上提供了很多免费的程序包。而在中国，R 语言才刚刚被国人所认识，因此其在国内的使用率还不高。计量经济学模型虽然在中国的研究已较为深入，但基于 R 语言的计量经济学模型的建立和分析还不是很全面，本书着力在阐明计量经济学建模理论的前提下，以 R 语言为工具对热点问题进行实证建模分析。

R 语言是一种可用于统计计算和作图的编程语言及环境，可提供广泛的统计（例如经典的统计描述、统计推断、线性及非线性建模、多元统计分析和时间序列分析等）及绘图技术，并且具有高度的扩展性。附录 A 的“R 语言软件”，采用与本书内容相配的方式对 R 语言进行了介绍。本书作者制作了大量可用于本书的新增或增强的 R 函数，列于附录 B，读者可从本书网站（http://eclab. jnu. edu. cn/stat/）上的相关程序包中找到它们。我们还为每一章建立了 R 命令脚本文件，这也可从本书网站下载。本书中每一个方法、模型及图表都给出了 R 代码；习题所需数据集合均有相关的文件名，如果读者使用的是 R 程序包，则其数据集合是程序包的一部分，可通过 R 命令“data( )”取得。

本书所有数据集合均以文本文件的形式放在网站上，并在文件第一行标注了各自的名称。书中很多图及计算结果，使用 SAS、SPSS、S-PLUS、EViews、RATS 等软件也可以得到。

本书是按照下面的思路撰写的：

（1）原理与方法、模拟和实例分析相结合：本书特别注意各种计量经济学模型的算法实现，使得给出的算法更有实用价值。为此，在论述算法思想时就引进易于化为计算步骤的数学式和符号，并在计算步骤中采用了 R 语言来实现。

（2）本书在讲清各种方法的实际背景和计量经济学思想的同时，对每种方法都给出了具体的计量经济学实例，并结合 R 语言软件进行实例分析。书中的大多数实例都基于作者收集的最新实际数据。各章都提供了实现所有实验结果的 R 程序，并在附录 A 里对 R 语言软件给出了详细介绍。作为一款免费的软件，R 语言软件可提供广泛的统计和作图技术，并且具有高度扩展性，已被统计学家和计量经济学家广泛使用。另外，很多最新的理论方法的 R 实现程序还可以很方便地从网络上查找到。通过本教材的学习，读者能够快速掌握 R 语言软件的使用方法，利用既有的程序达成研究的目的。

（3）研究如何将 R 语言的数据处理与计量经济学建模教学相结合，形成一套完整的、教学与科研相结合的、初具智能化的教学工具。在教学与科研一体化的功能上，在数据编辑、数据分析、序列绘图和系统帮助上充分体现多媒体教学的特点，故本书也可以用作计算机上机实习教材。

本书的最大特色是几乎在每一个计量经济模型和方法后面都有相应的模拟研究，使读者能更直接地理解所采用的模型和方法。

本书的内容安排吸取了国内外有关计量经济学和时间序列分析教材的特点，在章节的安排上遵循由浅入深、由简到繁的原则，对计量经济学和时间序列基础理论进行了较为详细的介绍，增加了一些最新的时间序列模型内容，同时附加了一些 R 语言时间序列运算的概念。书中的主要内容是根据作者在暨南大学多年从事计量经济学课程教学所撰写的讲稿修订而成的，许多新理论和方法还在不断完善中，限于时间，这些内容将在以后的版本中陆续加入。由于本书软件的计算结果都是以 R 语言为后台的，所以结果是可以信赖的。

本书的撰写得到了暨南大学统计学系老师侯雅文、谢贤芬和研究生王志坚、李雄英、梁淇俊、何卫平、李燕京、祝雨露、陈晓丹、周丽年、谭利平、伦婉晴、陈贤滨等人的大力协助，在此深表感谢！

由于作者水平有限，书中难免有错误和不足之处，恳请读者批评指正！

王斌会
2015 年 3 月于暨南园

目　录

注：本书可作为本科生“计量经济学”的实验教材。考虑到学时的长短和内容的难易度，现将篇章标注如下：加△者为其他课程中已学内容，可简单讲解；加 * 者为选学内容。

1 引 论

1.1 计量经济学概述

1.1.1 计量经济学简介

1. 计量经济学的起源

计量经济学（Econometrics）又被称作经济计量学，是经济学的一个重要分支。它是在经济理论的指导下，通过数学和统计学的方法对经济关系进行分析，以寻求经济现象所具有的数量关系与规律的一门学科。“计量经济学”一词最早是由挪威经济学家弗瑞希（Ragner Frisch）在1926年模仿“生物计量学”（Biometrics）提出来的。计量经济学作为一门学科则是由弗瑞希和荷兰经济学家丁伯根（Jan. Tinbergen）创立的。由于在创建计量经济学和宏观经济模型理论方法方面的研究取得了成就，他们二人于1969年获得了首届诺贝尔经济学奖。1930年12月29日国际计量经济学学会在美国俄亥俄州克利夫兰成立，创办人包括弗瑞希、霍特林（Harold Hotelling）、门格（Karl Menger）、鲁斯（C. F. Roos）、熊彼特（Joseph Schumpeter）、舒尔茨（Henry Schultz）、休哈特（Walter A. Shewhart）和维纳（Norbert Wiener）等一些经济学家、统计学家和数学家。该会会章明确指出，计量经济学学会是利用统计学和数学以求得经济理论进展的国际学会。1933年弗瑞希在计量经济学杂志 *Econometrica* 的创刊词中对计量经济学的方法和内容作了以下的描述：经济的数量研究包括几个方面，其中任何一个方面就其本身来说都不应该与计量经济学混为一谈；计量经济学与统计经济学绝不相同，同时它也不同于一般的经济理论。尽管经济理论大部分具有明确的数量特性，计量经济学也不应被视为数学应用于经济学的同义语。

2. 计量经济学的定义

（1）一般定义：计量经济学是以经济理论和经济数据的事实为依据，运用数学和统计学的方法，通过建立数学模型来研究经济数量关系和规律的一门经济学学科。

（2）弗瑞希作出的定义：计量经济学是统计学、经济学和数学的结合。

（3）萨谬尔森（Paul A. Samuelson）作出的定义：计量经济学是一门根据理论和观测的事实，运用合适的推理方法使之联系起来同时加以推导，并对实际经济现象进行数量分析的学科。

（4）美国《现代经济词典》中的定义：计量经济学是一门用数学语言来表达经济理论，以便通过统计方法来论述这些理论的经济学的分支学科。

不管何种定义，均体现出计量经济学与经济理论、统计学、数学有关系。经验表明，统计学、经济理论和数学三者对于人们真正了解现代经济生活中的数量关系来说，都是有必要的，任何一方的单独使用都是不充分的，只有三者的结合才是强有力的工具，正是这种结合构成了计量经济学，也就是说，计量经济学是经济学、数学和统计学三者的有机结合。

3. 计量经济学的分类

计量经济学按内容可分为理论计量经济学和应用计量经济学。理论计量经济学主要适合于人们研究测算计量经济学模型所设定的经济关系式的统计方法及其性质，如广泛使用的最小二乘法及其性质。除此之外，它还适合人们运用广泛的数学知识去研究一些特殊模型的估计与检验方法。而应用计量经济学则以建立和应用计量经济学模型为主要内容，也就是在一定的经济理论的指导下，先设定计量经济学模型，然后根据统计数据，运用理论计量经济学中的有关方法来进行实际应用的研究。理论计量经济学主要涉及以下几个方面的内容：最小二乘法、最大似然法、统计显著性检验、方差分析、回归分析、时间序列分析、模式识别、主因素分析、贝叶斯推断、误差修正协整等。应用计量经济学主要应用于以下三个方面：一是对经济结构进行分析，即通过应用计量经济学模型对经济变量之间的关系作出定量的测度；二是对未来发展进行预测，即通过应用计量经济学模型来预测实际观察数据以外的某些变量在未来一段时间内的变化情况；三是进行经济政策评价，即通过模型仿真各种经济政策的执行效果，以便对不同的政策方案进行比较和选择。伴随着计算机技术和统计分析技术的不断发展，应用计量经济学在经济学研究领域内正发挥着越来越重要的作用。

1.1.2 计量经济学的发展

综上可知，计量经济学是经济学、统计学和数学三者的结合体，并以经济理论为指导，以统计事实为依据，以数学运算为方法，以计算机技术为手段，研究经济数量关系和经济数量规律及其应用，并以建立和应用计量经济学模型为核心的一门经济学学科。

1. 计量经济学在国外的发展

19 世纪末至 20 世纪 30 年代计量经济学在欧洲兴起。第一届诺贝尔经济学奖得主、挪威经济学家弗瑞希于 1926 年首次提出“计量经济学”，并建立了第一个研究经济周期理论的计量模型，成为计量经济学的奠基人。

20 世纪四五十年代，美国计量经济学大师克莱因（Lawrence Klein）利用美国 1921—1941 年的数据建立了第一个宏观计量经济学模型，这是计量经济学发展史上的一项开创性工作。第二次世界大战后各国政府和企业的决策者为了了解经济发展的趋势，而去获得决策的定量依据，从而促使计量经济学模型在预测方面作出了贡献。20 世纪 80 年代以来，由于信息产业的发展和计算机技术的进步与普及，在西方出现了经济学上经验研究的热潮。计量经济理论和技术得到了快速发展，其应用与研究范围更加广泛，内容更加深入。如今它已形成了一个庞大的学科体系，为现代经济学的发展奠定了良好的基础。

在时间序列方面，伯克斯（George E. P. Box）和詹金斯（Gwilym Jenkins）的时间序列 ARIMA 模型实际上是主要运用于单变量、同方差方面的线性模型。随着对各个领域时间序列的深入研究，人们发现该经典模型在理论和应用上都还存在着许多局限性。近 30 年来，统计学家纷纷转向异方差、多变量和非线性方面的时间序列分析方法的研究，并取得了突破性的进展。

在异方差方面，美国统计学家、计量经济学家恩格尔（Robert F. Engle）在 1982 年提出了自回归条件异方差模型（ARCH），用以研究英国通货膨胀率的建模问题。为了进一步放宽 ARCH 模型的约束条件，伯勒斯列夫（Tim Bollerslev）在 1986 年提出了广义自回归条件异方差模型（GARCH）。随后内尔森（D. B. Nelson）等人又提出了指数广义自回归条件异方差模型（EGARCH）、方差无穷广义自回归条件异方差模型（IGARCH）和依均值广义自回归条件异方差模型（GARCH－M）等限制条件更为宽松的异方差模型，这些异方差模型是对经典的 ARIMA 模型很好的补充。较之传统的方差齐性模型，在刻画金融市场风险的变化过程方面，它更为精确。

在多变量方面，伯克斯和詹金斯在 *Time Series Analysis Forecasting and Control* 一书中研究过平稳多变量序列的建模，伯克斯和刁锦寰（George C. Tiao）在 1970 年左右讨论过带干扰变量的时间序列分析。这些研究实际上是把对随机事件的横向研究和纵向研究有机结合在一起，提高了对随机事件分析和预测的精度。1987 年，英国统计学家、计量经济学家格兰杰（Clive Granger）提出了协整理论（cointegration），进一步为多变量时间序列建模松绑。有了协整的概念之后，在多变量时间序列建模过程中，“变量是平稳的”不再是必须条件了，而只要求它们的某种线性组合平稳。协整观念的提出极大地促进了多变量时间序列分析方法的发展。

2. 计量经济学在我国的发展情况

我国计量经济学的研究始于 20 世纪 50 年代末，但真正步入快速发展却是在改革开放之后。我国在 1979 年成立了数量经济研究会和数量经济研究所，1982 年召开了第一届数量经济学会，从此，计量经济方法在我国得到了广泛应用。近年来，人们又利用计量经济学模型研究经济周期波动、国际贸易、汇率变化、生产率与经济增长方式转变等。目前，我国计量经济学已形成庞大的教学、研究和应用体系。

1.1.3 计量经济学方法

早期的时间序列分析都是通过直观的数据比较或绘图观测，寻找序列中蕴涵的发展规律，这种分析方法被称为描述性时间序列分析。在天文、物理、海洋学等自然科学领域，这种简单的描述性时间序列分析方法也常常能使人们发现意想不到的规律。描述性时间序列分析方法具有操作简单、直观和有效的特点，直到现在一直被人们广泛使用，它通常是人们进行时间序列统计分析的第一步。

随着研究领域的不断拓展，人们发现单纯的描述性时间序列分析有很大的局限性。在金融、保险、法律、人口、心理学等社会科学研究领域，随机变量的发展通常会呈现出非常强的随机性，想通过对序列简单的观察和描述，总结出随机变量发展变化的规律，并准确预测出它们将来的走势通常都是非常困难的。为了更准确地估计随机序列发展变化的规律，从 20 世纪 20 年代开始，学术界利用数理统计学原理分析时间序列。研究的重心从表面现象的总结转移到分析包括序列值在内的相关关系上，由此开辟了一门应用统计学科——时间序列分析学科。

纵观时间序列分析方法的发展历史，我们可以将时间序列分析方法分为两大类：

1. 时域分析方法

时域分析方法主要是从序列自相关的角度揭示时间序列的发展规律。相对于谱分析方法，它具有理论基础扎实、操作步骤规范、分析结果易于解释的优点。目前，它已广泛应用于自然科学和社会科学的各个领域，成为时间序列分析的主流方法。

时域分析方法的基本思想源于事件的发展通常都具有一定的惯性。这种惯性用统计的语言来描述就是序列值之间存在着一定的相关关系，而且这种相关关系具有某种统计规律。分析的重点就是寻找这种规律，并拟合出适当的数学模型来描述这种规律，进而利用这个拟合模型来预测序列未来的走势。

时域分析方法具有相对固定的分析模式，通常都遵循如下分析步骤：

（1）第一步，考察观测值序列的特征；

（2）第二步，根据序列的特征选择适当的拟合模型；

（3）第三步，根据序列的观测数据确定模型的口径；

（4）第四步，模型检验，优化模型；

（5）第五步，利用拟合好的模型来推断序列其他的统计性质或预测序列未来的发展。

时域分析方法的产生最早可以追溯到 1927 年，英国统计学家尤尔（Udng Yule）提出自回归模型（autoregressive，AR）。不久之后，英国数学家、天文学家沃克（G. T. Walker）在分析印度大气规律时使用了移动平均模型（moving average，MA）和自回归移动平均模型（autoregressive moving average，ARMA），这些模型奠定了时间序列时域分析方法的基础。

1970 年，美国统计学家伯克斯和英国统计学家詹金斯联合出版了 *Time Series Analysis Forecasting and Control* 一书。在书中，伯克斯和詹金斯在总结前人研究的基础上，系统地阐述了对差分自回归移动平均模型（autoregressive integrated moving average，ARIMA）的识别、估计、检验及预测的原理与方法。这些知识现在被称为经典时间序列分析方法，是时域分析方法的核心内容。

2. 频域分析方法

频域分析方法也被称为“频谱分析”或“谱分析”方法。早期的频域分析方法假设任何一种无趋势的时间序列都可以分解成若干个不同频率的周期波动，借助富里埃分析，从频率的角度揭示了时间序列的规律，后来又借助了傅里叶变换，用正弦、余弦项之和来逼近某个函数。20 世纪 60 年代，伯克（J. P. Burg）在分析地震信号时提出最大熵谱估计理论，该理论克服了传统谱分析所固有的分辨率不高、频率泄漏等缺点，使谱分析进入一个新阶段，我们称之为现代谱分析阶段。

目前，谱分析方法主要运用于经济管理、信息工程、物理学、天文学、海洋学和气象科学等领域，是一种非常有用的纵向数据分析方法。但是由于谱分析过程一般都比较复杂，研究人员通常要具有很强的数学基础才能熟练使用它，同时它的分析结果也比较抽象，不易于进行直观解释，导致谱分析方法的使用具有很大的局限性。

本书主要研究基于时域分析方法的计量经济学模型。传统的计量经济学模型有两个重要的组成部分：线性回归模型和时间序列模型。前者侧重于研究横截面数据，后者主要研究时间序列数据。本书主要介绍这两种计量经济学模型。

1.2 计量经济学内容与建模技术

1.2.1 计量经济学的内容体系

1. 从范围讲

计量经济学包括狭义的计量经济学和广义的计量经济学。

狭义的计量经济学以揭示经济现象中的因果关系为目的，主要应用的是回归分析方法。广义的计量经济学是利用经济理论、统计学和数学，定量研究经济现象的经济计量方法。

2. 从层次讲

可把计量经济学分为初级、中级、高级三个层次。初级计量经济学一般包括计量经济学所必需的基础数理统计知识和矩阵代数知识、经典的线性计量经济学模型理论与方法（以单一方程模型为主）、单方程模型中应用等内容。中级计量经济学以经典的线性计量经济学模型理论与方法及其应用为主要内容，包括单一方程模型和联立方程模型。在应用方面，中级计量经济学主要讨论计量经济学模型在生产、需求、消费、投资、货币需求和宏观经济系统等传统领域中的应用，注重于应用过程中实际问题的处理。在描述方法上，中级计量经济学普遍运用矩阵描述。高级计量经济学以扩展的线性模型理论与方法、非线性模型理论与方法和动态模型理论与方法，以及它们的应用为主要描述方法。

3. 从对象讲

从研究对象和侧重点的角度讲，理论计量经济学侧重于理论和方法的数学证明与推导，与数理统计联系极为密切；应用计量经济学则以建立与应用计量经济学模型为主要内容，强调应用模型的经济学和统计学基础，侧重于建立与应用模型过程中实际问题的处理。

4. 从历史讲

纵观计量经济学发展史，20 世纪 70 年代之前发展并广泛应用的计量经济学称为经典计量经济学，其理论特征是：以经济理论为导向，建立因果分析的随机模型，模型具有明确的形式和参数，模型变量之间的关系多表现为线性关系，或者可以化为线性关系，以时间序列数据或者截面数据为样本，采用最小二乘法或者极大似然法估计模型。其应用方面的特征是：在生产、消费、投资以及宏观经济等传统的应用领域进行结构分析、政策评价、经济预测和理论检验。20 世纪 70 年代及之后发展的计量经济学理论、方法及应用模型称为现代计量经济学，主要包括微观计量经济学、非参数计量经济学、时间序列计量经济学和动态计量经济学等。

经典计量经济学在理论方法方面的特征是：①模型类型——随机模型；②模型导向——理论导向；③模型结构——线性或者可以化为线性、因果分析、解释变量具有同等地位、模型具有明确的形式和参数；④数据类型——以时间序列数据或者截面数据为样本，被解释变量为服从正态分布的连续随机变量；⑤估计方法——仅利用样本信息，采用最小二乘法或者极大似然法估计模型。

经典计量经济学在应用方面的特征是：①应用模型的方法论基础——实证分析、经验分析、归纳；②应用模型的功能——结构分析、政策评价、经济预测、理论检验与发展；③应用模型的领域——传统的应用领域，例如生产、需求、消费、投资、货币需求以及宏观经济系统等。

非经典计量经济学一般指 20 世纪 70 年代以来发展的计量经济学理论、方法及应用模型，也称为现代计量经济学。非经典计量经济学主要包括微观计量经济学、非参数计量经济学、时间序列计量经济学和动态计量经济学等。

非经典计量经济学的内容体系包括：①模型类型非经典的计量经济学问题；②模型导向非经典的计量经济学问题；③模型结构非经典的计量经济学问题；④数据类型非经

典的计量经济学问题和估计方法非经典的计量经济学问题。

1.2.2 计量经济学的建模技术

1. 传统建模方法

传统计量经济学建模基本上遵从“理论驱动”的建模思想。它基于某些经济理论设定模型，收集和整理相关的经济数据，通过数理统计方法估计参数，并检验方程和参数的显著性等检验所关注的经济理论是否成立，体现了“从特殊到一般”（specific to general）的建模思想（见图 1－1）。

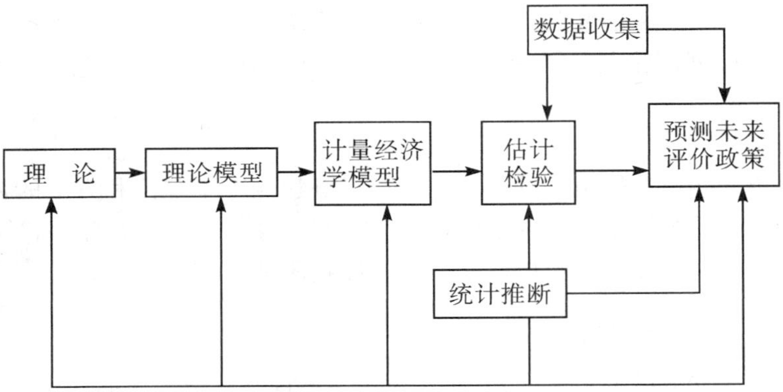

图 1－1 传统计量经济学建模方法的结构

在传统的建模方法中，模型的设定是计量经济学建模中最具挑战性也是最困难的一步。由于传统模型过度依赖于经济理论而使得模型的设定变得容易多了，换句话说，建模者事先已假定所收集的经济数据是在与经济理论相一致的数据生成过程产生的。其对模型设定的基本假设主要有：

（1）解释变量的外生性。即解释变量影响所考虑的经济系统，同时又独立于此经济系统，即解释变量是被解释变量的因。

（2）解释变量间的不相关性。即解释变量间不存在多重共线性。

（3）解释变量与扰动项的不相关性。

（4）扰动项为独立同分布序列。在应用中根据中心极限定理，设定更多的扰动项为独立同分布的正态序列。

从传统计量模型的设定特别是对扰动项分布的设定，我们可以得到一些重要的隐含推论。首先是内生变量与外生变量间存在协整关系（cointegration relationship），即回归方程为均衡的静态方程，而此假设是否成立，已成为时间序列分析的一个重要研究领域——协整分析领域。传统模型缺乏对数据的平稳性分析，导致很多伪回归（spurious regression）模型的产生，而建立在伪回归模型上的统计推断和政策分析是没有意义的。其次，传统回归方程隐含关注参数的时不变性，一旦经济结构发生变化，模型即失去了意义。同时，传统建模中对参数的估计，几乎都假定扰动项服从正态分布。这种正态分布为薄尾型分布（distribution with light tail）。但是对于实际的时间序列，对扰动项正态性的假定经常是不合理的。最后是方差的时不变性。很多时间序列，特别是金融时间序列，其方差是随着时间的变化而变化的。

传统的建模方法是一个对不同变量及其数据进行筛选的过程，也是一个“数据开采”的过程，这一过程对最终选择的变量的 t 检验会产生较大影响，使得从众多备选变量中选择变量进入模型时，其中 t 检验的显著性水平（即将一个无关变量作为相关变量选入模型而犯错误的概率）已不再是事先给出的显著性水平。

2. 现代建模方法

与传统的计量经济学建模方法不同，亨德利（D. F. Hendry）和米曾（G. E. Mizon）提出了一种新的建模方法，即“从一般到简单”（general to simple）的建模方法。其方法主要包括四个步骤：

（1）用公式阐述一个与下述观点相一致的一般模型：经济理论只假设某种均衡关系中的变量，它对过程的动态性没有约束。

（2）将模型参数化，使解释变量近似正交，且可用于最终的均衡解释。

（3）把模型简化为与数据一致的（即“吻合的”）最小型。

（4）用广泛的残差分析和性能预测来评价得出的模型，借以发现前几步设计的模型有什么弱点。

亨德利的建模方法也被称为约化建模方法，即一个对不同先验假设的更为系统的检验程序；同时由于它的初始模型就是一个包括所有可能变量的“一般”模型，也就可以避免过度“数据开采”的问题；另外，由于初始模型的“一般”性，所有研究者的“起点”都是相同的，因此在相同的约化程序下，得到的最终模型也应该是相同的。如此，可以看出亨德利的约化建模方法比传统的建模方法更加完善，但还需进一步的改进。我们认为现代计量建模思想更注重以下几个方面：

（1）建模前注重对数据的分析，如数据的基本统计特征、数据生成过程的平稳性检验和格兰杰因果检验等；

（2）建模后特别注重对残差项的统计检验，如正态性检验、序列相关性检验和 ARCH 效应检验等；

（3）经济理论与数据并重，遵循“从一般到简单”的建模方法，通过约化得到节俭模型；

（4）注重对参数的时不变性进行检验；

（5）分布拟合检验和竞争模型的非嵌套（nonnested）检验。

1.2.3 计量经济学的建模步骤

计量经济学的建模步骤如图 1－2 所示。

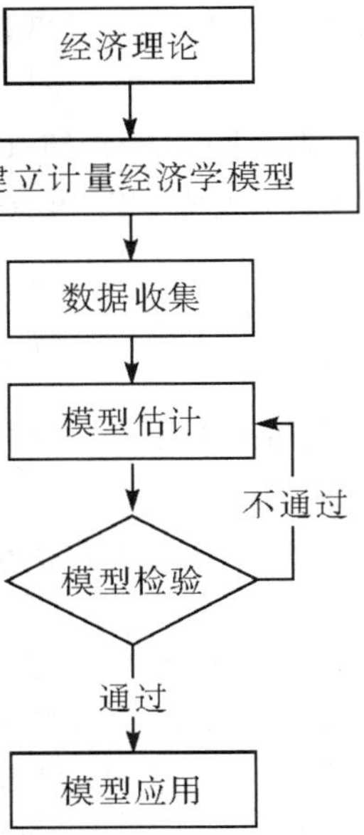

图 1－2 计量经济学的建模步骤

（1）第一步，把需要研究的经济问题模型化；
（2）第二步，收集样本数据；
（3）第三步，选择合适的估计方法来估计模型；
（4）第四步，对模型进行检验；
（5）第五步，应用模型。

1.3 计量经济学数据的处理

1.3.1 计量经济学数据的类型

统计数据通常可按下述方法进行分类：

1. 按计量尺度分类

（1）定性数据（qualitative data）：对事物进行分类的结果。数据表现为类别，用文字来表述。例如，人口按性别分为男、女两类。

（2）定量数据（quantitative data）：对事物的精确测度。结果表现为具体的数值，例如，身高为 175 cm、183 cm 等。

2. 按收集方法分类

（1）观测的数据（observational data）：通过调查或观测而收集到的数据。没有对事物进行人为控制的条件下，得到的有关社会经济现象的统计数据几乎都是观测数据。

（2）试验的数据（experimental data）：在试验中控制试验对象而收集到的数据，比如，对一种新药疗效的试验、对一种新的农作物品种的试验等。自然科学领域的数据大多为试验的数据。

3. 按时间状况分类

（1）横截面数据（cross-sectional data）：指变量在某一时间点上收集到的数据的集合，例如，某一时间点上海证券交易所所有股票的收益率、2014 年全球发展中国家的外汇储备、2012 年我国各地区的 GDP 等，反映的是相同或近似相同的时间点上收集的数据描述现象在某一时刻的变化情况。这类数据的详细分析见作者编著的《多元统计分析及 R 语言建模》一书。

（2）时间序列数据（time series data）：是按照一定的时间间隔对某一变量在不同时间的取值进行观测得到的一组数据，例如每天的股票价格、每月的货币供应量、每季度的国内生产总值、每年用于表示通货膨胀率的国内生产总值平减指数、1992 年至 2012 年国内生产总值等，反映的是不同时间点上收集到的数据描述现象随时间变化的情况。

计量经济学处理的数据类型以时间序列数据为多，这些数据包括常规数据，如年度数据、季度数据、月度数据等，也包括高维和高频数据，如股票数据、证券数据等。

这类数据是本书研究的重点。在分析时间序列数据时，应注意以下几点：①利用时间序列数据回归模型时，各变量数据的频率应该是相同的；②不同时间的样本点之间的可比性问题；③使用时间序列数据回归模型时，往往会导致模型随机误差项产生序列相关；④使用时间序列数据回归模型时，应特别注意数据序列的平稳性问题。

（3）面板数据（panel data）：也称平行数据，是指多个同等变量的时间序列数据按照一定的顺序排列得到的集合，例如 30 家蓝筹股过去 3 年每日的收盘价，反映的是不同时间点上收集到的不同区域的数据描述现象随时间和区域变化的情况。例如 1992 年至 2013 年我国各地区的国内生产总值。

可以看出，面板数据是横截面数据和时间序列数据的组合，其模型建立较为复杂，本书将在以后的版本中介绍。

1.3.2 计量经济学数据的收集

1. 单变量数据

如果收集 1978—2013 年我国国内生产总值或税收收入数据，这些数据都会形成单变量计量经济学数据。显然这是一种年度数据，这类数据还包括季度数据（如社会消费品零售总额）、月度数据（如 CPI 指数）、每日数据（如股票价格指数）、高频数据（如股票数据）。

2. 双变量数据

同时收集 1978—2013 年我国国内生产总值和税收收入数据，就形成双变量计量经济学数据形式。

3. 多变量数据

如果收集 1978—2013 年我国税收收入、国内生产总值、财政支出、进出口额、零售总额、居民消费、固定资产、居民存款等宏观经济数据，就形成多变量计量经济学数据形式。

【例 1-1】中国宏观经济数据。

收集 1978—2013 年我国宏观经济数据（macro economic data，MEdata），共选择 8 个经济指标：

（1）*TAX*：税收收入；
（2）*GDP*：国内生产总值（支出法）；
（3）*EXP*：财政支出；
（4）*IE*：进出口贸易总额；
（5）*RS*：社会消费品零售总额；
（6）*COM*：城乡居民消费额；
（7）*INV*：全社会固定资产投资总额；
（8）*DEP*：城乡居民储蓄存款年底余额。
数据来自 Wind 资讯，2013 年数据未进行校准，数据见下表。

1978—2013 年中国宏观经济数据　　（单位：百亿元）

	TAX	*GDP*	*EXP*	*IE*	*RS*	*COM*	*INV*	*DEP*
1978	5. 192 8	36. 056	11. 220 9	3. 55	15. 586	17. 591	8. 008	2. 106
1979	5. 378 2	40. 926	12. 817 9	4. 546	18	20. 115	8. 565	2. 81
1980	5. 717 0	45. 929	12. 288 3	5. 7	21. 4	23. 312	9. 109	3. 958
1981	6. 298 9	50. 088	11. 384 1	7. 353	23. 5	26. 279	9. 61	5. 237
1982	7. 000 2	55. 900	12. 299 8	7. 713	25. 7	29. 029	12. 304	6. 754
1983	7. 755 9	62. 162	14. 095 2	8. 601	28. 494	32. 311	14. 301	8. 925
1984	9. 473 5	73. 627	17. 010 2	12. 01	33. 764	37. 42	18. 329	12. 147
1985	20. 407 9	90. 767	20. 042 5	20. 667	43. 05	46. 874	25. 432	16. 226
1986	20. 907 3	105. 085	22. 049 1	25. 804	49. 5	53. 021	31. 206	22. 385
1987	21. 403 6	122. 774	22. 621 8	30. 842	58. 2	61. 261	37. 917	30. 814
1988	23. 904 7	153. 886	24. 912 1	38. 218	74. 4	78. 681	47. 538	38. 222
1989	27. 274 0	173. 113	28. 237 8	41. 56	81. 014	88. 126	44. 104	51. 964
1990	28. 218 6	193. 478	30. 835 9	55. 601	83. 001	94. 509	45. 17	71. 196
1991	29. 901 7	225. 774	33. 866 2	72. 258	94. 156	107. 306	55. 945	92. 449
1992	32. 969 1	275. 652	37. 422	91. 196	109. 937	130. 001	80. 801	117. 573
1993	42. 553 0	369. 381	46. 423	112. 71	142. 704	164. 121	130. 723	152. 035
1994	51. 268 8	502. 174	57. 926 2	203. 819	186. 229	218. 442	170. 421	215. 188
1995	60. 380 4	632. 169	68. 237 2	234. 999	236. 138	283. 697	200. 193	296. 623
1996	69. 098 2	741. 636	79. 375 5	241. 338	283. 602	339. 559	229. 135	385. 208
1997	82. 340 4	816. 585	92. 335 6	269. 672	312. 529	369. 215	249. 411	462. 798
1998	92. 628 0	865. 316	107. 981 8	268. 497	333. 781	392. 293	284. 062	534. 075
1999	106. 825 8	911. 250	131. 876 7	298. 962	356. 479	419. 204	298. 547	596. 218
2000	125. 815 1	987. 490	158. 865	392. 732	391. 057	458. 546	329. 177	643. 324
2001	153. 013 8	1 090. 280	189. 025 8	421. 836	430. 554	494. 359	372. 135	737. 624
2002	176. 364 5	1 204. 756	220. 531 5	513. 782	481. 359	530. 566	434. 999	869. 106 5
2003	200. 173 1	1 366. 134	246. 499 5	704. 835	525. 163	576. 498	555. 666	1 036. 173 1
2004	241. 656 8	1 609. 566	284. 868 9	955. 391	595. 01	652. 185	704. 774	1 195. 553 9
2005	287. 785 4	1 874. 234	339. 302 8	1 169. 218	671. 766	729. 587	887. 736	1 410. 509 9
2006	348. 043 5	2 227. 125 3	404. 227 3	1 409. 74	791. 452	825. 754 5	1 099. 981 6	1 615. 873
2007	456. 219 7	2 665. 991 7	497. 813 5	1 668. 637	935. 716	963. 325	1 373. 239 4	1 725. 341 9

（续上表）

	TAX	*GDP*	*EXP*	*IE*	*RS*	*COM*	*INV*	*DEP*
2008	542.237 9	3 159.745 7	625.926 6	1 799.214 7	1 148.301	1 116.704	1 728.284	2 178.853 5
2009	595.215 9	3 487.750 7	762.999 3	1 506.480 6	1 326.784	1 235.846 2	2 245.987 7	2 607.716 6
2010	732.107 9	4 028.164 7	898.741 6	2 017.221 5	1 569.984 3	1 407.586 5	2 516.837 7	3 033.024 9
2011	897.383 9	4 726.191 7	1 092.477 9	2 364.019 9	1 839.186	1 689.566 3	3 114.851 3	3 436.358 9
2012	1 006.142 8	5 293.992	1 259.529 7	2 441.602 1	2 103.069 8	1 905.846	3 746.947 4	3 995.510 4
2013	1 105.307 0	5 866.73	1 402.121	2 582.528 8	2 378.099 1	2 121.875	4 470.743 6	4 607.850 4

在实际中，我们通常将数据存入文件，并用各种格式保存，如文本格式、电子表格、数据库等。如将本例的数据存为 Excel 文件 ME1978-2013. xls（见图 1－3），也可将其另存为无格式文本文件 MEdata. txt 和逗号文件 MEdata. csv。

本书为了读者使用方便，已将文件放到网上（http://eclab. jnu. edu. cn/stat/），大家可联网下载使用。

文本格式：http://eclab. jnu. edu. cn/stat/MEdata. txt

逗号格式：http://eclab. jnu. edu. cn/stat/MEdata. csv

Excel 格式：http://eclab. jnu. edu. cn/stat/ME1978-2013. xls

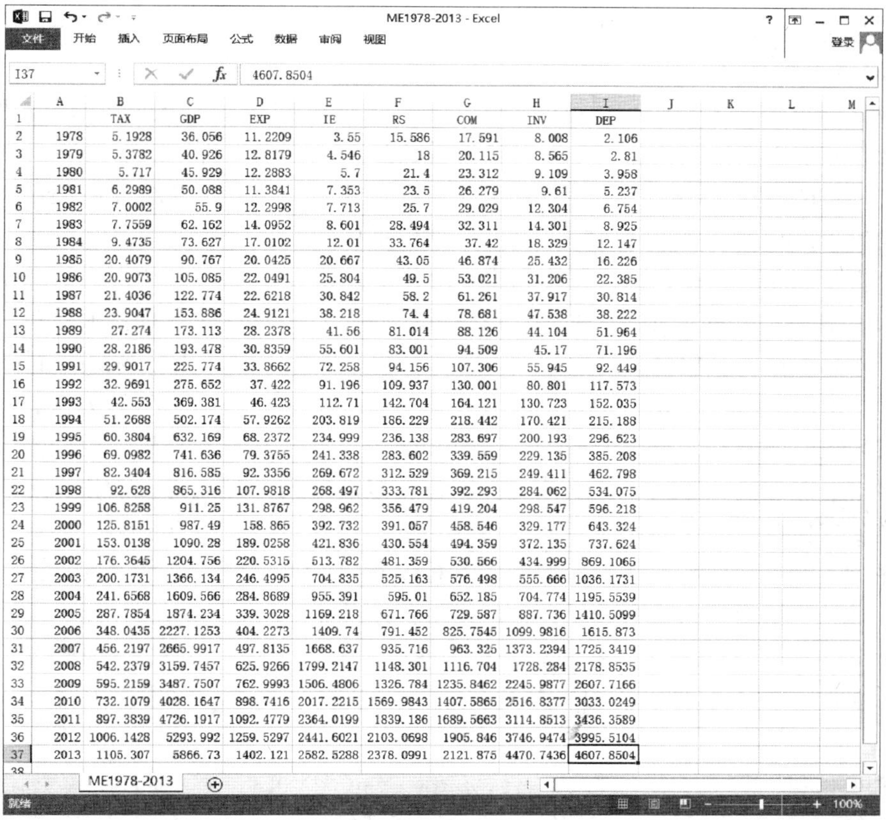

	TAX	GDP	EXP	IE	RS	COM	INV	DEP
1978	5.1928	36.056	11.2209	3.55	15.586	17.591	8.008	2.106
1979	5.3782	40.926	12.8179	4.546	18	20.115	8.565	2.81
1980	5.717	45.929	12.2883	5.7	21.4	23.312	9.109	3.958
1981	6.2989	50.088	11.3841	7.353	23.5	26.279	9.61	5.237
1982	7.0002	55.9	12.2998	7.713	25.7	29.029	12.304	6.754
1983	7.7559	62.162	14.0952	8.601	28.494	32.311	14.301	8.925
1984	9.4735	73.627	17.0102	12.01	33.764	37.42	18.329	12.147
1985	20.4079	90.767	20.0425	20.667	43.05	46.874	25.432	16.226
1986	20.9073	105.085	22.0491	25.804	49.5	53.021	31.206	22.385
1987	21.4036	122.774	22.6218	30.842	58.2	61.261	37.917	30.814
1988	23.9047	153.886	24.9121	38.218	74.4	78.681	47.538	38.222
1989	27.274	173.113	28.2378	41.56	81.014	88.126	44.104	51.964
1990	28.2186	193.478	30.8359	55.601	83.001	94.509	45.17	71.196
1991	29.9017	225.774	33.8662	72.258	94.156	107.306	55.945	92.449
1992	32.9691	275.652	37.422	91.196	109.937	130.001	80.801	117.573
1993	42.553	369.381	46.423	112.71	142.704	164.121	130.723	152.035
1994	51.2688	502.174	57.9262	203.819	186.229	218.442	170.421	215.188
1995	60.3804	632.169	68.2372	234.999	236.138	283.697	200.193	296.623
1996	69.0982	741.636	79.3755	241.338	283.602	339.559	229.135	385.208
1997	82.3404	816.585	92.3356	269.672	312.529	369.215	249.411	462.798
1998	92.628	865.316	107.9818	268.497	333.781	392.293	284.062	534.075
1999	106.8258	911.25	131.8767	298.962	356.479	419.204	298.547	596.218
2000	125.8151	987.49	158.865	392.732	391.057	458.546	329.177	643.324
2001	153.0138	1090.28	189.0258	421.836	430.554	494.359	372.135	737.624
2002	176.3645	1204.756	220.5315	513.782	481.359	530.566	434.999	869.1065
2003	200.1731	1366.134	246.4995	704.835	525.163	576.498	555.666	1036.1731
2004	241.6568	1609.566	284.8689	955.391	595.01	652.185	704.774	1195.5539
2005	287.7854	1874.234	339.3028	1169.218	671.766	729.587	887.736	1410.5099
2006	348.0435	2227.1253	404.2273	1409.74	791.452	825.7545	1099.9816	1615.873
2007	456.2197	2665.9917	497.8135	1668.637	935.716	963.325	1373.2394	1725.3419
2008	542.2379	3159.7457	625.9266	1799.2147	1148.301	1116.704	1728.284	2178.8535
2009	595.2159	3487.7507	762.9993	1506.4806	1326.784	1235.8462	2245.9877	2607.7166
2010	732.1079	4028.1647	898.7416	2017.2215	1569.9843	1407.5865	2516.8377	3033.0249
2011	897.3839	4726.1917	1092.4779	2364.0199	1839.186	1689.5663	3114.8513	3436.3589
2012	1006.1428	5293.992	1259.5297	2441.6021	2103.0698	1905.846	3746.9474	3995.5104
2013	1105.307	5866.73	1402.121	2582.5288	2378.0991	2121.875	4470.7436	4607.8504

图 1－3　统计数据 Excel 保存格式

1.3.3 计量经济学软件的使用

1. 计量经济学主要软件简介

计量经济学分析的主要任务是从反映经济问题的大量数据中提取和归纳经济问题的客观规律性，并进行解释和预测，为经济政策和经济实践提供依据。为此，必须合理、科学地组织与管理大量数据信息，并用计量经济学的方法对这些数据进行一系列复杂的数值计算、处理。而处理数据离不开计算机软件。主要计量经济学软件有 EViews 软件、GAUSS 软件、Matlab 软件、Microfit 软件、Minitab 软件、RATS 软件、SAS 软件、S-PLUS 软件、SPSS 软件、Stata 软件、R 语言软件等。

这些软件按操作的互动方式可分为：

（1）菜单式：Microfit 软件、Minitab 软件、SPSS 软件。

（2）命令行式：GAUSS 软件、SAS 软件、RATS 软件、R 语言软件。

（3）中间模式：EViews 软件、S-PLUS 软件、Stata 软件。

这些软件中，除了 R 语言软件外，其他都是收费的商业软件。使用商业软件的成本很高，有时可能会令人望而却步。幸运的是，对于商业统计程序，现在存在一种开放源代码的选择，而且，这种代码对不同的计算机平台都是适用的，这些计算机平台包括 Windows、Mac OS、Mac OS X、FreeBSD、NetBSD、Linux、Solaris 和 HPUX 等。

目前，使用比较广泛、发展比较快的主要有 EViews 软件、Stata 软件和 R 语言软件，所以我们对这三个软件作一简单介绍。

2. EViews 软件

EViews 软件是美国 QMS 公司 1981 年发行的第 1 版的 Micro TSP 的 Windows 版本，通常称为计量经济学软件包，是当今世界最流行的计量经济学软件之一。EViews 是 Econometrics Views 的缩写，它的本意是采用计量经济学方法与技术对社会经济关系与经济活动的数量规律进行“观察”。它可应用于科学计算中的数据分析与评估、财务分析、宏观经济分析与预测、模拟、销售预测和成本分析等。EViews 软件利用面向对象的方法管理数据和模型等，功能全面。它主要有以下几个特点：①不仅能处理截面数据，还可以处理时间序列数据；②包含多种模型估计方法，包括最小二乘法 LS、两阶段的最小二乘法 TSLS、ARCH、GMM、BINARY、ORDERED、CENSORED、COUNT 等方法；③以可视化方式实现文件的管理，数据的录入、编辑和输出，且含有与多种格式的数据文件交换数据的接口，能方便地导入、导出数据；④有较好的序列处理能力，能根据多种形式的数学变换公式生成新的序列，便于非线性模型的线性化处理；⑤含有多个内建函数，为使用程序方式批处理操作和基于模型的多种检验运算带来方便；⑥能对时间序列进行诸如描述统计、变量间的相关系数分析、相关图表分析等多种形式的统计分析。

由于 EViews 软件具有上述特点，并且为使用者提供了一个很好的工作环境，能够迅速地进行编程、估计和使用新的工具和技术，所以在计量经济学建模方面有着广泛的应用。

3. Stata 软件

Stata 软件是一套完整的、集成的统计分析软件包，可以满足数据分析、数据管理和图形生成的所有需要。Stata 12 增加了许多新的特征，比如结构方程模型（SEM）、ARFIMA、

Contrasts、ROC 分析，自动内存管理等。

Stata 综合了上百个统计工具，从高级的技术，比如带有动态面板数据（DPD）回归的幸存模型、广义评估方程式、多层混合模型、带样本选择的模型、ARCH 和带有复杂幸存样本的评估，到标准模型，比如线性和广义线性模型、带有计数和二元结果的回归、ANOVA/MANOVA、聚集分析、比率标准化、案例控制分析、基本表格和汇总统计。

Stata 的数据管理命令让你可以完整地对所有类型的数据进行控制；能够组合和重新规划数据集，管理变量，跨组或重复搜集统计信息；能够处理字节型、整数型、长整型、浮点型、双字节型和字符型变量。Stata 还可以管理特殊数据，比如幸存/连续数据，时间序列数据，面板/longitudinal 数据，分类数据和调查数据。

Stata 是可编程的，每天开发人员和使用者都在增加新的功能来响应当今研究者日益增长的需要。通过 Stata 的 Internet 功能，新的特征和官方更新就能够通过互联网来下载和安装。许多新的特征和信息文章每季度通过 *Stata Journal* 定期发布。另外一个很重要的资源是 Statalist，这是一个第三方的讨论邮件列表，每月都有超过 2 800 个 Stata 用户在交换超过 1 000 个邮件和 50 个程序。

Stata 适用于 Windows、Macintosh 和 Unix（包括 Linux）平台计算机。Stata 数据集、程序和其他的数据能够跨平台共享，而不需要转换。用户同样可以快速而方便地从其他统计软件包、电子表单、数据库中导入数据集。

4. R 语言软件

R 语言是用于数据分析和图表生成的一种源码公开的编程环境，它在仅仅十多年的时间里，很快成长为一个统计分析的行业标准，运用此标准，许多热门的商业程序可以被加以衡量。用 R 语言作为计量方法的教学工具是很有吸引力的，它提供了最先进的统计方法，这些方法的源码是公开的，可以很方便地获取。R 语言软件是稳定的、免费的，并且适用于许多平台，这些平台包括不同特点的 Unix、Linux、Windows 和 Mac OS。使用手册也可以很方便地免费下载，还有供初学者使用的大量在线资料。本书的讨论重点就是使用 R 语言软件进行计量经济学教学。

为了使用商业程序，首先必须去购买这些软件，R 语言软件和这些商业程序不同，你不需要付任何费用，只要花很少的工夫就能使用它。为什么选择使用 R 语言软件而不是那些热门的商业软件呢？我们简单地列举了其他几种原因。

使用 R 语言软件有利的方面包括：

（1）自由：学生在家里也可使用软件副本。

（2）可移动性：一旦学生开始学习这个程序，无论他们在什么地方结束工作，他们都能带着该软件并且再次安装该软件。

（3）多功能性：该软件适用于比现存的几乎所有的商业软件更多的平台。

（4）普遍性：大量的统计学/计量经济学工具是可用的，因此，该软件能够用于许多（可能是所有）项目。

（5）先进性：该软件包括了最新的方法。

（6）可编程性：对学生来说，编写新方法程序或对现存方法进行修改都是很容易的。

（7）矩阵语言：R 语言直接处理向量和矩阵（如 GAUSS 软件、Matlab 软件、OS 软件一样）。这使得程序对学生来说非常简单，这也加强了矩阵表示法在课堂上的使用。

(8) 面向对象的语言结构：虽然学生可能会花点时间去适应面向对象的思维方式，但这大大简化了一些事情。例如，plot 功能和 summary 功能可以被用于所有类型的数据和被设置的模型。

(9) 大量的图表。

(10) 相对比较快的运行速度。

使用 R 语言软件不利的方面包括：

(1) 没有菜单式的 GUI 界面。虽然指令行如同敲击壳的锤子，功能很强大并且很容易使用，一些习惯使用菜单式的 GUI 界面的学生可能会在使用 R 语言软件的过程中感到不适应。

(2) 缺乏功能。一些被期望的功能仍然没有被开发出来。

(3) 不一致的语法。在执行相同功能的包之间，指令语法不总是一致的。例如：KernSmooth 包中 locpoly 函数是想用当前的多项式建立一条光滑的非参数回归曲线，然而，当 modreg 包中的 loess 函数在解决相同的问题时，指定独立和非独立的变量的语法是不同的。学生可能会将其混淆。

在基本原理上，R 语言软件包和大多数别的统计包之间有一个重要的区别。对于大多数的包，一种统计分析会产生大量的输出结果，这些输出结果包括估计、诊断、测试等信息。在 R 语言软件中，一种统计分析通常需要一系列的步骤来完成，中间结果被保存在对象中。通常，每一个步骤输出尽量少的结果，但每一步保存的对象都能够被 R 函数访问，从而获得所需要的信息。

开始，从统计分析之中，当学生不是总能找到他们想要的信息时，这些看上去可能是不利的。然而，这让学生了解了数据分析的互动性，并且，这避免了学生在面对很多页他们不能解释的结果时所产生的混乱。

R 语言软件的功能都是建立在包的概念之上的。一个包就是去执行某个任务，而不像 GAUSS 软件的 modules 或 MATLAB 软件的 toolboxes 那样的函数的集合。例如，nls 包可进行非线性回归，ts 包包含了各种时间序列函数等。base 包自动提供一个默认安装，捐献包需要独立安装。我们可以在 R 网页上通过在线下载来获取这些包。

就其性质而言，R 语言是一个动态的不断发展的计算机环境，并且一些包以很快的速度在编写。很多时候，两个或以上的包的功能会重叠，例如，tseries 包和 ts 包都提供了设置 ARMA 模型的程序。

一些包可能会使计量经济学家们感兴趣，这些包中的一些在安装 R 语言软件时就已被自动安装上，另外一些需要从 R 网站上下载再独立安装。

1.4 R 语言在计量经济学中的应用

1.4.1 R 语言的编程环境

R 语言是一种数据分析、绘图的统计语言和操作环境。在国外，R 语言流行起来，主要因为它强大的编译功能、无偿使用性，以及网上提供的很多免费的程序包。而在中国，R 语言才刚刚被国人所认识，因此在国内的使用率还不高。虽然计量经济学模型在中国的研究已较为深入，但基于R语言的计量经济学模型的建立和分析还并不是很全面。本书着力在阐明计量经济学建模理论的前提下，以R语言为工具，对热点问题进行实证建模分析。

作为一个统计语言执行环境，与一般统计软件相比，R语言软件的外观很难被描述清楚。R语言软件既可以在系统后台执行企业级的复杂计算，也可以在Web服务器上进行网络数据分析，甚至也有用户将其嵌入Excel中，用R语言软件高效精确的计算结果取代Excel功能简单且经常出误差的数理统计插件。

尽管如此，标准的R语言软件安装程序还是为单机用户提供了一个命令执行窗口，我们可以通过该窗口窥斑见豹。初次使用R语言软件的用户见到R语言软件命令窗口，可能第一个感觉就是：太简陋了！确实，除了简单的几个选择文件对话框和选项设置对话框以外，R语言软件找不到任何现代Windows系统下的程序该有的华丽外观和漂亮窗口。可以说，R语言软件仅比古老的DOS多了一个没有多大用处的菜单。

对于习惯了用SPSS或EViews点击窗口来作数据分析的人来说，可能无法很快适应R语言软件的这种命令交互模式，需要花费较多的学习时间才能体会，初期学习难度很大；统计分析也需要通过编程方式来实现，并需记住大量的命令、函数，所以使用R语言软件通常是以批命令的方式进行的（如SAS程序那样）。R语言软件自带一个建立程序脚本的编辑器，要使该编辑器和输出界面同步，可在文件菜单中点击“新建程序脚本”，在编辑器中输入如图1-4的命令并选择执行Ctrl+R，然后重新布置窗口界面，使其同时可显示程序、结果和图形。调整窗体位置，以适应屏幕大小，这样就形成了与Matlab和SAS类似的编程环境。

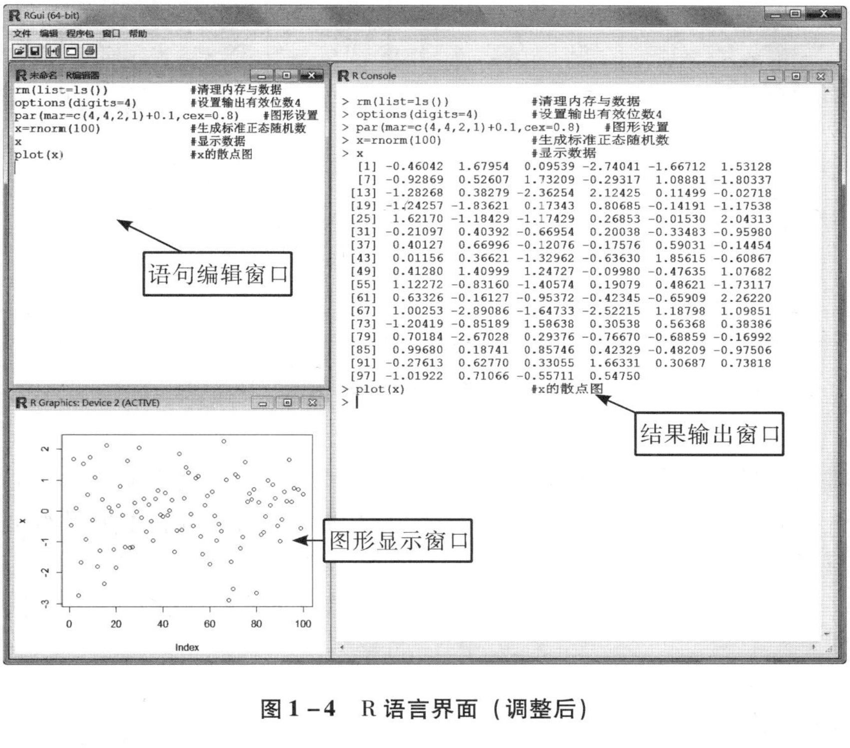

图1-4 R语言界面（调整后）

目前，R 语言软件中最好的编辑器当属 RStudio，本书的程序都是在该平台上进行的。此编辑器可以在 RStudio 网站（http：//www. rstudio. org /）下载，它还支持多平台，在 Windows、Linux、Mac 上都能用，非常好。当然，它的好不仅是跨平台，还在于许多其他的优点。而对已经开始掌握了 R 语言并体会到其中乐趣的人来说，RStudio 则能让这种乐趣加倍。RStudio 提供了一个类似编程语言的快速开发环境，让使用者编写 R 语言程序时更加方便高效，并且方便用户随时对代码进行调试。在编写代码较多时，使用 RStudio 比 R 语言软件本身的命令窗口更加快捷方便。这一切都是为了让 R 语言软件更加容易使用，让更多的初学者能够更方便地学习它。另外，随着技术进步，越来越多的带有菜单界面的 R 语言编辑器发布出来。

关于 RStudio 的详细介绍见附录。图 1 -5 就是我们调整后的 RStudio 的界面。实际上跟 R 语言软件本身的编辑器差别不大，但更友好。

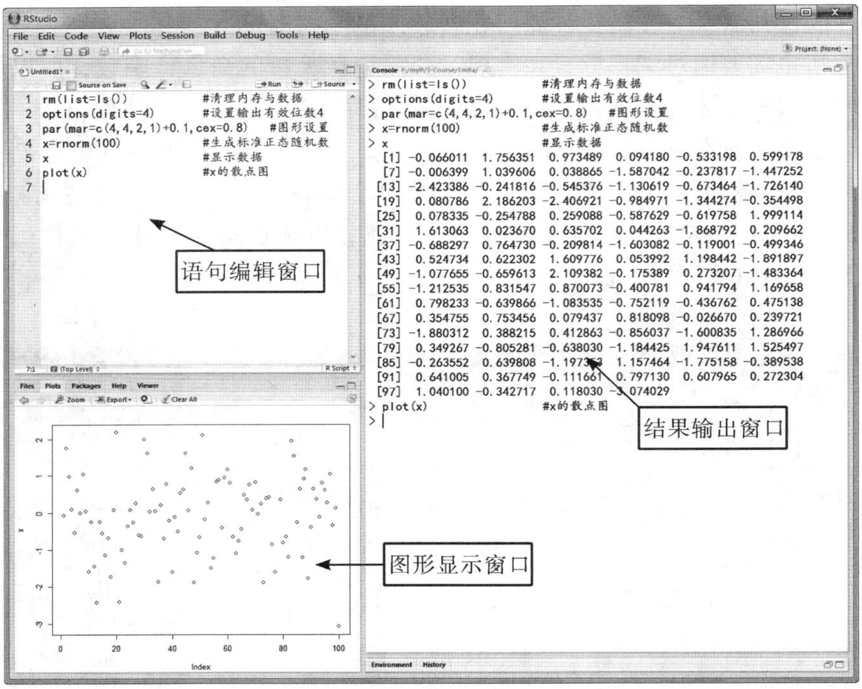

图 1 -5　RSudio 界面

这里需要强调的是，不论是 R 语言软件自带的编辑器，还是 RStudio，建议大家在进行数据分析前对系统做一些设置。为了大家学习方便和节省篇幅，本书只给出 R 语言代码、结果与图形，而没有给出 RStudio 界面，但从它们的显示方式看也没多大区别。

我们将代码写在下面的灰色底框中，而将结果或图形放在白色框中（全书同）。

```
rm(list = ls())                          #①清理内存与数据
options(digits = 4)                      #设置输出有效位数 4
par(mar = c (4, 4, 2, 1) + 0.1, cex = 0.8)  #图形设置
x = rnorm(20);x                          #R 语言是用变量名来显示数据的
plot(xtype = 'o')                        #绘制 x 的散点图
```

语句与代码编辑窗口

```
[1]  -0.3802   0.9941   0.4202   0.7986   0.5842  -0.9739  -2.9742  0.5732
[9]   0.1235  -2.0499  -0.8160  -0.6221  -0.6173   1.1385   0.2958  0.4189
[17]  1.7328  -1.5820  -0.3939   1.3305
```

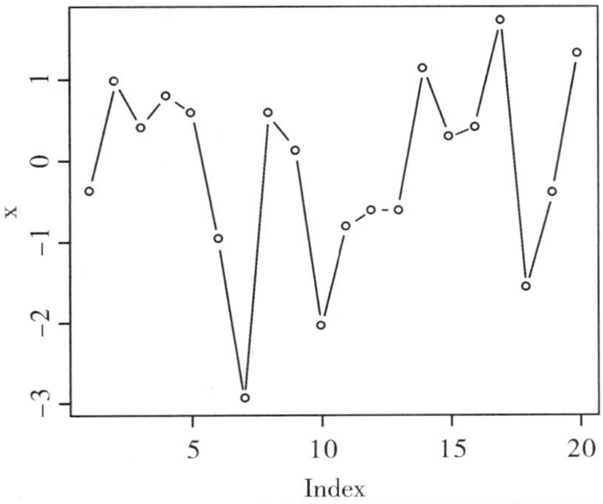

结果与图形输出窗口

1.4.2 R 语言的快速应用

由于本书主要讲解如何应用 R 语言进行计量经济学数据分析，所以我们在此重点介绍如何将收集到的数据读入 R 语言中，以便进行各种计量经济学分析。下面介绍几种简单的读入和分析数据的方法。

一、R 语言单变量数据分析

如果是单变量（向量）数据，数据量也不是很大，最简单、最直观的方法就是在 R 语言中直接输入数据，如我们要了解 1993—2013 年我国税收收入（单位：百亿元）情况，可用向量函数 c 命令直接输入：

42.55，51.27，60.38，69.10，82.34，92.63，106.83，125.82，153.01，176.36，200.17，241.66，287.79，348.04，456.22，542.24，595.22，732.11，897.38，1 006.14，1 105.31。

1. 输入变量数据

当数据较少时，直接按向量方式输入变量也比较简单。

```
X = c(42.55, 51.27, 60.38, 69.10, 82.34, 92.63, 106.83, 125.82, 153.01, 176.36, 200.17,
   241.66, 287.79, 348.04, 456.22, 542.24, 595.22, 732.11, 897.38, 1006.14, 1105.31)
```

① R 语言中用#表示注释，即其后面的命令将不执行。

2. 显示变量数据

```
X   # R语言是用变量名来显示数据的，等价于print(X)
-----------------------------------------------------------------------------------------
 [1]    42.55    51.27    60.38    69.10    82.34    92.63   106.83   125.82
 [9]   153.01   176.36   200.17   241.66   287.79   348.04   456.22   542.24
[17]   595.22   732.11   897.38  1006.14  1105.31
```

3. 图示数据变量

```
plot(X)
```

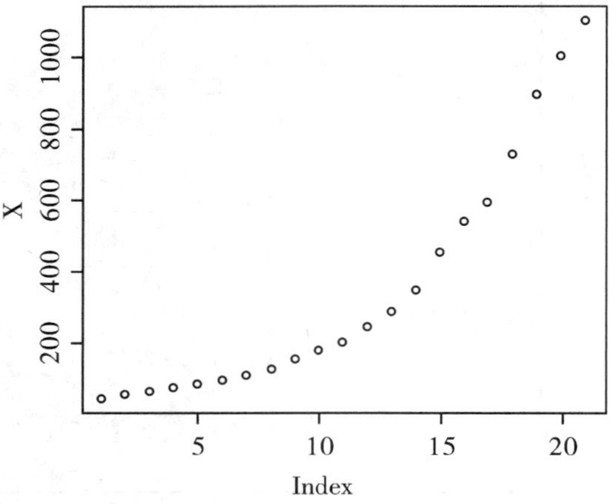

4. 定义数据为时间序列

由于计量经济学中的数据大多是以时间序列形式出现，所以我们在分析前需将其转化为时间序列格式。R语言软件中用于转化数据向量为时间序列格式的命令很简单，用ts命令即可生成时间序列。

```
Y = ts(X, start = 1993);Y      # Y = ts(X, start = 1993, end = 2013)
-----------------------------------------------------------------------------------------
Time Series:
Start = 1993
End = 2013
Frequency = 1
 [1]    42.55    51.27    60.38    69.10    82.34    92.63   106.83   125.82
 [9]   153.01   176.36   200.17   241.66   287.79   348.04   456.22   542.24
[17]   595.22   732.11   897.38  1006.14  1105.31
```

这时就可绘制时间序列图形了。

```
plot(Y);grid()      # grid 命令可给图形加网格线
```

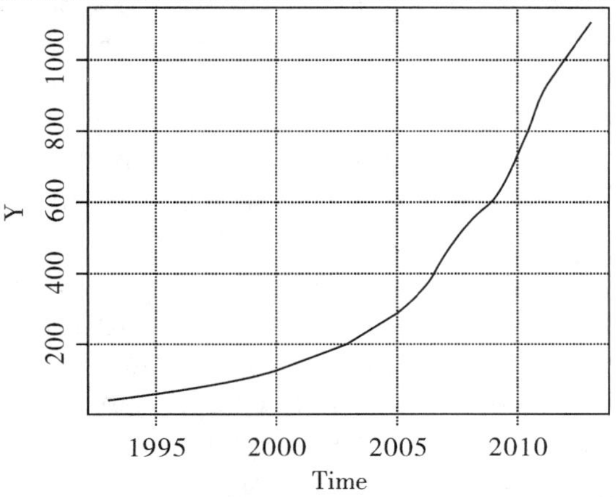

二、R 语言多变量数据分析

1. 读取多变量数据

对多变量来说，大量数据对象常常是从外部文件读入，而不是在 R 语言软件中直接键入的，所以通常需要从外部输入数据。外部的数据源很多，可以是文本文件、电子表格、数据库等。R 语言软件的导入工具非常简单，但是对导入文件有一些限制。

（1）从文本文件读取。读入文本数据的命令也是 read. table，但它对外部文件常常有特定的格式要求：第一行可以有该数据框的各变量名，随后的行中的条目是各个变量的值。一个被看作数据集读入的文件应是文本文件格式的。例如宏观经济数据文件 ME1978-2013. xls，应另存为无格式文本文件 MEdata. txt，然后读入 R 语言软件中，可用 read. talbe 命令执行。

```
#MEdata = read.csv("MEdata.txt")   # 将数据下载到本地目录下可不写路径
MEdata = read.table("http://eclab. jnu. edu. cn/stat/MEdata.txt", header = T)
MEdata
```

	TAX	GDP	EXP	IE	RS	COM	INV	DEP
1978	5. 193	36. 06	11. 22	3. 550	15. 59	17. 59	8. 008	2. 106
1979	5. 378	40. 93	12. 82	4. 546	18. 00	20. 11	8. 565	2. 810
1980	5. 717	45. 93	12. 29	5. 700	21. 40	23. 31	9. 109	3. 958
1981	6. 299	50. 09	11. 38	7. 353	23. 50	26. 28	9. 610	5. 237
1982	7. 000	55. 90	12. 30	7. 713	25. 70	29. 03	12. 304	6. 754
1983	7. 756	62. 16	14. 10	8. 601	28. 49	32. 31	14. 301	8. 925
1984	9. 473	73. 63	17. 01	12. 010	33. 76	37. 42	18. 329	12. 147
1985	20. 408	90. 77	20. 04	20. 667	43. 05	46. 87	25. 432	16. 226
1986	20. 907	105. 08	22. 05	25. 804	49. 50	53. 02	31. 206	22. 385
1987	21. 404	122. 77	22. 62	30. 842	58. 20	61. 26	37. 917	30. 814
1988	23. 905	153. 89	24. 91	38. 218	74. 40	78. 68	47. 538	38. 222
1989	27. 274	173. 11	28. 24	41. 560	81. 01	88. 13	44. 104	51. 964
1990	28. 219	193. 48	30. 84	55. 601	83. 00	94. 51	45. 170	71. 196
1991	29. 902	225. 77	33. 87	72. 258	94. 16	107. 31	55. 945	92. 449
1992	32. 969	275. 65	37. 42	91. 196	109. 94	130. 00	80. 801	117. 573

1993	42.553	369.38	46.42	112.710	142.70	164.12	130.723	152.035
1994	51.269	502.17	57.93	203.819	186.23	218.44	170.421	215.188
1995	60.380	632.17	68.24	234.999	236.14	283.70	200.193	296.623
1996	69.098	741.64	79.38	241.338	283.60	339.56	229.135	385.208
1997	82.340	816.59	92.34	269.672	312.53	369.21	249.411	462.798
1998	92.628	865.32	107.98	268.497	333.78	392.29	284.062	534.075
1999	106.826	911.25	131.88	298.962	356.48	419.20	298.547	596.218
2000	125.815	987.49	158.87	392.732	391.06	458.55	329.177	643.324
2001	153.014	1090.28	189.03	421.836	430.55	494.36	372.135	737.624
2002	176.364	1204.76	220.53	513.782	481.36	530.57	434.999	869.106
2003	200.173	1366.13	246.50	704.835	525.16	576.50	555.666	1036.173
2004	241.657	1609.57	284.87	955.391	595.01	652.18	704.774	1195.554
2005	287.785	1874.23	339.30	1169.218	671.77	729.59	887.736	1410.510
2006	348.043	2227.13	404.23	1409.740	791.45	825.75	1099.982	1615.873
2007	456.220	2665.99	497.81	1668.637	935.72	963.33	1373.239	1725.342
2008	542.238	3159.75	625.93	1799.215	1148.30	1116.70	1728.284	2178.854
2009	595.216	3487.75	763.00	1506.481	1326.78	1235.85	2245.988	2607.717
2010	732.108	4028.16	898.74	2017.222	1569.98	1407.59	2516.838	3033.025
2011	897.384	4726.19	1092.48	2364.020	1839.19	1689.57	3114.851	3436.359
2012	1006.143	5293.99	1259.53	2441.602	2103.07	1905.85	3746.947	3995.510
2013	1105.307	5866.73	1402.12	2582.529	2378.10	2121.88	4470.744	4607.850

这里的 MEdata 为读入 R 语言软件中的数据框名（关于数据框的使用见下节），其中，header = T 选项用来指定第一行是标题行，并且因此省略文件中给定的行标签。

如果数据在本地目录下，所用命令为

MEdata = read.table("D:/myR/MEdata.txt",header = T),

如果已经指定了目录路径，那么可以直接使用

MEdata = read.table("MEdata.txt",header = T)。

（2）读取电子表格数据。虽然 R 语言软件可以直接读取 Excel 数据，但最好一次只读 Excel 工作簿中的一个表格，例如，我们将宏观经济数据集文件 MEdata.xls 另存为 MEdata.csv，这时 MEdata.csv 本质上也是文本文件的逗号形式，可用记事本打开，也可以用电子表格软件打开，是最通用的数据格式（但如果第 1 列不参与运算的标记的话，通常需删除 csv 文件第 1 行变量名前的逗号，否则会将第 1 列视作变量读入）。

```
MEdata = read.csv("http://eclab. jnu. edu. cn/stat/MEdata.csv")
#MEdata = read.csv("MEdata.csv")      #本地目录下可不写路径
```

（3）从剪切板读取。前面我们讲到，电子表格是目前数据管理和编辑最为方便的软件，所以我们可以考虑用电子表格管理数据。用 R 语言软件分析数据，电子表格与 R 语言软件之间的数据交换过程非常简单。

选择需要进行计算的数据块，例如宏观经济年度数据 Excel 表中的 A1:J37，将其复制，然后在 R 语言软件中使用下述命令即可。

```
MEdata  =  read.table("clipboard", header = T)
```

这里 clipboard 为剪切板，header = T 意味读入变量名。

2. 数据集（框）的基本信息

```
names(MEdata)  #显示变量名
[1] "TAX" "GDP" "EXP" "IE" "RS" "COM" "INV" "DEP"
nrow(MEdata)   #数据集行数
[1] 36
ncol(MEdata)   #数据集列数
[1] 8
```

3. 数据的基本统计量

```
summary(MEdata)
       TAX                GDP                EXP                IE
Min      :   5.2   Min      :   36   Min      :  11.2   Min      :   3.5
1st Qu.  :  21.3   1st Qu.  :  118   1st Qu.  :  22.5   1st Qu.  :  29.6
Median   :  64.7   Median   :  687   Median   :  73.8   Median   : 238.2
Mean     : 211.8   Mean     : 1281   Mean     : 257.7   Mean     : 611.2
3rd Qu.  : 253.2   3rd Qu.  : 1676   3rd Qu.  : 298.5   3rd Qu.  :1008.8
Max      :1105.3   Max      : 5867   Max      :1402.1   Max      :2582.5
       RS                 COM                INV                DEP
Min      :  15.6   Min      :  17.6   Min      :    8   Min      :    2
1st Qu.  :  56.0   1st Qu.  :  59.2   1st Qu.  :   36   1st Qu.  :   29
Median   : 259.9   Median   : 311.6   Median   :  215   Median   :  341
Mean     : 494.4   Mean     : 492.8   Mean     :  711   Mean     :  895
3rd Qu.  : 614.2   3rd Qu.  : 671.5   3rd Qu.  :  751   3rd Qu.  : 1249
Max      :2378.1   Max      :2121.9   Max      : 4471   Max      : 4608
```

4. 图形显示

在做时间序列图前，最好用命令 ts 将数据变成时间序列格式，否则做出的图通常不会显示时间坐标。

（1）多变量序列图 ts. plot（未 ts 化）。

```
ts.plot(MEdata)
```

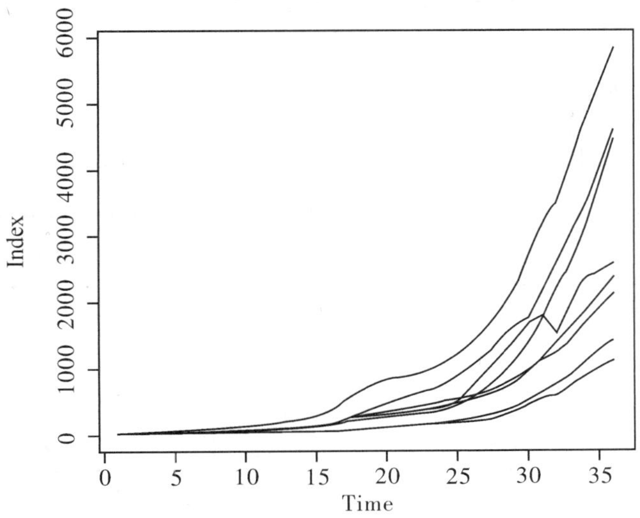

（2）多变量序列图 plot. ts（ts 化）。

```
tsME = ts(MEdata, start = 1978)        #变量序列化
ts.plot(tsME)                          #等价于 plot(tsME, plot.type = 'single')
```

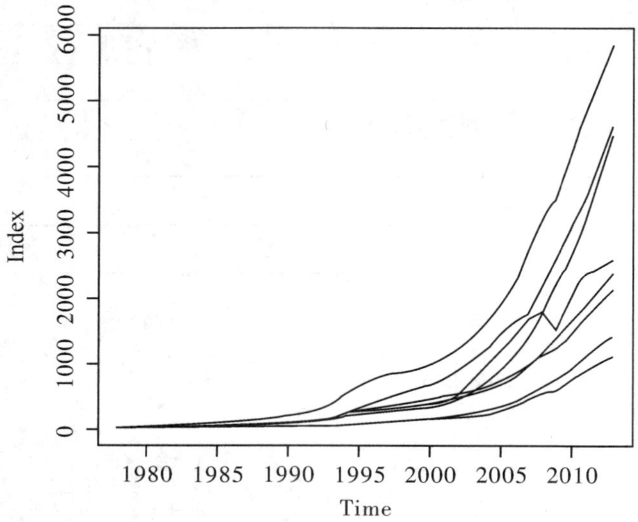

（3）单变量序列图 plot. ts（ts 化）。

```
plot.ts(tsME)                    # plot(tsME, plot.type = 'multiple')
```

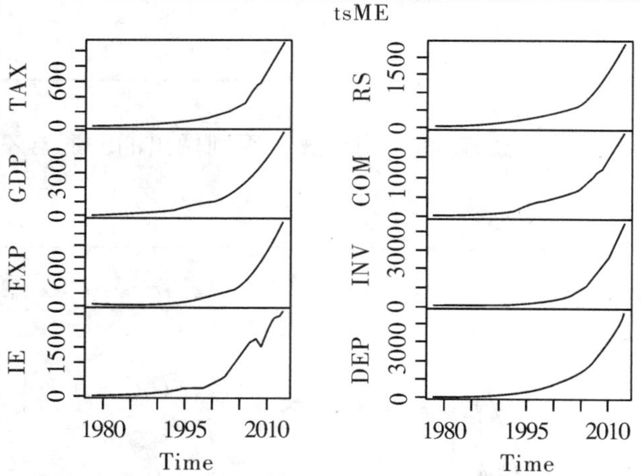

5. 拟合线性回归模型

```
LM = lm(TAX ~ GDP,data = MEdata)
LM
```

```
Call:lm(formula = TAX ~ GDP,data = MEdata)


Coefficients:
(Intercept)            GDP
  -28.007             0.187
```

6. 线性回归模型检验

```
summary(LM)
```

```
Call:lm(formula = TAX ~ GDP, data = MEdata)

Residuals:
    Min      1Q  Median      3Q     Max
 -42.46  -29.56    7.86   24.98   43.49

Coefficients:
              Estimate  Std. Error  t value  Pr(>|t|)
(Intercept)  -28.00730    6.27425    -4.46   8.4e-05 ***
GDP            0.18713    0.00307    61.01   < 2e-16 ***
---
Signif. codes: 0 '***' 0.001 '**' 0.01 '*' 0.05 '.' 0.1 ' ' 1

Residual standard error: 29.3 on 34 degrees of freedom
Multiple R-squared:0.991,    Adjusted R-squared:0.991
F-statistic: 3.72e+03 on 1 and 34 DF, p-value: <2e-16
```

三、变量名解析（绑定）与去解析（松绑）

在进行数据分析时，变量通常保存在数据集（数据框）中，例如上面的数据框MEdata，要使用其中的变量通常需用 $ 命令，例如，要使用变量 *TAX*，需采取 MEdata $ TAX 的方式，有时显得比较麻烦，如想直接使用 MEdata 的所有变量名，可用 attach ( ) 函数对变量进行解析。

```
TAX    #未解析前
```

```
错误：找不到对象'TAX'
```

```
attach(MEdata)    #变量解析,MEdata 中的变量名可单独使用,适用于全书!
TAX    #解析后
```

```
 [1]    5.193    5.378    5.717    6.299    7.000    7.756    9.473   20.408
 [9]   20.907   21.404   23.905   27.274   28.219   29.902   32.969   42.553
[17]   51.269   60.380   69.098   82.340   92.628  106.826  125.815  153.014
[25]  176.364  200.173  241.657  287.785  348.043  456.220  542.238  595.216
[33]  732.108  897.384 1006.143 1105.307
```

但需强调的是，在使用完这些变量后，最好将变量恢复绑定，否则变量名会跟其他相同的变量名冲突，这是 R 语言软件的优势，也是其缺点之一。

变量名去解析（松绑）的命令为 detach ( )，用 detach (MEdata) 后 MEdata 中的变量名不可单独使用，通常放在分析完后，切记!

四、R 语言软件获取中间结果

由于 R 语言是一个面向对象的统计语言，所以 R 语言软件具有其他统计软件不具有的优点就是其面向对象的功能，即可获得大量的中间结果。这为我们进一步分析数据有极大的帮助，并为我们对统计方法的进一步改进和研究给出了途径。

下面就是调用我们上面建立的 lm 命令产生的中间结果。具体步骤如下：

(1) 创建一个 lm 对象：首先使用 lm 函数拟合税收 *TAX* 与国内生产总值 *GDP* 之间的线性回归模型，并将结果存贮到对象 lm 中。

```
LM = lm(TAX ~ GDP)    #如 MEdata 未绑定,就要使用 LM = lm(TAX ~ IE, data = MEdata)
LM
-----------------------------------------------------------------------------
Call:lm(formula = TAX ~ GDP)

Coefficients:
(Intercept)          GDP
  -28.007           0.187
```

（2）查看对象 lm 中的元素：用 names 命令将给出对象 lm 中的大部分细节信息。

```
names(LM)
-----------------------------------------------------------------------------
[1] "coefficients"  "residuals"  "effects"  "rank"
[5] "fitted.values" "assign"     "qr"       "df.residual"
[9] "xlevels"       "call"       "terms"    "model"
```

（3）获取回归系数：函数 coef 返回一个系数向量。

```
coef(LM)      #LM $ coef
-----------------------------------------------------------------------------
(Intercept)          GDP
 -28.0073          0.1871
```

若要得到单个值，可用序号去引用它们，或者按如下方法命名。

```
a=coef(LM)[1];a              # 这将得到截距 a 的值
-----------------------------------------------------------------------------
(Intercept)
  -28.007
b=coef(LM)[2];b              # 这将得到斜率 b 的值
-----------------------------------------------------------------------------
   GDP
0.1871
```

（4）提取拟合值和残差：可分别使用 fitted 命令和 resid 命令。

```
Fit=fitted(LM)          # 拟合值  =  LM $ fitted
e=resid(LM)             # 模型残差  =  LM $ resid
```

（5）绘制拟合图和残差图。

```
plot(TAX, Fit);abline(0, 1)        #abline(0, 1)增加一条截距为 0,斜率为 1 的直线
```

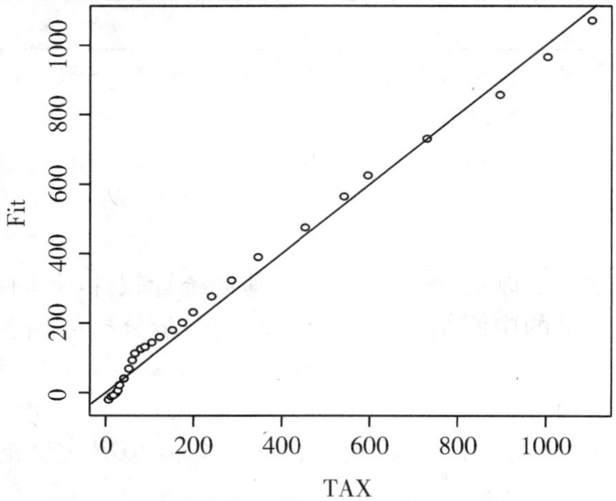

```
plot(e, type = 'b');abline(h = 0)      #abline(h = 0)增加一条取值为 0 的水平线
```

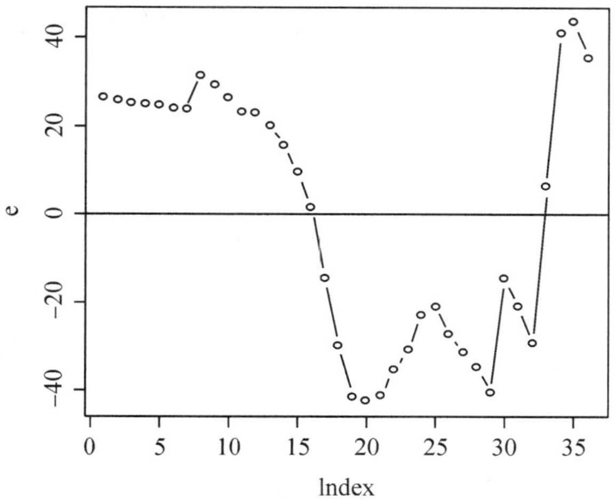


```
library(EmRa)      #也可用 source("http://eclab.jnu.edu.cn/stat/EmRa.txt")①
lm.plot(LM)        #绘制模型拟合效果图
```

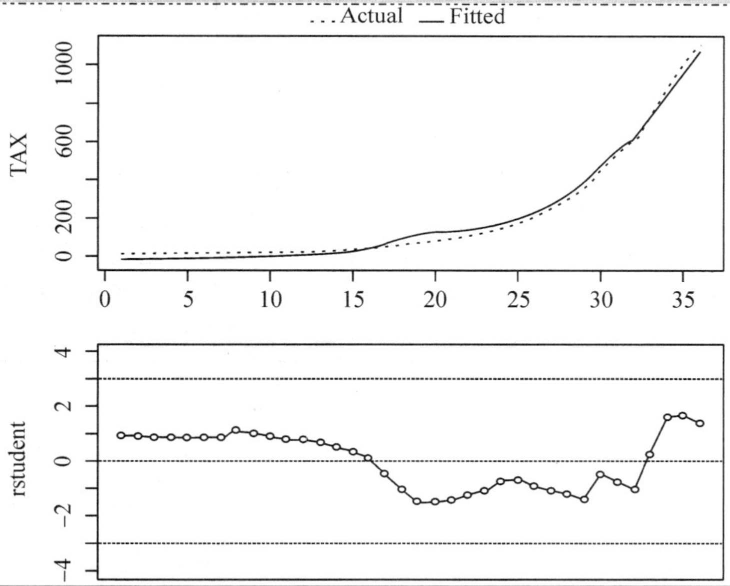

（6）计算预测值：可使用函数 predict 来得到预测值，但需要一个数据框，其列名代表预测值或解释变量。在此例中，自变量 x 为 *GDP*，所以我们可按如下方法得到 *GDP* = 6 500时，税收总额的预测值为 1 188 的结果。

```
predict(LM, data.frame(GDP = 6500))      #注意这里自变量赋值要用数据框的形式
1188
```

（7）获取模型的检验结果：像往常一样，用 summary 命令将给出模型检验的大部分具体结果，但 summary 输出的结果也可以是一个对象，从中也可得到更多关于检验结果

① EmRa. txt 为本书自定义的函数文件。

的信息。

```
SLM=summary(LM);SLM
Call:lm(formula = TAX ~ GDP)

Residuals:
    Min      1Q   Median      3Q     Max
 -42.46  -29.56    7.86   24.98   43.49

Coefficients:
             Estimate  Std. Error  t value  Pr(>|t|)
(Intercept) -28.00730   6.27425   -4.46    8.4e-05 ***
GDP           0.18713   0.00307   61.01    < 2e-16 ***
---
Signif. codes: 0 '***' 0.001 '**' 0.01 '*' 0.05 '.' 0.1 ' ' 1

Residual standard error: 29.3 on 34 degrees of freedom
Multiple R-squared:0.991,    Adjusted R-squared:0.991
F-statistic: 3.72e+03 on 1 and 34 DF,  p-value: <2e-16
names(SLM)
[1] "call"          "terms"        "residuals"      "coefficients"
[5] "aliased"       "sigma"        "df"             "r.squared"
[9] "adj.r.squared" "fstatistic"   "cov.unscaled"
```

对象 SLM 中包含了模型检验的一些统计量，如决定系数 r. squared、校正的决定系数 adj. r. squared 以及 *F* 检验统计量 fstatistic。这就是 R 语言的强大之处，例如，我们要获得模型的决定系数、校正的决定系数以及 *F* 的统计量。在 R 语言软件中取对象的值要用 $ 符号。

```
SLM$r.sq
[1] 0.9909
SLM$adj.r.sq
[1] 0.9907
SLM$fstat
value  numdf  dendf
3723      1     34
```

（8）获取回归系数的检验结果：回归系数的检验结果出现在 summary 命令的输出结果中，调用它们也是完全可能的。Coefficients 会将 summary 命令的输出结果返回在一个矩阵中。

```
SLM$coef
              Estimate  Std. Error  t value   Pr(>|t|)
(Intercept)  -28.0073   6.274253   -4.464   8.416e-05
GDP            0.1871   0.003067   61.015   2.501e-36
```

为得到回归系数的 t 值和 p 值，可利用序号来引用第 2 行第 3 列和第 4 列。

```
t = SLM$coef[2,3];t
[1] 61.01
P = SLM$coef[2,4];P
[1] 2.501e-36
```

R 语言软件是一个强大的并且写得很好的开放源代码的统计软件包。上面所列举的例子只是它的强大功能的一点皮毛。建议读者浏览更多的论文，并访问相关网站，从这些网站上去了解 R 语言软件能做些什么事情。

练习题

一、手工解答题（纸质作业）

1. 什么是计量经济学？
2. 计量经济学研究的对象和内容是什么？
3. 经典计量经济学理论方法的特征是什么？
4. 建立计量经济学模型的基本思想是什么？
5. 时间序列数据和横截面数据有何异同？
6. 计量经济学模型主要应用在哪几个方面？
7. 传统计量经济学模型的基本假设是什么？
8. 建立与应用计量经济学模型的主要步骤有哪些？
9. 试举一些你使用过的计量经济学的软件，并与 R 语言软件作一简单比较。

二、软件计算题（电子作业）

表中是 16 只公益股票某年的每股账面价值（X，元）和当年红利（Y，元）。

序号	X	Y	序号	X	Y
1	22.44	2.40	9	12.14	0.80
2	20.89	2.98	10	23.31	1.94
3	22.09	2.06	11	16.23	3.00
4	14.48	1.09	12	0.56	0.28
5	20.73	1.96	13	0.84	0.84
6	19.25	1.55	14	18.05	1.80
7	20.37	2.16	15	12.45	1.21
8	26.43	1.60	16	11.33	1.07

根据上表资料：

（1）试用向量格式与文件格式两种方法把数据读入 R 语言软件中；

（2）将向量格式数据变成数据框格式数据；

（3）画出每股账面价值和当年红利的散点图；

（4）建立每股账面价值和当年红利的回归方程；

（5）画出每股账面价值和当年红利的回归线图；

（6）应用 coef 函数获取模型的回归系数，解释回归系数的经济意义；

（7）对回归模型进行假设检验；

（8）评价模型的拟合效果如何，并说明判断一个模型的拟合效果可从哪几个方面进行；

（9）若序号为 6 的公司的股票每股账面价值增加 1 元，估计当年红利可能为多少。

2　经典回归分析模型

△2.1　线性回归分析模型

回归分析（Regression Analysis）研究的主要对象是客观事物变量间的统计关系。它是建立在对客观事物进行大量实验和观察的基础上，用来寻找隐藏在看起来不确定的现象中的规律的统计方法。在回归分析中，解释变量（Explanatory Variable）称为自变量（Independent Variable），被解释变量（Explained Variable）称为因变量（Dependent Variable），处于被解释的特殊地位。回归分析研究变量之间的依存关系，并研究确定自变量和因变量之间的具体关系的方程形式。分析中所形成的这种关系式称为回归模型。如果其关系是线性的，我们称之为线性回归模型（Linear Regression Model）。线性回归模型不仅可以揭示自变量对因变量的影响大小，还可以用回归方程进行预测和控制。

回归分析是研究一个变量对于另一个（些）变量的具体依赖关系的计算方法和理论。其用意在于通过后者的已知或设定值，去估计和（或）预测前者的（总体）均值。回归分析构成计量经济学的方法论基础，其主要内容包括：

（1）根据样本观察值对计量经济学模型的参数进行估计，求得回归方程；

（2）对回归方程、参数估计值进行显著性检验；

（3）利用回归方程进行分析、评价及预测。

2.1.1 单变量线性回归分析简介

一、模型的形式

以一条直线方程表明两变量依存关系的线性回归模型叫简单（一元）线性回归模型，例如：

$$Y=\beta_0+\beta_1 X+\varepsilon \tag{2.1}$$

若 $(x_1,\ y_1),\ (x_2,\ y_2),\ \cdots,\ (x_n,\ y_n)$ 是 $(X,\ Y)$ 的一组观测值，则一元线性回归模型可表示为：

$$y_i=\beta_0+\beta_1 x_i+\varepsilon_i,\qquad i=1,\ 2,\ \cdots,\ n \tag{2.2}$$

其中 $\varepsilon_i \overset{iid}{\sim} \mathrm{N}(0,\ \sigma^2)$，　$i=1,\ 2,\ \cdots,\ n$。

二、模型的基本假设

（1）假设1：解释变量 X 是确定性变量，不是随机变量。

（2）假设2：随机误差项 ε 具有零均值、同方差和序列不相关性：

$$\begin{aligned}
&\mathrm{E}(\varepsilon_i)=0 && i=1,\ 2,\ \cdots,\ n\\
&\mathrm{var}(\varepsilon_i)=\sigma_\varepsilon^2 && i=1,\ 2,\ \cdots,\ n\\
&\mathrm{cov}(\varepsilon_i,\ \varepsilon_j)=0 && i\neq j\quad i,\ j=1,\ 2,\ \cdots,\ n
\end{aligned} \tag{2.3}$$

（3）假设 3：随机误差项 ε 与解释变量 X 之间不相关：

$$\mathrm{cov}(X_i, \varepsilon_i)=0 \qquad i=1, 2, \cdots, n \tag{2.4}$$

（4）假设 4：ε 服从零均值、同方差、零协方差的正态分布：

$$\varepsilon_i \sim \mathrm{N}(0, \sigma_\varepsilon^2) \qquad i=1, 2, \cdots, n \tag{2.5}$$

需要说明的是：

（1）如果假设 1、2 满足，则假设 3 也满足；

（2）如果假设 4 满足，则假设 2 也满足。

以上假设也称为线性回归模型的经典假设或高斯（GAUSS）假设，满足该假设的线性回归模型，也称为经典线性回归模型（Classical Linear Regression Model，CLRM）。

三、模型估计

可通过画散点图来确定 Y 与 X 之间的关系，若 n 个点基本上在一条直线上则可以建立线性回归模型：

$$\hat{y}=\hat{\beta}_0+\hat{\beta}_1 x \tag{2.6}$$

式中，$\hat{y}$ 表示因变量 y 的估计值或拟合值，x 为自变量的实际值，$\hat{\beta}_0$ 和 $\hat{\beta}_1$ 为待估参数，其几何意义是：$\hat{\beta}_0$ 是直线方程的截距，$\hat{\beta}_1$ 是斜率。其经济意义是：$\hat{\beta}_0$ 是当 x 为零时 y 的估计值，$\hat{\beta}_1$ 是当 x 每增加一个单位时，y 增加的数量，$\hat{\beta}_1$ 也叫回归系数。

1. 系数估计

一般来说，虽然 x 与 y 间有直线趋势存在，但并不是一一对应的。每一对 y_i 与 x_i（$i=1, 2, \cdots, n$）和经回归方程估计的 $\hat{y}_i$ 值（即直线上的点）都或多或少存在一定的差距。这些差距可以用 $e_i=y_i-\hat{y}_i$ 来表示，即估计误差或残差（residual）。要使回归方程比较“理想”，就应该使这些估计误差尽量小一些，也就是使估计误差平方和：

$$Q=\sum_{i=1}^{n} e_i^2=\sum_{i=1}^{n}(y_i-\hat{y}_i)^2=\sum_{i=1}^{n}[y_i-(\beta_0+\hat{\beta}_1 x_i)]^2 \tag{2.7}$$

达到最小。该方法即为最小二乘估计法（Least square estimate）。对 Q 求关于 $\hat{\beta}_0$ 和 $\hat{\beta}_1$ 的偏导数，并令其等于零，可得：

$$\hat{\beta}_1=\frac{\sum_{i=1}^{n}(x_i-\bar{x})(y_i-\bar{y})}{\sum_{i=1}^{n}(x_i-\bar{x})^2}, \quad \hat{\beta}_0=\bar{y}-\hat{\beta}_1\bar{x} \tag{2.8}$$

2. 方差估计

（1）σ^2 的方差估计：

$$\hat{\sigma}^2=\frac{\sum_{i=1}^{n}(y_i-\hat{y}_i)^2}{n-2}=\frac{\sum_{i=1}^{n}[y_i-(\beta_0+\hat{\beta}_1 x_i)]^2}{n-2} \tag{2.9}$$

（2）β 的方差估计：

$$\mathrm{var}(\hat{\beta}_0)=\hat{\sigma}^2\left(\frac{1}{n}+\frac{\bar{x}^2}{\sum_{i=1}^{n}(x_i-\bar{x})^2}\right), \quad \mathrm{var}(\hat{\beta}_1)=\frac{\hat{\sigma}^2}{\sum_{i=1}^{n}(x_i-\bar{x})^2} \tag{2.10}$$

四、模型检验

由样本资料建立回归方程的目的是对两变量的回归关系进行推断，也就是对总体回归方程作估计。由于抽样误差，样本回归系数 $\hat{\beta}_1$ 往往不会恰好等于总体回归系数 β_1。如

果总体回归系数 $\beta_1=0$，$\hat{y}$ 就是常数，那么无论 x 如何变化，都不会影响 $\hat{y}$，回归方程就没有意义。当总体回归系数 $\beta_1=0$ 时，由样本资料计算得到的样本回归系数 $\hat{\beta}_1$ 不一定为 0。所以有必要对估计得到的样本回归系数 $\hat{\beta}_1$ 进行检验。检验一般常用方差分析或 t 检验，两者的检验结果是等价的。方差分析主要是针对整个模型而言的，而 t 检验是关于回归系数的。

对回归方程进行显著性检验，假设检验为 $H_0:\beta_1=0$ 和 $H_1:\beta_1\neq 0$，通常采用 t 检验法或 F 检验法。

1. t 检验

当 $\beta_1=0$ 成立时，样本回归系数 $\hat{\beta}_1$ 服从正态分布，所以可用 t 检验法检验 $\hat{\beta}_1$ 是否有统计学意义。检验时用的统计量：

$$t=\frac{\hat{\beta}_1-\beta_1}{S_{\hat{\beta}_1}} \sim t(n-2) \tag{2.11}$$

$$S_{\hat{\beta}_1}=\frac{\hat{\sigma}}{\sqrt{\sum_{i=1}^{n}(x_i-\bar{x})^2}} \tag{2.12}$$

$$\hat{\sigma}=\sqrt{\frac{\sum_{i=1}^{n}(y_i-\hat{y}_i)^2}{n-2}} \tag{2.13}$$

上式中 $\hat{\sigma}$ 称为残差的标准误差（Residual standard error），是误差的均方根。它反映了因变量 y 在扣除自变量 x 的线性影响后的离散程度；$\hat{\sigma}$ 可以与 y 的标准差 $\hat{\sigma}_y$ 比较，从而可看出自变量 x 对 y 的线性影响的大小，上式中 $S_{\hat{\beta}_1}$ 是样本回归系数 $\hat{\beta}_1$ 的标准误差。

2. F 检验

经回归分析，因变量 y 实测值的离均差平方和 $SS_T=\sum_{i=1}^{n}(y_i-\bar{y})^2=l_{yy}$ 被分解成两个部分。第一部分 $SS_E=\sum_{i=1}^{n}(y_i-\hat{y}_i)^2$，其本质是估计误差的平方和，这部分反映了这组实测值 y_i 扣除了 x 对 y 的线性影响后剩下的变异。另一部分 $SS_R=\sum_{i=1}^{n}(\hat{y}_i-\bar{y})^2$ 反映了 x 对 y 的线性影响，称为回归平方和或回归贡献。不难证明：$SS_T=SS_R+SS_E$。

根据方差分析的原理，对回归贡献是否有意义可以用方差分析进行检验。这时总变异的自由度 $df_T=n-1$；由于只有一个自变量，所以回归自由度 $df_R=1$；误差自由度 $df_E=df_T-df_R=n-2$。有了离差平方和与自由度，即可分别计算回归均方与误差均方，进而得到 F 值：

$$F=\frac{SS_R/df_R}{SS_E/df_E} \sim F(1,n-2) \tag{2.14}$$

3. 模型的拟合优度或可决系数

拟合优度是指样本回归直线与样本观测值之间的拟合程度，实际上就是回归离差平方和与总离差平方和的比值，反映了回归贡献的百分比值。度量拟合优度的指标是可决系数 R^2：

$$R^2=\frac{\sum(\hat{y}_i-\bar{y})^2}{\sum(y_i-\bar{y})^2}=\frac{SS_R}{SS_T} \tag{2.15}$$

于是有 $0\leqslant R^2\leqslant 1$，$R^2$ 越接近于 1，模型的拟合效果越好。

下面通过一个模拟例子和实际例子来介绍 R 语言建立线性回归模型的过程。

【例 2－1】单变量回归模型模拟研究。

设有一线性模型 $y=1+2x+e$，其中 $\beta_0=1$，$\beta_1=2$，$e\sim N(\mu,\sigma^2)$，$\mu=0$，$\sigma=0.1$。

（1）模拟直线方程（数学模型，不包括误差项）。

```
n=25
x=1:n
y=1+2*x                    #直线方程
plot(x, y) ;abline(1, 2)
```

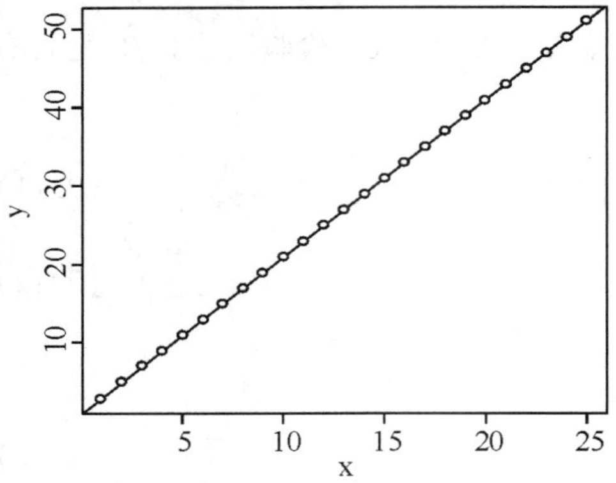

（2）模拟回归方程（统计模型，包含误差项）。

```
set.seed(123)              #设置随机种子数，以保证其他人能重复，可自行设置，下同
n=25
e=rnorm (n, 0, 0.1)        #e~ N(0, 0.1^2)
y=1+2*x+e                  #回归模型
lm2.1=lm(y~x)              #拟合回归模型
summary(lm2.1)             #回归系数及其检验
```

```
Call:lm(formula=y~x)

Residuals:
    Min      1Q    Median    3Q     Max
 -1.726  -0.577  -0.148   0.434   1.945

Coefficients:
            Estimate  Std. Error  t value  Pr(>|t|)
(Intercept)   1.5070     0.3774     3.99   0.00057 ***
x             1.9584     0.0254    77.15   < 2e-16 ***
---
Signif. codes: 0 '***' 0.001 '**' 0.01 '*' 0.05 '.' 0.1 ' ' 1

Residual standard error: 0.915 on 23 degrees of freedom
Multiple R-squared:0.996,    Adjusted R-squared:0.996
F-statistic: 5.95e+03 on 1 and 23 DF,   p-value: <2e-16
```

```
plot(x, y);abline(lm2.1)          #绘制回归线
```

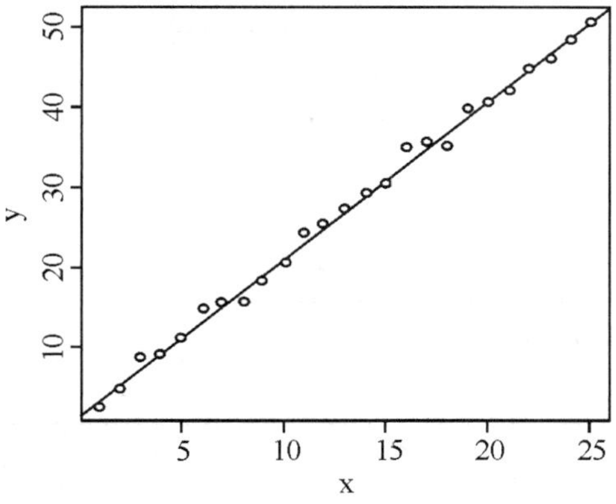

由于模拟数据基本符合模型的建立要求，所以我们拟合的回归模型的系数（1.004 1，1.987 6）跟真值（1，2）基本一致，模型有显著的统计学意义（$p<2e-16$）。

```
R2 = summary(lm2. 1) $ r.sq;R2
[1] 0.9962
```

由于 R^2 接近于1，所以从该模型的拟合优度看，模型的拟合效果是非常好的。

【例2-2】税收与国内生产总值的实证分析：对表1-1宏观经济数据建立回归分析模型。

在我们的宏观经济数据集 MEdata 中，收集了从1978年到2013年间共36年的税收（*TAX*，百亿元）和国内生产总值（*GDP*，百亿元）数据，下面来分析税收与经济增长之间的依存关系。要考察它们之间的数量关系，需建立线性回归方程，以便进行分析、估计和预测。为了书写方便，我们对数据框 MEdata 进行绑定，即 attach（MEdata），attach 命令只需绑定一次，如果前面已绑定，这里就不用再次绑定，分析步骤如下：

（1）绘制散点图。

```
plot(TAX ~ GDP , data = MEdata)   # plot(GDP, TAX)
```

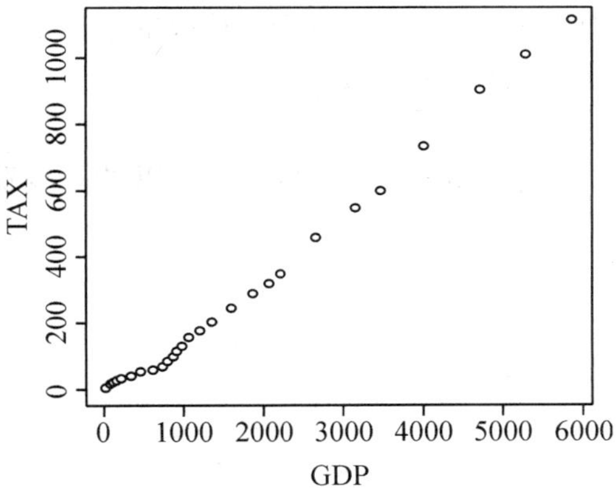

（2）估计回归系数。

```
lm2.2 = lm(TAX ~ GDP, data = MEdata);lm2.2

Call:lm(formula = TAX ~ GDP,data = MEdata)

Coefficients:
(Intercept)          GDP
  -28.007          0.187
```

于是得到回归方程：$TAX = -28.007 + 0.1871\ GDP$

（3）进行模型的假设检验。

```
summary(lm2.2)

Call:lm(formula = TAX ~ GDP,data = MEdata)

Residuals:
    Min      1Q   Median     3Q     Max
 -42.46  -29.56    7.86   24.98   43.49

Coefficients:
              Estimate  Std. Error   t value   Pr(>|t|)
(Intercept)  -28.00730     6.27425     -4.46    8.4e-05 ***
GDP            0.18713     0.00307     61.01    < 2e-16 ***
---
Signif. codes: 0 '***' 0.001 '**' 0.01 '*' 0.05 '.' 0.1 ' ' 1

Residual standard error: 29.3 on 34 degrees of freedom
Multiple R-squared:0.991,     Adjusted R-squared:0.991
F-statistic: 3.72e+03 on 1 and 34 DF,   p-value: <2e-16
```

需要注意的是，本例 $t^2 = F(61.01^2 = 3\ 720)$。当 $df_R = 1$ 时，t 值的平方等于 F 值（df_E 即为 t 的自由度 $n-2$）。所以说当自变量只有 1 个时，方差分析与 t 检验的结果是等价的。但在下面的多元分析中，方差分析与 t 检验的结果并不等价。

（4）分析拟合效果。

建立回归模型，如果模型通过显著性检验（本例模型的 $p<0.001$），可以进一步看模型的拟合优度和残差分布。

```
summary(lm2.2) $ r.sq
```

```
[1] 0.9909
```

```
lm. plot(lm2. 2)
```

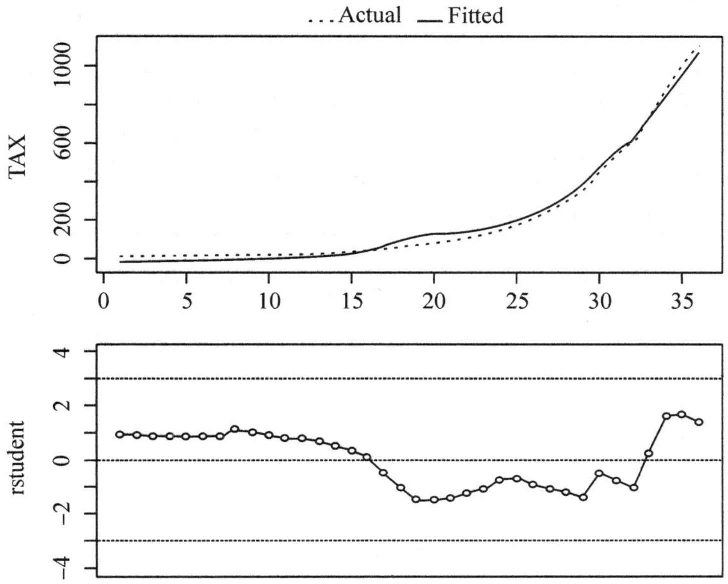

（5）绘制回归直线。

建立回归方程后，一般应将回归方程在散点图上表示出来，也就是作回归直线。

```
plot(TAX ~ GDP);abline(lm2.2)
```

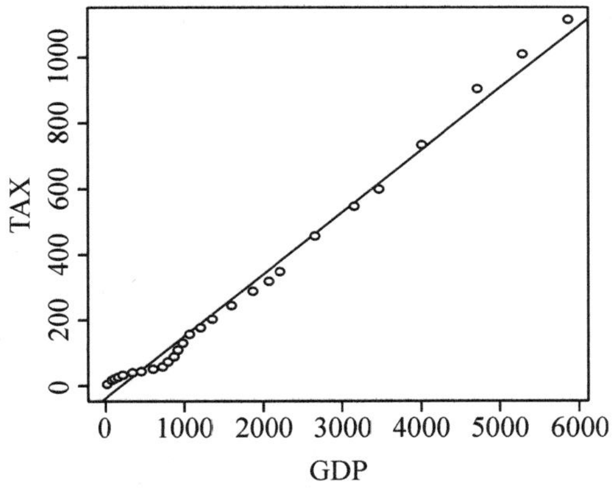

五、回归模型的估计与预测

建立模型有三个主要的作用：①影响因素分析；②进行估计；③用来预测。

上面我们主要探讨了线性回归模型的统计推断，下面就分别用模型来进行估计和预测。其实它们是同一个问题，估计就是在自变量范围内对应变量的估算，预测就是在自变量范围以外对应变量的推算。R 语言软件所用的命令都是 predict（相当于将自变量值带入模型中计算），如 predict（lm2. 2）相当于模型的拟合值 fitted（lm2. 2）。

```
predict(lm2.2)# = fitted(lm2.2)
predict(lm2.2, data.frame(GDP = 900))    #估计 GDP = 900 时的 TAX 值
---------------------------------------------------------------
140. 4
predict(lm2. 2,data.frame(GDP = 6000))   #预测 GDP = 6000 时的 TAX 值
---------------------------------------------------------------
1095
```

下面我们就发挥 R 语言编程的优势，来批量建立各种回归模型。

由于相对于其他统计软件来说，R 语言软件是一种建立在函数命令基础上的编程软件，所以通过其建立批命令来进行模型分析就显得非常方便，这也是应用 R 语言软件的优势之处。下面我们对其他宏观经济数据的单因素进行回归分析。

```
summary(lm(TAX ~ EXP))
---------------------------------------------------------------
Call:lm(formula = TAX ~ EXP)

Residuals:
    Min       1Q   Median     3Q     Max
 -28. 32   -7. 06   -1. 02   1. 29   51. 04

Coefficients:
              Estimate    Std. Error    t value    Pr( > |t| )
(Intercept)   4. 18259     2. 81225       1. 49       0. 15
EXP           0. 80552     0. 00622     129. 57     <2e-16  ***
---
Signif. codes: 0 ' *** ' 0. 001 ' ** ' 0. 01 ' * ' 0. 05 '. ' 0. 1 ' ' 1

Residual standard error: 13. 9 on 34 degrees of freedom
Multiple R-squared:0. 998,   Adjusted R-squared:0. 998
F-statistic: 1. 68e+04 on 1 and 34 DF,   p-value: <2e-16
summary(lm(TAX ~ IE))
---------------------------------------------------------------
Call:lm(formula = TAX ~ IE)

Residuals:
    Min       1Q   Median     3Q     Max
 -157. 24   -5. 95   15. 08   21. 15   168. 98

Coefficients:
              Estimate    Std. Error    t value    Pr( > |t| )
(Intercept)  -12. 8476     13. 4501      -0. 96       0. 35
IE             0. 3675      0. 0134      27. 46     <2e-16  ***
---
Signif. codes: 0 ' *** ' 0. 001 ' ** ' 0. 01 ' * ' 0. 05 '. ' 0. 1 ' ' 1

Residual standard error:64. 1 on 34 degrees of freedom
Multiple R-squared:0. 957,   Adjusted R-squared:0. 956
F-statistic:754 on 1 and 34 DF,   p-value: <2e-16
```

```
summary(lm(TAX ~ RS))
------------------------------------------------------------------------
Call:lm(formula = TAX ~ RS)

Residuals:
    Min       1Q   Median     3Q     Max
 -42.10   -20.43    8.07   20.39   39.79

Coefficients:
              Estimate   Std. Error   t value    Pr(>|t|)
(Intercept)  -25.64240   5.27800      -4.86      2.6e-05  ***
RS             0.48023   0.00664      72.31      < 2e-16  ***
---
Signif. codes: 0 '***' 0.001 '**' 0.01 '*' 0.05 '.' 0.1 ' ' 1

Residual standard error: 24.8 on 34 degrees of freedom
Multiple R-squared:0.994,    Adjusted R-squared:0.993
F-statistic: 5.23e+03 on 1 and 34 DF,   p-value: <2e-16
```

```
summary(lm(TAX ~ COM))
------------------------------------------------------------------------
Call:lm(formula = TAX ~ COM)

Residuals:
   Min      1Q   Median    3Q    Max
 -68.0   -50.0    16.5   39.0   55.9

Coefficients:
             Estimate   Std. Error   t value    Pr(>|t|)
(Intercept)  -47.5142   9.8768       -4.81         3e-05  ***
COM            0.5262   0.0132       39.89        <2e-16  ***
---
Signif. codes: 0 '***' 0.001 '**' 0.01 '*' 0.05 '.' 0.1 ' ' 1

Residual standard error: 44.6 on 34 degrees of freedom
Multiple R-squared:0.979,    Adjusted R-squared:0.978
F-statistic: 1.59e+03 on 1 and 34 DF,   p-value: <2e-16
```

```
summary(lm(TAX ~ INV))
------------------------------------------------------------------------
Call:lm(formula = TAX ~ INV)

Residuals:
     Min       1Q   Median     3Q     Max
 -104.52   -17.41   -9.94   29.19   68.61

Coefficients:
            Estimate   Std. Error   t value   Pr(>|t|)
(Intercept) 23.08316   6.31713      3.65      0.00086 ***
```

```
INV      0.26545     0.00475     55.86      < 2e-16 ***
---
Signif. codes: 0 '***' 0.001 '**' 0.01 '*' 0.05 '.' 0.1 ' ' 1

Residual standard error: 32 on 34 degrees of freedom
Multiple R-squared:0.989,      Adjusted R-squared:0.989
F-statistic: 3.12e+03 on 1 and 34 DF,   p-value: <2e-16
```

```
summary(lm(TAX ~ DEP))
```

```
Call:lm(formula = TAX ~ DEP)

Residuals:
   Min      1Q   Median    3Q    Max
 -49.8    -24.1    11.2   17.2   65.5

Coefficients:
              Estimate   Std. Error   t value   Pr(>|t|)
(Intercept)   -6.56479    5.71826     -1.15       0.26
DEP            0.24399    0.00377     64.69     <2e-16 ***
---
Signif. codes: 0 '***' 0.001 '**' 0.01 '*' 0.05 '.' 0.1 ' ' 1

Residual standard error: 27.7 on 34 degrees of freedom
Multiple R-squared:0.992,      Adjusted R-squared:0.992
F-statistic: 4.18e+03 on 1 and 34 DF,   p-value: <2e-16
```

需要注意的是，这里由于只有一个自变量，所以 t 检验的结果跟 F 检验的结果等价（$t^2 = F$）。当然，你可以建立任意组合的一元线性回归分析模型。

2.1.2 多变量线性回归模型建立

在实际中，常会遇到一个因变量与多个自变量的数量关系的问题。如上面我们考察的是 1978—2013 年全国税收与国内生产总值之间的线性关系，如果我们想进一步考察税收和国内生产总值、财政支出、进出口贸易总额等之间的依存关系，这时就需要建立多元回归模型。多元回归与一元线性回归（直线回归）类似，一个因变量与多个自变量间的线性数量关系可以用多元线性回归方程来表示：

$$\hat{y} = b_0 + b_1x_1 + b_2x_2 + \cdots + b_px_p \tag{2.16}$$

式中 b_0 相当于直线回归方程中的常数项 a，b_i（$i=1, 2, \cdots, p$）称为偏回归系数（Partial Regression Coefficient），为了方便计算，这里的 b_i 相当于 $\hat{\beta}_i$，其意义与直线回归方程中的回归系数相似。当其他自变量对因变量的线性影响固定时，b_i 反映了第 i 个自变量对因变量线性影响的大小。这样的回归称为因变量在这一组自变量 x 上的回归。我们习惯上称之为多元线性回归模型。

1. 多元线性回归模型的一般形式

随机变量 y 与一般变量 x 的线性回归模型为：

$$y=\beta_0+\beta_1x_1+\beta_2x_2+\cdots+\beta_px_p+\varepsilon \tag{2.17}$$

当我们得到 n 组观测数据（x_1，x_2，…，x_p，y_i），$i=1$，2，…，n 时，则线性回归模型可表示为：

$$\begin{cases} y_1=\beta_0+\beta_1x_{11}+\beta_2x_{12}+\cdots+\beta_px_{1p}+\varepsilon_1 \\ y_2=\beta_0+\beta_1x_{21}+\beta_2x_{22}+\cdots+\beta_px_{2p}+\varepsilon_2 \\ \cdots\cdots \\ y_n=\beta_0+\beta_1x_{n1}+\beta_2x_{n2}+\cdots+\beta_px_{np}+\varepsilon_n \end{cases} \tag{2.18}$$

将其写成矩阵形式为：$y=X\beta+\varepsilon$，其中：

$$y=\begin{bmatrix} y_1 \\ y_2 \\ \vdots \\ y_n \end{bmatrix},\ X=\begin{bmatrix} 1 & x_{11} & x_{12} & \cdots & x_{1p} \\ 1 & x_{21} & x_{22} & \cdots & x_{2p} \\ \vdots & \vdots & \vdots & & \vdots \\ 1 & x_{n1} & x_{n2} & \cdots & x_{np} \end{bmatrix},\ \beta=\begin{bmatrix} \beta_1 \\ \beta_2 \\ \vdots \\ \beta_p \end{bmatrix},\ \varepsilon=\begin{bmatrix} \varepsilon_1 \\ \varepsilon_2 \\ \vdots \\ \varepsilon_n \end{bmatrix}$$

通常我们称 X 为设计阵，β 为回归系数向量。

2. 线性回归模型的基本假设

由于一元线性回归比较简单，其趋势图可用散点图直观显示，所以，我们对其性质和假定并未作详细探讨。实际上，我们在建立线性回归模型前，需要对模型作一些假定，经典线性回归模型的基本假设前提为：

（1）解释变量一般是非随机变量。

（2）误差等方差及不相关假定（G-M 条件）：

$$\begin{cases} E(\varepsilon_i)=0,\ i=1,\ 2,\ \cdots,\ n \\ \operatorname{cov}(\varepsilon_i,\ \varepsilon_j)=\begin{cases} \sigma^2,\ i=j \\ 0,\ i\neq j \end{cases} \end{cases} \quad (i,\ j=1,\ 2,\ \cdots,\ n) \tag{2.19}$$

（3）误差正态分布的假定条件为：

$$\varepsilon_i \overset{iid}{\sim} N(0,\ \sigma^2),\ i=1,\ 2,\ \cdots,\ n \tag{2.20}$$

（4）$n>p$，即要求样本容量个数多于解释变量的个数。

3. 多元回归参数的最小二乘估计

从多元线性模型的矩阵形式 $y=X\beta+\varepsilon$ 可知，若模型的参数 β 的估计量 $\hat{\beta}$ 已获得，则 $\hat{y}=X\hat{\beta}$，于是残差 $e_i=y_i-\hat{y}_i$，根据最小二乘的原理，所选择的估计方法应是使估计值 $\hat{y}_i$ 与观察值 y_i 之间的残差 e_i 在所有样本点上达到最小。即使得

$$Q=\sum_{i=1}^{n}(y_i-\hat{y}_i)^2=e'e=(y-X\hat{\beta})'(y-X\hat{\beta}) \tag{2.21}$$

达到最小，根据微积分求极值的原理，Q 对 $\hat{\beta}$ 求导且等于 0，可求得使 Q 达到最小的 $\hat{\beta}$，这就是所谓的最小二乘法。

$$\begin{aligned} \frac{\partial Q}{\partial b} &= \frac{\partial(y-Xb)'(y-Xb)}{\partial b} \\ &= \frac{\partial}{\partial b}(y'-b'X')(y-Xb) \\ &= \frac{\partial}{\partial b}(y'y-b'X'y-y'Xb+b'X'Xb) \end{aligned}$$

$$= \frac{\partial}{\partial b}(y'y - 2b'X'y + b'X'Xb)$$
$$= -2'X'y + 2X'Xb$$
$$= 0$$
$$X'Xb = X'y$$
$$b = (X'X)^{-1}X'y \tag{2.22}$$

当 $p=1$ 时，可得上面的一元线性回归模型 $y=a+bx$ 的系数。

【例2-3】多变量回归模型模拟研究：设有一二元线性模型 $y=\beta_0+\beta_1 x_1+\beta_2 x_2+e$，其中 $\beta_0=1$，$\beta_1=2$，$\beta_2=3$，$e\sim N(\mu, \sigma^2)$，这里 $\mu=E(e)=0$，$\sigma^2=var(e)=0.2^2$。

```
set.seed(123)
n=30
x1 = runif(n);x2 = runif(n);        # 产生二组均匀随机数
e = rnorm(n, 0, 0.2)                # e ~ N(0, 0.2^2)
y = 1 +2* x1 +3* x2 + e             # 模拟回归模型
lm2.3 = lm(y ~ x1 + x2);lm2.3
```

```
Call:lm(formula = y ~ x1 + x2)

Coefficients:
(Intercept)        x1        x2
     1.05        1.96      3.03
```

```
summary(lm2.3)
```

```
Call:lm(formula = y ~ x1 + x2)

Residuals:
    Min        1Q     Median       3Q      Max
-0.3385   -0.0977   -0.0318   0.1073   0.3999

Coefficients:
            Estimate  Std. Error  t value   Pr(>|t|)
(Intercept)  1.0453    0.0917     11.4     7.9e-12  ***
x1           1.9635    0.1112     17.6     2.4e-16  ***
x2           3.0257    0.1118     27.1     < 2e-16  ***
---
Signif. codes: 0 '***' 0.001 '**' 0.01 '*' 0.05 '.' 0.1 ' ' 1

Residual standard error: 0.173 on 27 degrees of freedom
Multiple R-squared:0.971,    Adjusted R-squared:0.969
F-statistic:460 on 2 and 27 DF,   p-value: <2e-16
```

模型的剩余标准差为0.173，可决系数为0.971，拟合效果较好。回归系数为（1.045 3，1.963 5，3.025 7），接近于真值（1，2，3）。

此例中模型公式的语法非常简单，增加一个解释变量只需把变量名加到公式的右边。

即当加进 y 变量时，使用 $y \sim x_1 + x_2$ 代替简单回归中的 $y \sim x$。如果你确切地知道模型中没有截距项（$\beta_0 = 0$），便可以在公式中加上 -1 来移除它。

```
lm(y ~ -1 + x1 + x2)    #无截距项
--------------------------------------------
Call:lm(formula = y ~ -1 + x1 + x2)


Coefficients:
  x1     x2
2.95   3.84
```

由于我们设定的模型包含常数项，所以去掉常数项后回归系数跟真值有较大差别。

【例 2-4】构建宏观经济数据的多因素线性回归分析模型。

继续对我国宏观经济数据进行多变量分析，以获取他们之间的依存关系。其中，因变量为 *TAX*（税收收入，百亿元），自变量有：*GDP*（国内生产总值，百亿元）、*EXP*（财政支出，百亿元）、*IE*（进出口贸易总额，百亿元）、*RS*（社会消费品零售总额，百亿元）、*COM*（城乡居民消费额，百亿元）、*INV*（全社会固定资产投资总额，百亿元）、*DEP*（城乡居民储蓄存款年底余额，百亿元）。

在例 2-2 中我们发现 1978—2013 年税收与国内生产总值之间的确存在线性回归关系，为了进一步考察它们与其他变量之间的数量关系，需建立多元线性回归方程，以便进行分析与预测，步骤如下：

```
lm2.4= lm(TAX ~ GDP + EXP + IE + RS + COM + INV + DEP)
lm2.4
--------------------------------------------
Call:lm(formula = TAX ~ GDP + EXP + IE + RS + COM + INV + DEP,data = MEdata)


Coefficients:
(Intercept)        GDP         EXP         IE          RS
 -4.96528      -0.01440     0.70284     0.09040     0.21189
   COM             INV         DEP
 -0.02980       0.00344     -0.10470
```

于是得到多元线性回归方程：

$$TAX = -4.96528 - 0.01440\ GDP + 0.70284\ EXP + 0.09040\ IE + 0.21189\ RS - 0.02980\ COM + 0.00344\ INV - 0.10470\ DEP$$

2.1.3 多变量线性回归模型检验

1. 回归方程的假设检验

由样本计算得到的偏回归系数 $\hat{\beta}_j$ 是总体偏回归系数 β_j 的估计值，如果这些总体偏回归系数等于0，多元回归方程就没有意义。所以与直线回归一样，在建立起方程后有必要对这些偏回归系数作检验，对多元回归方程作假设检验也可以用方差分析。

因变量 y 的离均差平方和经回归分析被分解成两个部分。

$$SS_T = \sum_{i=1}^{n}(y_i - \bar{y})^2 = \sum_{i=1}^{n}(y_i - \hat{y}_i)^2 + \sum_{i=1}^{n}(\hat{y}_i - \bar{y})^2 = SS_R + SS_E \quad (2.23)$$

这与单变量回归是一样的。同时，自由度也被分解成两个部分。其中回归自由度就是自变量的个数。

$$df_R = p,\ df_E = df_T - df_R = (n-1) - p = n-p-1$$

由此可分别计算两部分的均方：

$$MS_R = SS_R/df_R = \sum_{i=1}^{n}(\hat{y}_i - \bar{y})^2/p$$

$$MS_E = SS_E/df_E$$

方差分析的检验假设 $H_0: \beta_1 = \beta_2 = \cdots = \beta_p = 0$，这就意味着因变量 y 与所有的自变量 x_j 都不存在回归关系，多元回归方程没有意义。相应的备择假设 $H_1: \beta_1, \beta_2, \cdots, \beta_p$ 不全为 0。H_0 成立时，有：

$$F = \frac{MS_R}{MS_E} \sim F\ (p,\ n-p-1) \tag{2.24}$$

即 F 服从 F 分布，这样就可以用 F 统计量来检验回归方程是否有意义。

2. 回归系数的假设检验

多元回归方程有统计学意义并不说明每一个偏回归系数都有意义。所以有必要对每个偏回归系数作检验。在 $\beta_j = 0$ 时，偏回归系数 $\hat{\beta}_j$（$j = 1, 2, \cdots, p$）服从正态分布，所以可用 t 统计量对偏回归系数作检验。

检验假设 $H_{0j}: \beta_j = 0$，$H_{1j}: \beta_j \neq 0$。

当 H_{0j} 成立时，$\hat{\beta} \sim N(\beta, \sigma^2(X'X)^{-1})$，记 $(X'X)^{-1} = (c_{ij})$。

则我们构造的 t 统计量为：

$$t_j = \frac{\hat{\beta}_j - \beta_j}{S_{\hat{\beta}j}} \qquad j = 1, 2, \cdots, p \tag{2.25}$$

式中 $S_{\hat{\beta}_j}$ 是第 j 个偏回归系数的标准误差。其计算比较复杂，

$$S_{bj} = \sqrt{c_{jj}}S_{y \cdot x}$$

$$S_{y \cdot x} = \sqrt{\frac{\sum_{i=1}^{n}\varepsilon^2}{n-p-1}} = \sqrt{\frac{\sum_{i=1}^{n}(y_1 - \hat{y}_i)^2}{n-p-1}} = \sqrt{\frac{SS_E}{df_E}} = \sqrt{MS_E} \tag{2.26}$$

与单变量情形一样，$S_{y \cdot x}$ 称为剩余标准差或标准估计误差，也反映了因变量 y 在扣除各自变量 x 的线性影响后的变异程度；$S_{y \cdot x}$ 可以与 y 的标准差 s_y 比较，从而可看出所有自变量 x 对 y 的线性影响大小。

当原假设 $H_{0j}: \beta_j = 0$ 成立时，上面的 t 统计量服从自由度为 $n-p-1$ 的 t 分布。给定显著性水平 σ，查出双侧检验的临界值 $t_{1-\sigma/2}$。当 $|t_j| \geq t_{1-a/2}$ 时拒绝零假设 $H_{0j}: \beta_j = 0$，认为 β_j 显著不为零，自变量 x_j 对因变量 y 的线性效果显著；当 $|t_j| < t_{1-a/2}$ 时接受零假设 $H_{0j}: \beta_j = 0$，认为 β_j 为零，自变量 x_j 对因变量 y 的线性效果不显著。

一般统计软件在完成多元回归分析的同时都会输出方差分析与 t 检验的结果。其中 t 检验结果给出了每个偏回归系数和常数项的值、标准误差、t 值与相应的 p 值。

```
slm2.4 = summary(lm2.4);slm2.4
```

```
Call:lm(formula = TAX ~ GDP + EXP + IE + RS + COM + INV + DEP, data = MEdata)

Residuals:
    Min      1Q   Median     3Q    Max
 -6.677  -1.298  -0.072  2.066  5.799

Coefficients:
             Estimate  Std. Error  t value  Pr(>|t|)
(Intercept)  -4.96528   1.16070    -4.28    0.0002  ***
GDP          -0.01440   0.01756    -0.82    0.4189
EXP           0.70284   0.04628    15.19    4.8e-15 ***
IE            0.09040   0.00857    10.55    2.9e-11 ***
RS            0.21189   0.06553     3.23    0.0031  **
COM          -0.02980   0.03619    -0.82    0.4172
INV           0.00344   0.00866     0.40    0.6944
DEP          -0.10470   0.01021   -10.26    5.5e-11 ***
---
Signif. codes: 0 '***' 0.001 '**' 0.01 '*' 0.05 '.' 0.1 ' ' 1

Residual standard error: 3.21 on 28 degrees of freedom
Multiple R-squared: 1,    Adjusted R-squared: 1
F-statistic: 4.48e+04 on 7 and 28 DF,  p-value: <2e-16
```

由方差分析结果可见，当模型的 $p<0.001$ 时，可认为回归模型是有统计学意义的。由 t 检验结果可知，*EXP*、*IE*、*RS*、*DEP* 偏回归系数的 p 值都小于 0.05，即变量财政支出、进出口贸易总额、社会消费品零售总额以及城乡居民储蓄存款年底余额对税收有显著影响，而 *GDP*、*COM*、*INV* 的 p 值大于 0.05，即国内生产总值、城乡居民消费额和全社会固定资产投资总额对税收无显著的影响。由此，我们可以看到，国内生产总值、城乡居民储蓄存款年底余额所对应的偏回归系数都为负，这与经济现实是不相符的。出现这种结果可能在于这些解释变量之间存在高度的共线性，我们将在后续的分析中逐步探讨。

3. 参数估计量的性质

在满足基本假设的情况下，回归模型的回归参数的普通最小二乘估计、极大似然估计及矩估计仍具有线性、无偏性、有效性。同时，随着样本容量的增加，参数估计量具有渐近无偏性、渐近有效性、一致性。

关于这些性质的证明可参见相关文献。

4. 调整的可决系数

在应用过程中我们发现，如果在模型中增加一个解释变量，R^2 往往会增大。这就给人一个错觉：要使模型拟合得好，只要增加解释变量即可。但是，现实情况往往是由增加解释变量个数引起 R^2 的增大，且与拟合好坏无关。R^2 需调整，于是就有调整的可决系数（adjusted coefficient of determination）。在样本容量一定的情况下，增加解释变量必定使得自由度减少，所以调整的思路是：将残差平方和与总离差平方和分别除以各自的自由度，以剔除变量个数对拟合优度的影响。

$$\text{adj}R^2 = 1 - \frac{SS_R/(n-p-1)}{SS_T/(n-1)} \tag{2.27}$$

其中 $n-p-1$ 为残差平方和的自由度，$n-1$ 为总体平方和的自由度。

$\text{adj}R^2$ 与 R^2 之间存在如下关系：

$$\text{adj}R^2 = 1 - (1-R^2)\frac{(n-1)}{(n-p-1)} \tag{2.28}$$

```
names(slm2.4)                  #查看 slm2.4 包含的对象
[1] "call"             "terms"        "residuals"       "coefficients"
[5] "aliased"          "sigma"        "df"              "r.squared"
[9] "adj.r.squared"    "fstatistic"   "cov.unscaled"
R2 = slm2.4 $ r.sq;R2
[1] 0.9999
adjR2 = slm2.4 $ adj.r.sq;adjR2
[1] 0.9999
```

2.1.4 建立有用的回归分析模型

一、回归变量的选择

多元回归分析在实际中被广泛应用，由上章分析可知，其主要用途有：①用于描述和解释现象，这时希望回归方程中所包含的自变量尽可能少一些；②用于预测，这时希望预测的均方误差较小；③用于控制，这时希望各回归系数具有较小的方差和均方误差。在实际问题中可以提出许多对因变量有影响的自变量，选择的变量太少或不恰当，会使建立的模型与实际有较大的偏离；而选择的变量太多，就会使用不便，并且有时也会削弱估计和预测的稳定性，所以变量选择是一个十分重要的问题。也就是说，在多元回归分析中，并不是变量越多越好。变量太多，容易引起以下几个问题：①增加了模型的复杂度；②计算量增大；③估计和预测的精度下降；④模型应用费用增加。

在上例中，虽然回归方程的检验是高度显著的，但是回归系数的检验结果中有些是显著的，而另外一些却不显著，这样的回归方程不能称为最佳回归方程。因此，我们总是希望，不但求得的回归方程是显著的，而且在回归方程中的自变量也都是尽可能显著的，也就是要选择最佳的回归模型。选择最佳回归模型的方法有很多，而逐步回归分析方法是其中较为常用的一种。

1. 逐步回归分析的概念

在实际多元线性回归中常有这种情况，变量 x_1，x_2，…，x_p 相互之间常常是线性相关的，即在 x_1，x_2，…，x_p 中任何两个变量都是完全线性相关的，即相关系数为 1，则矩阵 $X'X$ 的秩小于 p，$(X'X)^{-1}$就无解。当变量 x_1，x_2，…，x_p 中任意两个变量存在较大的相关性时，矩阵 $X'X$ 处于病态，会给模型造成很大的误差。因此，在进行回归变量选择时，应选变量 x_1，x_2，…，x_p 中的一部分作回归，剔除一些变量。逐步回归法就是寻找较优子空间的一种变量的选择方法。

在前面的章节中，我们给出了一般多元线性回归方程的求法，但是细心的读者也许会注意到，不管自变量 x_i 对因变量 y 的影响是否显著，均可进入回归方程，这样就使误差的自由度变小，而误差自由度变小，就会使误差的均方增大，即估计的精度变低。另外在许多实际问题中，往往自变量 x_1，x_2，…，x_p 之间并不是完全独立的，而是有一定的相关性，如果回归模型中的某两个自变量 x_i 和 x_j 的相关系数比较大，就可使得正规方程组的系数矩阵出现病态，也就是出现所谓的多重共线性问题，从而导致回归系数的估计值的精度不高。

2. 逐步变量选择的方法

在后面的讨论中，如果对回归方程增加自变量 x_i，则称为“引入”变量 x_i；如果要将回归方程中的自变量 x_i 从回归方程中删掉，则称为“剔除”变量 x_i。无论引入变量或剔除变量，都要利用 F 检验，将显著的变量引入回归方程，而将不显著的变量从回归方程中剔除。记引入变量的 F 检验的临界值为 $F_{进}$，剔除变量的 F 检验的临界值为 $F_{出}$，一般 $F_{进} \geqslant F_{出}$，它的确定原则一般是对 p 个自变量的 n 组样品数据进行研究，估计可能进入回归方程的变量为 m 个（$m \leqslant p$），则为给定的显著性水平 α 确定 F 值，记为 F^*，则可取 $F_{进} = F_{出} = F^*$。一般来，也可以直接取 $F_{进} = F_{出} = 3.84$ 或 2.71。当然，为了回归方程中还能多进入一些自变量，甚至也可以取 2.0 或 2.5。但目前用得较多的选择变量的统计量是 AIC 准则：

$$\mathrm{AIC} = n\ln\left(\frac{RRS_p}{n}\right) + 2p \tag{2.29}$$

AIC 选择变量的准则是：按“AIC 愈小愈好”来选取自变量。

由于在许多实际问题中，自变量 x_1，x_2，…，x_p 之间往往并不是独立的，而是有一定的相关性存在的，这就会使得随着回归方程中变量的增加和减少，某些自变量对回归方程的贡献也会发生变化。因此，一种很自然的想法就是对于每一个自变量来说，随着其对回归方程贡献的变化，它随时可能被引入回归方程或被剔除出去。最终的回归模型是，在回归方程中的自变量均为显著的，不在回归方程中的自变量均为不显著的。也就是说，逐步筛选法是综合上述两种方法的特点，建立的一种新的方法，其基本思想是，首先，在所考虑的全部变量中，按其对预报变量 y 作用的显著程度的大小，挑选一个最重要的变量，建立只包含这个变量的回归方程。然后，对其他变量计算偏回归平方和，引入一个显著性的变量，建立具有两个变量的回归方程。接着，对逐步回归的每一步（引入一个变量或从回归方程中剔除一个变量都算作一步）前后都要作显著性检验，即要反复进行两个步骤：第一，对已在回归方程中的变量作显著性检验，显著者保留，把最不显著的那个变量从方程中剔除；第二，对不在回归方程中的其余变量，挑选最重要的那一个进入回归方程，直至最后回归方程中再也不能剔除任一变量，同时也不能再引入变量为止，保证最后所得回归方程中所有变量都为显著变量。这种所谓选择全部回归子集的方法在一般情况下是很好使用的，特别是整个模型满足线性回归的基本假定时使用效果较好。

逐步回归的计算步骤为，从一个变量开始做：①每次选入一个对 y 影响显著的变量，直到无法选入时转到②；②每次剔除一个对 y 影响不显著的变量，直到无法剔除时转到①。当无法选入也无法剔除时停止筛选，以使最后回归方程只保留重要的变量。

```
step2.4 = step(lm2.4)
step2.4
```

```
Start: AIC = 90.93
TAX ~ GDP + EXP + IE + RS + COM + INV + DEP

         Df  Sum of Sq   RSS     AIC
- INV     1       2      290    89.1
- GDP     1       7      295    89.8
- COM     1       7      296    89.8
<none>                   289    90.9
- RS      1     108      396   100.4
- DEP     1    1084     1373   145.1
- IE      1    1147     1435   146.7
- EXP     1    2377     2665   169.0

Step: AIC = 89.13
TAX ~ GDP + EXP + IE + RS + COM + DEP

         Df  Sum of Sq   RSS     AIC
- GDP     1       7      297    87.9
- COM     1      12      302    88.6
<none>                   290    89.1
- RS      1     122      412    99.8
- DEP     1    1085     1376   143.2
- IE      1    1167     1457   145.2
- EXP     1    2735     3025   171.5

Step: AIC = 87.93
TAX ~ EXP + IE + RS + COM + DEP

         Df Sum of Sq   RSS     AIC
- COM     1      14     311    87.6
<none>                  297    87.9
- RS      1     145     442   100.2
- DEP     1    1080    1376   141.2
- EXP     1    2858    3155   171.0
- IE      1    4054    4350   182.6
```

```
Step:AIC = 87.58
TAX ~  EXP + IE + RS + DEP
          Df  Sum of Sq    RSS    AIC
<none>                     311   87.6
- RS       1        515    825  120.8
- DEP      1       1173   1484  141.9
- IE       1       5333   5644  190.0
- EXP      1      18994  19304  234.2

Call:lm(formula = TAX ~ EXP + IE + RS + DEP, data = MEdata)

Coefficients:
(Intercept)        EXP         IE         RS         DEP
  -5.2267       0.7603     0.0814     0.1336     -0.1058
```

```
summary(step2.4)
```

```
Call:lm(formula = TAX ~ EXP + IE + RS + DEP, data = MEdata)

Residuals:
    Min       1Q   Median      3Q     Max
 -6.232   -1.806   -0.063   2.338   5.844

Coefficients:
              Estimate  Std. Error   t value   Pr(>|t|)
(Intercept)   -5.22672     1.08522     -4.82   3.6e-05 ***
EXP            0.76031     0.01746     43.54   < 2e-16 ***
IE             0.08137     0.00353     23.07   < 2e-16 ***
RS             0.13355     0.01863      7.17   4.7e-08 ***
DEP           -0.10582     0.00978    -10.82   4.7e-12 ***
---
Signif. codes: 0 '***' 0.001 '**' 0.01 '*' 0.05 '.' 0.1 ' ' 1

Residual standard error: 3.17 on 31 degrees of freedom
Multiple R-squared: 1,      Adjusted R-squared: 1
F-statistic: 8.07e+04 on 4 and 31 DF,  p-value: <2e-16
```

通过逐步回归可以选取较优的回归模型，但不是最优的回归模型，关于最优回归模型的选择，见相关文献，限于篇幅，此处从略。逐步回归方法的优点是可以快速选择变量，但该方法也有一些缺点：一是没有考虑变量之间的多重共线性，见 3.1.4 节；二是没有考虑模型中变量间的非线性关系。

二、多变量回归模型的预测

对多变量模型的预测跟单变量回归预测一样，只需增加相应的自变量取值即可。

前面，我们用逐步回归的方法获得了一个较优的回归模型 step2.4，下面我们用该模型进行预测，比如取 *EXP* = 1 500，*IE* = 2 800，*RS* = 2 600，*DEP* = 5 000。

```
predict(step2.4, data.frame(EXP = 1500, IE = 2800, RS = 2600, DEP = 5000))
```

```
1181
```

三、回归模型中变量的变换

在上面的变量选择中，我们最终选择了几个对税收有显著影响的因素：*EXP*、*IE*、*RS*、*DEP*。但按常理来说，至少国内生产总值 *GDP* 应该算是一个影响因素吧！所以我们需要对模型作进一步分析，从宏观数据的时间序列图可知，大多数经济变量是随时间指数的增长而增长的，并不完全呈线性增长，所以通常需要对变量进行变换。对指数增长类数据，我们首先采用的是对数变换方式。下面是我们对变量做对数变换后的模型，这也是应用 R 语言的方便之处，直接写模型和做变换，比用其他软件方便。

```
tsME = ts(MEdata, start = 1978)          # 形成时间序列数据
ts.plot(tsME);grid()                     # 多变量时间序列图
```

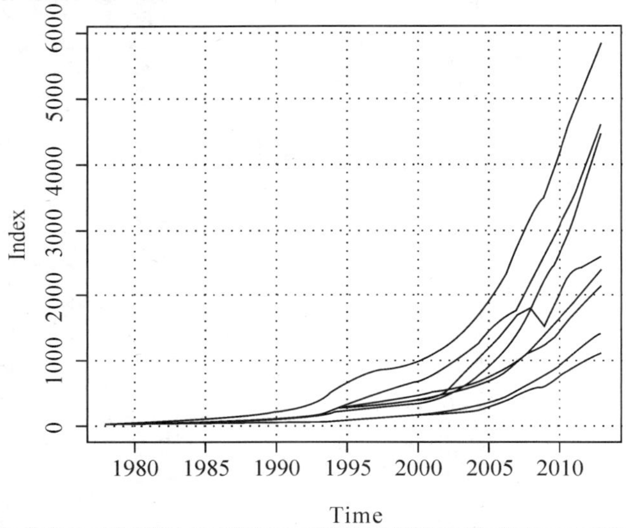


```
ts.plot(log(tsME));grid()          # 对数时间序列图
```

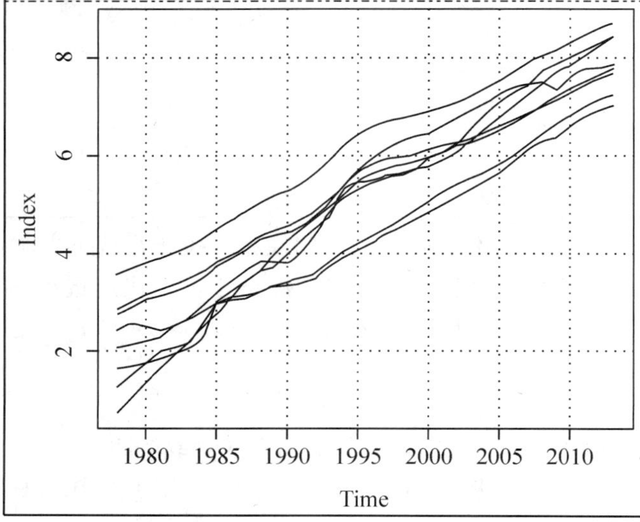

从对数时间序列图可以看出，取对数后，序列基本上呈线性趋势。

需要注意的是，如果数据框没有绑定，请在模型中增加数据集名，如下面的第一个模型应写为：summary(lm(log(*TAX*)~*GDP*+*EXP*+*IE*+*RS*+*COM*+*INV*+*DEP*,data=MEdata))，下同。

```
summary(lm(log(TAX) ~ GDP + EXP + IE + RS + COM + INV + DEP))
--------------------------------------------------------------
Call:lm(formula = log(TAX) ~ GDP + EXP + IE + RS + COM + INV + DEP)


Residuals:
     Min        1Q    Median      3Q     Max
 -0.637    -0.211    -0.031    0.391   0.509


Coefficients:
               Estimate    Std. Error   t value    Pr(>|t|)
(Intercept)   2.20e+00     1.44e-01      15.25     4.3e-15  ***
GDP           4.67e-04     2.18e-03       0.21     0.832
EXP          -7.95e-03     5.74e-03      -1.39     0.177
IE            8.81e-05     1.06e-03       0.08     0.935
RS            6.94e-03     8.13e-03       0.85     0.401
COM           4.10e-03     4.49e-03       0.91     0.369
INV          -2.19e-03     1.07e-03      -2.04     0.051  .
DEP          -5.22e-04     1.27e-03      -0.41     0.684
---
Signif. codes: 0 '***' 0.001 '**' 0.01 '*' 0.05 '.' 0.1 ' ' 1

Residual standard error: 0.398 on 28 degrees of freedom
Multiple R-squared:0.954,      Adjusted R-squared:0.943
F-statistic: 83.2 on 7 and 28 DF,   p-value: <2e-16
```

```
summary(lm(log(TAX)~ log(GDP) + EXP + IE + RS + COM + INV + DEP))
--------------------------------------------------------------
Call:lm(formula = log(TAX)~ log(GDP) + EXP + IE + RS + COM + INV + DEP)


Residuals:
     Min        1Q     Median       3Q      Max
 -0.1788   -0.0951   -0.0077   0.0575   0.4348


Coefficients:
               Estimate   Std. Error   t value   Pr(>|t|)
(Intercept)   -2.366390   0.350003     -6.76    2.4e-07  ***
log(GDP)       1.112677   0.084448     13.18    1.6e-13  ***
EXP            0.007249   0.002410      3.01    0.0055   **
IE             0.000127   0.000202      0.63    0.5335
RS            -0.004510   0.002649     -1.70    0.0997 .
COM           -0.000440   0.001700     -0.26    0.7974
```

```
INV         -0.000467   0.000420   -1.11   0.2757
DEP          0.000616   0.000478    1.29   0.2082
---
Signif. codes: 0 '***' 0.001 '**' 0.01 '*' 0.05 '.' 0.1 ' ' 1

Residual standard error: 0.149 on 28 degrees of freedom
Multiple R-squared:0.994,      Adjusted R-squared:0.992
F-statistic:623 on 7 and 28 DF,   p-value: <2e-16
```

```
summary(lm(log(TAX) ~ log(GDP) + log(EXP) + IE + RS + COM + INV + DEP))
```

```
Call:lm(formula = log(TAX) ~ log(GDP) + log(EXP) + IE + RS + COM + INV + DEP)

Residuals:
     Min        1Q   Median      3Q     Max
 -0.2237   -0.0717   0.0140  0.0416  0.3540

Coefficients:
              Estimate   Std. Error   t value   Pr(>|t|)
(Intercept)  -2.382768    0.295825     -8.05     9e-09 ***
log(GDP)      0.317229    0.166403      1.91   0.06691 ..
log(EXP)      1.234873    0.281194      4.39   0.00015 ***
IE            0.000295    0.000164      1.80   0.08288 ..
RS            0.001997    0.001625      1.23   0.22917
COM          -0.004138    0.001374     -3.01   0.00547 **
INV           0.001158    0.000497      2.33   0.02732 *
DEP          -0.000923    0.000571     -1.62   0.11710
---
Signif. codes: 0 '***' 0.001 '**' 0.01 '*' 0.05 '.' 0.1 ' ' 1

Residual standard error: 0.131 on 28 degrees of freedom
Multiple R-squared:0.995,      Adjusted R-squared:0.994
F-statistic:796 on 7 and 28 DF,   p-value: <2e-16
```

```
summary(lm(log(TAX) ~ log(GDP) + log(EXP) + log(IE) + RS + COM + INV + DEP))
```

```
Call:lm(formula = log(TAX) ~ log(GDP) + log(EXP) + log(IE) + RS + COM + INV + DEP)

Residuals:
      Min         1Q     Median       3Q      Max
 -0.22078   -0.04043   -0.00159  0.03186  0.24980
```

```
Coefficients:
              Estimate   Std. Error  t value   Pr(>|t|)
(Intercept)   0.362052   0.603222     0.60     0.553
log(GDP)     -0.588017   0.218636    -2.69     0.012 *
log(EXP)      1.062656   0.223304     4.76   5.4e-05 ***
log(IE)       0.616072   0.127837     4.82   4.5e-05 ***
RS            0.002838   0.001283     2.21     0.035 *
COM          -0.002456   0.001084    -2.27     0.031 *
INV           0.000491   0.000409     1.20     0.241
DEP          -0.000987   0.000440    -2.24     0.033 *
---
Signif. codes: 0 '***' 0.001 '**' 0.01 '*' 0.05 '.' 0.1 ' ' 1

Residual standard error: 0.103 on 28 degrees of freedom
Multiple R-squared:0.997,    Adjusted R-squared:0.996
F-statistic: 1.31e+03 on 7 and 28 DF,  p-value: <2e-16
```

```
summary(lm(log(TAX) ~ log(GDP) + log(EXP) + log(IE) + log(RS) + COM + INV + DEP))
```

```
Call:lm(formula = log(TAX) ~ log(GDP) + log(EXP) + log(IE) + log(RS) + COM + INV + DEP)

Residuals:
     Min        1Q    Median      3Q      Max
-0.13916  -0.04643  0.00285  0.03369  0.20208

Coefficients:
              Estimate   Std. Error  t value   Pr(>|t|)
(Intercept)   0.868912   0.482208     1.80     0.082 .
log(GDP)     -1.801131   0.304870    -5.91   2.3e-06 ***
log(EXP)      0.942951   0.173428     5.44   8.4e-06 ***
log(IE)       0.525218   0.097334     5.40   9.4e-06 ***
log(RS)       1.505418   0.291185     5.17   1.7e-05 ***
COM          -0.000521   0.000645    -0.81     0.426
INV           0.000726   0.000273     2.66     0.013 *
DEP          -0.000646   0.000326    -1.98     0.058 .
---
Signif. codes: 0 '***' 0.001 '**' 0.01 '*' 0.05 '.' 0.1 ' ' 1

Residual standard error: 0.0796 on 28 degrees of freedom
Multiple R-squared:0.998,    Adjusted R-squared:0.998
F-statistic: 2.18e+03 on 7 and 28 DF,  p-value: <2e-16
```

```
summary(lm(log(TAX) ~ log(GDP) + log(EXP) + log(IE) + log(RS) + log(COM) + INV + DEP))

Call:lm(formula = log(TAX) ~ log(GDP) + log(EXP) + log(IE) + log(RS) + log(COM) + INV + DEP)

Residuals:
     Min         1Q     Median        3Q       Max
-0.13332   -0.03779   -0.00192   0.03210   0.21447

Coefficients:
               Estimate    Std. Error   t value   Pr(>|t|)
(Intercept)    0.690670    0.408984      1.69     0.10238
log(GDP)      -1.411039    0.373888     -3.77     0.00077 ***
log(EXP)       0.812472    0.162926      4.99     2.9e-05 ***
log(IE)        0.486303    0.091517      5.31     1.2e-05 ***
log(RS)        2.182523    0.445657      4.90     3.7e-05 ***
log(COM)      -0.948841    0.510640     -1.86     0.07369 .
INV            0.000605    0.000236      2.56     0.01607 *
DEP           -0.000770    0.000292     -2.64     0.01350 *
---
Signif. codes: 0 '***' 0.001 '**' 0.01 '*' 0.05 '.' 0.1 ' ' 1

Residual standard error: 0.076 on 28 degrees of freedom
Multiple R-squared:0.998,     Adjusted R-squared:0.998
F-statistic: 2.39e+03 on 7 and 28 DF,  p-value: <2e-16
```

```
summary(lm(log(TAX) ~ log(GDP) + log(EXP) + log(IE) + log(RS) + log(COM) + log(INV) + log(DEP)))
Call:lm(formula = log(TAX) ~ log(GDP) + log(EXP) + log(IE) + log(RS) + log(COM) + log(INV) + log
(DEP))

Residuals:
    Min        1Q     Median       3Q      Max
-0.1403   -0.0442   -0.0112   0.0448   0.2045

Coefficients:
              Estimate   Std. Error   t value   Pr (>|t|)
(Intercept)    1.8128    0.5616       3.23      0.00317 **
log(GDP)      -1.9014    0.5114      -3.72      0.00089 ***
log(EXP)       0.4757    0.1007       4.72      5.9e-05 ***
log(IE)        0.4935    0.1114       4.43      0.00013 ***
log(RS)        1.5453    0.4466       3.46      0.00175 **
log(COM)      -0.0883    0.6401      -0.14      0.89125
log(INV)       0.3515    0.1856       1.89      0.06865 .
log(DEP)       0.0138    0.1325       0.10      0.91755
```

```
---
Signif. codes: 0 '***' 0.001 '**' 0.01 '*' 0.05 '.' 0.1 ' ' 1

Residual standard error: 0.0799 on 28 degrees of freedom
Multiple R-squared:0.998,      Adjusted R-squared:0.998
F-statistic: 2.16e+03 on 7 and 28 DF,   p-value: <2e-16
```

如果你愿意，可以构建各种各样的你需要的模型，比较这些模型，我们认为模型 $\log(TAX) \sim \log(GDP) + \log(EXP) + \log(IE) + \log(RS) + \log(COM) + INV + DEP$ 是一个比较理想的模型。

这一点可以从三个方面来判断：

（1）回归系数的 t 检验；

（2）回归模型的可决系数 R^2 或调整的可决系数 $\text{adj}R^2$；

（3）回归模型的 F 统计量。

当可决系数 R^2 接近时，F 统计量值的大小是一个有用的判断依据，F 值越大模型越理想。

2.2 线性相关分析模型

相关分析就是要通过对大量数字资料的观察，消除偶然因素的影响，探求现象之间相关关系的密切程度和表现形式。研究现象之间相关关系的理论方法就称为相关分析法。

在经济系统中，各个经济变量常常存在密切的关系。例如，经济增长与财政收入、人均收入与消费支出等。在这些关系中，有一些是严格的函数关系，这类关系可以用数学表达式表示出来。例如，在价格一定的条件下，商品销售额与销售量的依存关系。还有一些是非确定的关系，一个变量产生变动会影响其他变量，使其产生变化。这些变化具有随机性，但是仍然遵循一定的规律。对于函数关系可以很容易地解决，而那些非确定的相关关系，才是我们所关心的问题。因为在经济系统中，绝大多数经济变量之间的关系是非严格的、不确定的。

两个变量之间的关系，称为简单相关；当涉及的变量为三个或者三个以上时，则称为偏相关或复相关。在相关分析中，人们多是研究前者。实际上，偏相关和复相关是对简单相关的一种推广。

△2.2.1 简单线性相关

相关分析以现象之间是否相关、相关的方向和密切程度等为主要研究内容，它不涉及自变量与因变量的区分，对各变量的构成形式也不关心。其主要分析方法包括绘制相关图、计算相关系数和检验相关系数。

一、两变量线性相关分析

1. 两变量线性相关系数的计算

在所有相关分析中，最简单的是两个变量之间的线性相关分析，它只涉及两个变量。一个变量数值发生变动，另一变量的数值随之发生大致均等的变动，从平面图上观察各点的分布近似地表现为一直线，这种相关关系就叫作直线相关（也叫线性关系）。

线性相关分析是用相关系数来表示两个变量间相互的线性关系，并判断其密切程度的统计方法，样本相关系数通常用 r 表示，其计算公式为：

$$r=\frac{S_{xy}}{\sqrt{S_x^2\cdot S_y^2}}=\frac{\sum(x-\bar{x})(y-\bar{y})}{\sqrt{\sum(x-\bar{x})^2\sum(y-\bar{y})^2}} \tag{2.30}$$

式中 S_x^2 为变量 x 的样本方差；S_y^2 为变量 y 的样本方差；S_{xy} 为变量 x 与变量 y 的协方差。

相关系数 r 没有单位，在 -1 到 1 的范围内波动，其绝对值愈接近 1，两个变量间的直线相关愈密切；愈接近 0，相关愈不密切。

【例 2-5】模拟相关数据：$y=1+2x+e$，$e\sim N(0, 1)$

```
n = 30;x = 1: n;
y = 1 + 2*x                    # 无误差项的直线方程
cor(x, y)
plot(x, y)
```

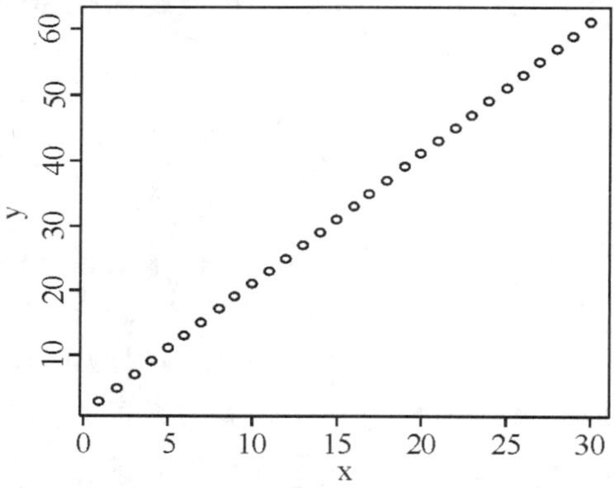


```
cor(x, y)
```

```
1          #一定为 1
```

```
set.seed(123)
n = 30;x = 1:n;e = rnorm(n);
y = 1 + 2*x + e                # 有误差项的线性模型
plot(x, y)
```

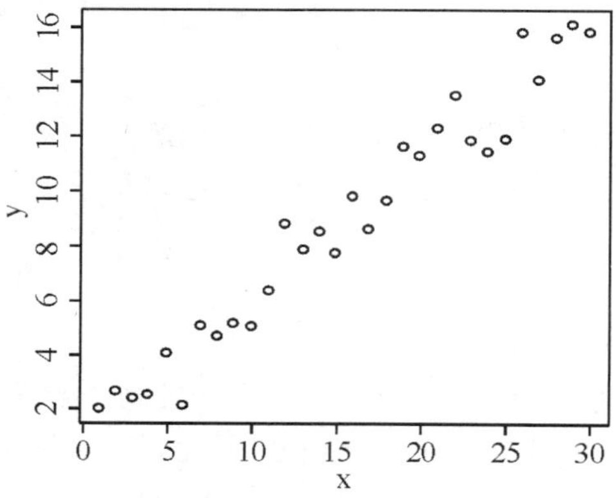

```
cor(x,y)
[1] 0.9783              #应该不为 1
```

【例 2-6】（续例 2-2）税收收入 *TAX* 和国内生产总值 *GDP* 的相关分析。

在一些情况下，我们只想了解两变量之间有无线性相关关系，并不需要建立它们之间的回归模型，也不需要区分自变量和因变量，这时，就可用较为方便的相关分析方法。下面仍以例 2-2 的 *TAX* 与 *GDP* 的数据进行分析。

```
cor(GDP, TAX)
[1] 0.9955
cor(TAX, GDP)
[1] 0.9955
```

这里 r 为正值，说明 1978—2013 年税收收入 *TAX* 与国内生产总值 *GDP* 呈现正的线性相关关系，至于相关系数 r 是否显著，尚需进行假设检验。

2. 相关系数的假设检验

r 与其他统计指标一样，也有抽样误差。从同一总体内抽取若干大小相同的样本，各样本的相关系数总有波动。要判断不等于 0 的 r 值是来自总体相关系数 $\rho=0$ 的总体，还是来自 $\rho\neq0$ 的总体，必须进行显著性检验。

在例 2-6 中，对 r 进行 t 检验的步骤为：

（1）建立检验假设。$H_0:\rho=0$，$H_1:\rho\neq0$，$\alpha=0.05$。

（2）计算相关系数 r 的 t 值。

$$t_r=\frac{r-\rho}{S_r}=\frac{r}{\sqrt{\dfrac{1-r^2}{n-2}}} \tag{2.31}$$

（3）计算 t 值和 p 值，作结论。

由于 $p<0.01$，于是在 $\alpha=0.01$ 的水准上拒绝 H_0，接受 H_1，可认为 1978—2010 年我国税收与国内生产总值呈现正的线性关系。

相关系数的显著性与自由度有关，如 $n=3$，$n-2=1$ 时，虽然 $r=-0.9070$，却为不显著；若 $n=400$ 时，即使 $r=-0.1000$，亦为显著。因此，不能只看 r 的值就下结论，还需看其样本量的大小。

```
cor.test(GDP, TAX)
        Pearson's product-moment correlation


data:GDP and TAX
t = 61.01, df = 34, p-value < 2.2e-16
alternative hypothesis: true correlation is not equal to 0
95 percent confidence interval:
0.9910 0.9977
sample estimates:
cor
0.9955
```

根据上面的检验结果，国内生产总值与税收收入的皮尔森相关系数为 0.995 5，相应的概率小于 2.2e－16，于是在 1% 的显著水平上可以拒绝原假设，认为两者的相关系数显著地异于 0，其 95% 的置信区间为（0.991 0，0.997 7）。

二、多变量线性相关分析

任意两个变量间的相关系数构成的矩阵为：

$$R = \begin{bmatrix} r_{11} & r_{12} & \cdots & r_{1p} \\ r_{21} & r_{22} & \cdots & r_{2p} \\ \vdots & \vdots & & \vdots \\ r_{n1} & r_{n2} & \cdots & r_{np} \end{bmatrix} = \begin{bmatrix} 1 & r_{12} & \cdots & r_{1p} \\ r_{21} & 1 & \cdots & r_{2p} \\ \vdots & \vdots & & \vdots \\ r_{n1} & r_{n2} & \cdots & 1 \end{bmatrix} = (r_{ij})_{p \times p} \tag{2.32}$$

其中 r_{ij} 为任意两变量之间的简单相关系数。

$$r_{ij} = \frac{\sum(x_i - \bar{x}_i)(x_j - \bar{x}_j)}{\sqrt{\sum(x_i - \bar{x}_i)^2 \sum(x_j - \bar{x}_j)^2}} \tag{2.33}$$

这里所说的多变量相关分析不是真正意义上的多元相关，只是两变量相关分析的推广，即对多个变量计算两两之间的线性相关系数。

【例 2－7】（续例 2－2）宏观经济数据的多因素相关分析。

首先，我们给出变量两两间的矩阵散点图：

```
pairs(MEdata, gap = 0, cex.labels = 0.75)        # plot(MEdata)
```

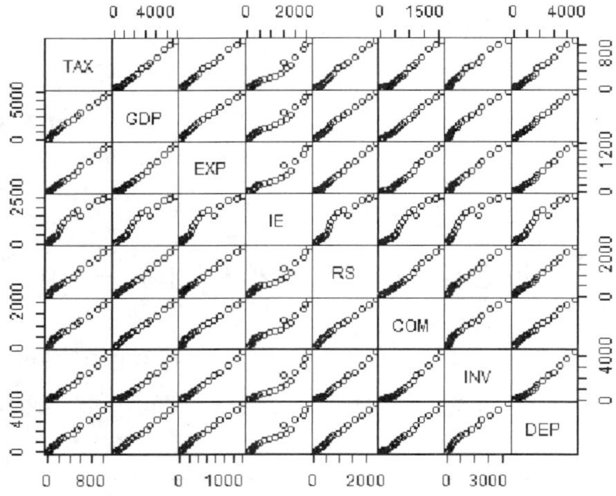

从上面的矩阵散点图可以看出，税收和国内生产总值、财政支出、进出口贸易总额等之间的线性关系都非常密切。

```
cor(MEdata)
```

	TAX	GDP	EXP	IE	RS	COM	INV	DEP
TAX	1.0000	0.9955	0.9990	0.9782	0.9968	0.9895	0.9946	0.9960
GDP	0.9955	1.0000	0.9931	0.9855	0.9986	0.9980	0.9859	0.9981
EXP	0.9990	0.9931	1.0000	0.9695	0.9964	0.9872	0.9972	0.9957
IE	0.9782	0.9855	0.9695	1.0000	0.9766	0.9813	0.9561	0.9799

RS	0.9968	0.9986	0.9964	0.9766	1.0000	0.9968	0.9912	0.9987
COM	0.9895	0.9980	0.9872	0.9813	0.9968	1.0000	0.9787	0.9959
INV	0.9946	0.9859	0.9972	0.9561	0.9912	0.9787	1.0000	0.9900
DEP	0.9960	0.9981	0.9957	0.9799	0.9987	0.9959	0.9900	1.0000

从上面的相关系数构成的矩阵计算结果可以看出，税收收入跟各因素的相关系数都很高($r>0.9$)。

对其所作的假设检验等同于两两之间的相关系数检验，R 语言没有直接产生多变量两两之间相关系数的命令，但可分别检验 *TAX* 和 *EXP* 之间的线性相关，写成 cor. test(*TAX*, *EXP*)，以此类推，但比较麻烦。可自己编写一个函数一次性完成全部检验，下面调用我们编写的检验变量间两两相关性的矩阵相关检验函数 mcor. test( )，该函数可对相关系数构成的矩阵进行检验。

```
library(EmRa)          #source("http://eclab.jnu.edu.cn/stat/EmRa.txt")
mcor.test(MEdata)
```

矩阵相关系数两两间的 t 检验：

	TAX	GDP	EXP	IE	RS	COM	INV	DEP
TAX	——	0.000	0.000	0.000	0.000	0.000	0.000	0.000
GDP	61.015	——	0.000	0.000	0.000	0.000	0.000	0.000
EXP	129.574	49.362	——	0.000	0.000	0.000	0.000	0.000
IE	27.464	33.861	23.081	——	0.000	0.000	0.000	0.000
RS	72.310	109.462	68.094	26.464	——	0.000	0.000	0.000
COM	39.889	92.961	36.140	29.749	73.130	——	0.000	0.000
INV	55.857	34.328	77.907	19.034	43.739	27.806	——	0.000
DEP	64.686	95.190	62.554	28.647	116.134	64.183	40.829	——

下三角为 t 值，上三角为概率 P 值

2.2.2 偏相关分析模型

当研究某一种因素对另一种因素的影响或相关程度，把其他因素的影响排除在外，而单独研究这两种因素之间的相关系数时，就要使用偏相关分析方法。偏相关程度用偏相关系数来衡量。换句话说，当有多个变量存在时，为了研究任意两个变量之间的关系，而使与这两个变量有联系的其他变量都保持不变，即控制其他变量，计算这两个变量的相关性。

一般地，在多个变量 y, x_1, x_2, …, x_p 之间，如果只考虑 y 与 x_i ($i=1, 2, \cdots, p$) 之间的相关关系，而消除其他变量对他们的影响（或者说其他变量固定不变），这就是偏相关。在偏相关中，根据被固定的变量数目的多少，可分为零阶偏相关、一阶偏相关、二阶偏相关……($p-1$) 阶偏相关。零阶偏相关就是前面所说的简单相关，一阶偏相关就是在考虑 y 与 x_i 的相关时，只固定一个变量 x_j ($j\neq i$)，即消除了变量 x_j 的影响。二阶

偏相关就是在考虑 y 与 x_i 的相关时，固定变量 x_i 以外的任意两个变量，即消除这两个变量的影响，其余各阶偏相关以此类推。

偏相关系数就是用来衡量偏相关程度的数量指标，例如：

$r_{yx_1 \cdot x_2}$ 为一阶偏相关系数，$r_{yx_1 \cdot x_2x_3}$ 为二阶偏相关系数，$r_{yx_1 \cdot x_2 \cdots x_p}$ 为（$p-1$）阶偏相关系数。

一、偏相关系数的计算

1. 一阶偏相关系数计算

以三个变量（y，x_1，x_2）为例来导出偏相关系数的计算公式：

（1）求在控制变量 x_2 下，y 与 x_1 的偏相关系数为 $r_{yx_1 \cdot x_2}$，可先做 y 对 x_2，x_1 对 x_2 的回归：

$$y = a + bx_2 + e_1 = \hat{y} + e_1$$

$$x_1 = a + bx_2 + e_2 = \hat{x}_1 + e_2$$

于是

$$e_1 = y - \hat{y}，\ e_2 = x_1 - \hat{x}_1$$

e_1 和 e_2 分别是变量 y 和 x_1 中未被 x_2 解释的那部分变差（残差），即清除了 x_2 对 y 和 x_1 影响后的 y 和 x_1 的值。这两个残差之间的相关关系代表 y 和 x_1 之间的纯相关关系。

（2）求 $r_{yx_1 \cdot x_2}$：

$$r_{yx_1 \cdot x_2} = r_{e_1 \cdot e_2} = \frac{\sum(e_1 - \bar{e}_1)(e_2 - \bar{e}_2)}{\sqrt{\sum(e_1 - \bar{e}_1)^2 \sum(e_2 - \bar{e}_2)^2}} = \frac{\sum e_1 e_2}{\sqrt{\sum e_1^2 \sum e_2^2}}$$

这里 $\bar{e}_1 = \bar{e}_2 = 0$，且

$$\sum e_1 e_2 = \sum(x_1 - \bar{x}_1)^2 (r_{y_1} - r_{y_2} r_{12})$$

$$\sum e_1^2 = \sum(y_1 - \bar{y})^2 (1 - r_{y_2}^2)，\ \sum e_2^2 = \sum(x_1 - \bar{x}_1)^2 (1 - r_{12}^2)$$

于是求得一阶偏相关系数 $r_{yx_1 \cdot x_2}$ 的计算公式如下：

$$r_{y_1 \cdot 2} = \frac{r_{y_1} - r_{y_2} \cdot r_{12}}{\sqrt{(1 - r_{y_2}^2)(1 - r_{12}^2)}}$$

将上式的下标作代换，即（1）⇒（2），（2）⇒（1），就可得到：

$$r_{y_2 \cdot 1} = \frac{r_{y2} - r_{y1} \cdot r_{12}}{\sqrt{(1 - r_{y_1}^2)(1 - r_{12}^2)}}$$

若 i，j，k 代表变量 $\{x_1, x_2, \cdots, x_m\}$ 中任意三种不同的变量，则有一阶偏相关系公式如下：

$$r_{ij \cdot k} = \frac{r_{ij} - r_{ik} \cdot r_{jk}}{\sqrt{(1 - r_{ik}^2)(1 - r_{jk}^2)}}$$

式中 r_{ij}、r_{ik}、r_{jk} 为简单相关系数，逐次使用递归公式可得各种一阶偏相关系数。

2. 二阶偏相关系数计算

一般来说，有多个变量 y 与 x_1，x_2，…，x_p，对于 y 与 x_j（$j=1, 2, \cdots, p$）的（$p-1$）阶偏相关系数有递推公式：

$$r_{yj \cdot ck} = \frac{r_{yj \cdot c} - r_{yk \cdot c} \cdot r_{jk \cdot c}}{\sqrt{(1 - r_{yk \cdot c}^2)(1 - r_{jk \cdot c}^2)}} \tag{2.34}$$

用该公式就可以得到任意阶的偏相关系数，其中，c 是其余变量的任意子集合。

二阶偏相关系数计算公式如下：

$$r_{y_1\cdot 23}=\frac{r_{y_1\cdot 2}-r_{y_3\cdot 2}\cdot r_{13\cdot 2}}{\sqrt{(1-r_{y_3\cdot 2}^2)(1-r_{13\cdot 2}^2)}},\ r_{y_2\cdot 13}=\frac{r_{y_2\cdot 1}-r_{y_3\cdot 1}\cdot r_{23\cdot 1}}{\sqrt{(1-r_{y_3\cdot 1}^2)(1-r_{23\cdot 1}^2)}},$$

$$r_{y_3\cdot 12}=\frac{r_{y_3\cdot 1}-r_{y_2\cdot 1}\cdot r_{32\cdot 1}}{\sqrt{(1-r_{y_2\cdot 1}^2)(1-r_{32\cdot 1}^2)}}$$

二、偏相关系数的假设检验

偏相关系数的假设检验类似于简单相关系数的 t 检验，所用公式为：

$$t=\frac{r}{\sqrt{\frac{1-r^2}{n-p-1}}}\sim t\ (n-p-1) \tag{2.35}$$

式中 r 为偏相关系数，n 为样本含量，p 为变量个数，当 $p=1$ 时即为两变量简单相关系数的 t 公式。

R 语言中缺少偏相关分析的函数，我们定义了一个函数 pcor. test( ) 来进行分析。

【例 2-8】宏观经济数据的偏相关分析。

1. 零阶偏相关（简单相关）

考察税收 *TAX* 与国内生产总值 *GDP* 之间的关系。

```
library(EmRa)
pcor.test(data.frame (TAX, GDP))    # = pcor.test(TAX, GDP)
---------------------------------------------------------------
pearson  partial  correlation

data: GDP  by: TAX

   n    pcor  t. value  p. value  Method
1 36  0.9955   61.01         0  pearson
```

从中可以看出，*TAX* 与 *GDP* 之间的 0 阶偏相关系数就是简单相关系数 0.995 5，有显著的统计意义（$p\leq 0.001$）。

2. 一阶偏相关

控制一个变量——财政支出（*EXP*），考察 *TAX* 与 *GDP* 之间的关系。

```
pcor.test(data.frame(TAX, GDP, EXP))     # pcor.test(MEdata[, c('TAX', 'GDP', 'EXP')])
---------------------------------------------------------------
pearson  partial  correlation

data: TAX GDP  by: EXP

   n    pcor  t. value      p. value  Method
1 36  0.6396     4.78  1.752e-06  pearson
```

从中可以看出，在控制了 *EXP* 的情况下，*TAX* 与 *GDP* 之间的一阶偏相关系数为 0.639 6，有显著的统计意义（$p=1.752\times 10^{-6}<0.001$）。

3. 二阶偏相关

控制两个变量——财政支出 *EXP* 和进出口贸易总额 *IE*，考察 *TAX* 与国内生产总值 *GDP* 之间的关系。

```
pcor.test(data.frame(TAX, GDP, EXP, IE))   #pcor.test(MEdata[, c('TAX', 'GDP', 'EXP', 'IE')])
--------------------------------------------------------------------------------
pearson  partial  correlation

data: TAX GDP   by: EXP IE

  n      pcor     t.value   p.value   Method
1 36   -0.1688   -0.9685    0.3328    pearson
```

从中可以看出，在控制了 *EXP* 和 *IE* 的情况下，*TAX* 与 *GDP* 之间的二阶偏相关系数为 -0.168 8，没有显著的统计意义（$p=0.332\ 8>0.05$）。

我们可以应用 pcor. test 函数进行各阶偏相关分析及各种组合的偏相关分析。

2.2.3 复相关分析模型

以上都是在把其他变量的影响完全排除在外的情况下才研究两个变量之间的相关关系。但是在实际分析中，一个变量的变化往往要受到多种变量的综合影响，这时就需要采用复相关分析方法。所谓复相关，就是研究多个变量与某个变量之间的相关关系。度量复相关程度的指标是复相关系数，复相关系数也称多元相关系数或多变量相关系数。

设因变量为 y，自变量为 x_1，x_2，…，x_p，假定回归模型为：

$$y=b_0+b_1x_1+b_2x_2+\cdots+b_px_p+e$$

$$\hat{y}=b_0+b_1x_1+b_2x_2+\cdots+b_px_p$$

对 y 与 x_1，x_2，…，x_p 作相关分析就是对 y 与 $\hat{y}$ 作相关分析，记 $r_{y\cdot x_1x_2\cdots x_p}$ 为 y 与 x_1，x_2，…，x_p 的复相关系数，而 $r_{y\cdot\hat{y}}$ 可以看作 y 与 $\hat{y}$ 的简单相关系数。于是 y 与 x_1，x_2，…，x_p 的复相关系数计算公式为：

$$R=r_{y\cdot x_1x_2\cdots x_p}=r_{y\cdot\hat{y}}=\frac{\operatorname{cov}(y,\ \hat{y})}{\hat{\sigma}_y\hat{\sigma}_{\hat{y}}}=\frac{\sigma_{\hat{y}}}{\hat{\sigma}_y}=\sqrt{\frac{\sum(\hat{y}_i-\bar{y})^2}{\sum(y_i-\bar{y})^2}}=\sqrt{\frac{SS_R}{SS_T}} \tag{2.36}$$

复相关系数反映了一个变量与另一组变量关系密切的程度。复相关系数的假设检验等价于多元回归的方差分析结果，所以不必再作假设检验。

从复相关系数的公式我们可以看到，复相关系数是拟合优度或可决系数的开方，或者说可决系数是复相关系数的平方。在类似多元回归分析的问题中，研究者常希望知道因变量与一组自变量间的相关程度，即复相关程度。如研究者希望分析税收与国内生产总值和财政支出等指标间的相关程度。再看（2.36）式根号里的分式，它实际上就是回归离差平方和与总离差平方和的比值，反映了回归贡献的百分比值，

$$R^2=\frac{SS_R}{SS_T} \tag{2.37}$$

R^2 正是我们前面说的模型的可决系数与拟合优度。R^2 在评价多元回归方程、变量选择、曲线回归方程拟合的好坏程度中常会用到。

【例 2-9】宏观经济数据的复相关分析。

```
lm2.9 = lm(TAX ~ GDP + EXP + IE + RS + COM + INV + DEP)
R2 = summary(lm2.9)$r.sq;R2
--------------------------------------------------------------------------------
[1] 0.9999
```

```
R = sqrt(R2);R    # = cor(TAX, fitted(lm2. 9))
```

```
[1] 1
```

```
lm.plot(lm2. 9)
```

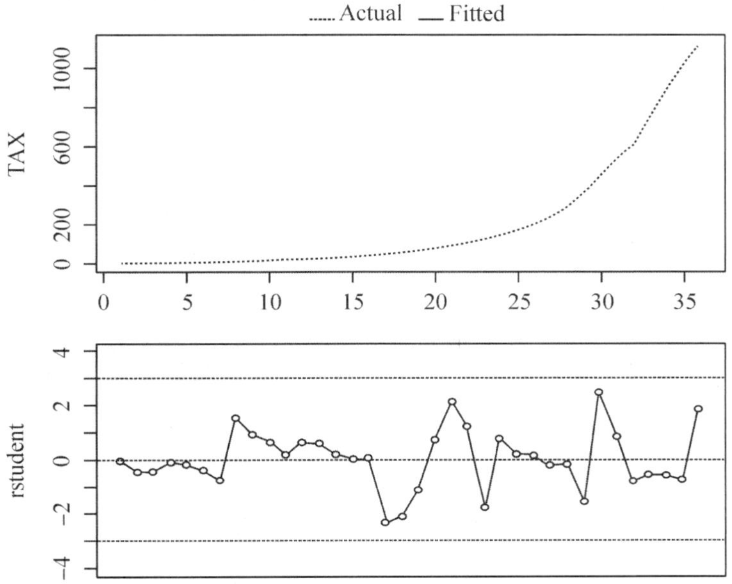

由于 R^2 接近于 1，所以从该模型的拟合优度看，模型的拟合效果还是很好的。

2.3 含虚拟变量回归模型

在回归分析中，被解释变量的影响因素除了量（或定量）的因素还有质（或定性）的因素，这些定性的因素可能会使回归模型中的参数发生变化，为了估计定性变量产生的影响，在模型中就需要引入一种特殊的变量——虚拟变量。

2.3.1 虚拟变量及其作用

1. 问题

计量经济学模型如何反映定性因素影响？例如：经济计量分析中的政策因素、心理因素，经济增长分析中的地区差异因素，产品销售分析中的季节因素、消费习惯因素等。

2. 定义

许多经济变量是可以定量、度量的，如商品需求量、价格、收入、产量等。但也有一些影响经济变量的因素无法定量、度量，如职业、性别对收入的影响，战争、自然灾害对国内生产总值的影响，季节对某些产品（如冷饮）销售的影响等。

为了在模型中能够反映这些因素的影响情况，并提高模型的精度，需要将它们“量化”。

用以描述定性因素影响而只取数值 0 和 1 的人工变量为“虚拟变量”（Dummy Variable，哑变量），一般用符号 D 表示。

$$D = \begin{cases} 1 & \text{宽松政策} \\ 0 & \text{紧缩政策} \end{cases} \tag{2.38}$$

3. 作用

引入虚拟变量的作用，在于将定性因素或属性因素对因变量的影响数量化。

（1）可以描述和测量定性因素或属性因素的影响。

（2）能够正确反映经济变量之间的相互关系，提高模型的精度。例如，可设置虚拟变量：

$D=0$（不发达地区），$D=1$（发达地区）。

（3）为了便于处理异常数据，设置虚拟变量（即将异常数据作为一个特殊的定性因素）。例如，可设置虚拟变量：

$D=0$（正常时期），$D=1$（异常时期）。

2.3.2 虚拟变量的设置方式

1. 加法方式

形式：将虚拟变量 D 作为一个解释变量直接引入模型。例如，在家庭教育费用支出模型中：

$$y=a+bx+\alpha D+\varepsilon \tag{2.39}$$

$$D=\begin{cases}1 & \text{有适龄子女}\\ 0 & \text{无适龄子女}\end{cases}$$

$y=a+bx+\alpha D+\varepsilon$ 的等价形式：

$D=0$ 时，$y=a+bx+\varepsilon$；

$D=1$ 时，$y=(a+\alpha)+bx+\varepsilon$

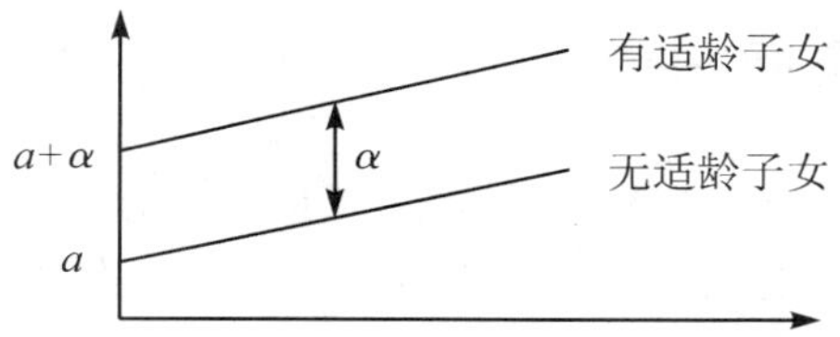

作用：以加法方式引入虚拟变量，可以反映定性因素对截距的影响，系数 α 描述了两类支出函数的平均差异程度。

2. 乘法方式

形式：将虚拟变量 D 乘以解释变量，再引入模型。例如，在家庭教育费用支出模型中：

$$y=a+bx+\beta xD+\varepsilon \tag{2.40}$$

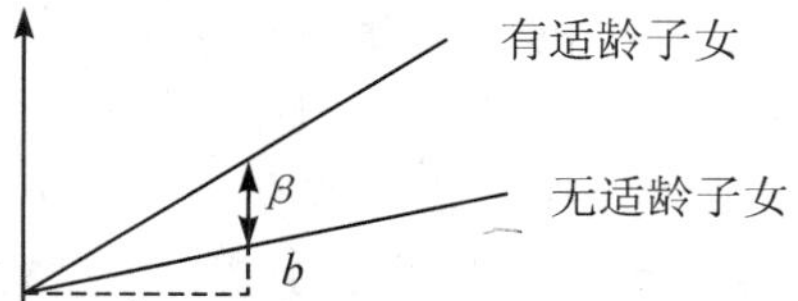

其等价形式：

$D=0$ 时，$y=a+bx+\varepsilon$

$D=1$ 时，$y=a+(b+\beta)x+\varepsilon$

作用：以乘法方式引入虚拟变量，反映定性因素对斜率的影响，系数 β 描述了两类支出函数边际消费倾向的差异程度。

3．一般方式引入虚拟变量

用不同方式引入虚拟变量将会反映出不同的影响效果，所以设置虚拟变量时，最好先根据散点图或经济分析，大致判断定性因素的影响类型（是影响截距还是影响斜率），然后再用加法方式或乘法方式在模型中引入虚拟变量。

在实际中，对多因素进行分析，往往难以事先确定定性因素的影响类型。因此，一般是直接用加法或乘法方式引入虚拟变量，然后再利用 t 检验判断其系数是否显著地不等于零，进而确定虚拟变量的具体引入方式。

2.3.3 虚拟变量的特殊应用

1．调整季节波动

利用季节或月份资料建立模型时，常常存在着季节波动。使用虚拟变量也可以反映季节因素的影响。

例如，利用月度数据分析某公司利润 Y 与销售收入 X 之间的相互关系时，如果仅想了解上半年和下半年利润的不同，可引入一个虚拟变量 D：

$$D = \begin{cases} 1 & \text{上半年} \\ 0 & \text{下半年} \end{cases}$$

而要研究四个季节对利润的季节性影响，则需引入三个虚拟变量（设第一季度为基础类型）：

$$D_2 = \begin{cases} 1 & \text{第二季度} \\ 0 & \text{其他} \end{cases} \qquad D_3 = \begin{cases} 1 & \text{第三季度} \\ 0 & \text{其他} \end{cases} \qquad D_4 = \begin{cases} 1 & \text{第四季度} \\ 0 & \text{其他} \end{cases}$$

建立利润函数为：

$$Y_t = b_0 + b_1X_t + a_1D_{2t} + a_2D_{3t} + a_3D_{4t} + \varepsilon_t$$

模型中的 b_0、b_1、a_1、a_2、a_3 分别反映了第一、二、三、四季度对该公司利润的平均影响程度，根据这些系数的 t 检验可以判断季节因素对利润是否存在着显著影响。若 a_1（或 a_2、a_3）显著地不为0，则表示第二（或第三、四）季度对公司的利润有显著影响；若 a_1（或 a_2、a_3）显著地为0，则表示第二（或第三、四）季度对公司的利润没有显著影响。

2．检验模型结构的稳定性

利用不同的样本数据估计同一形式的计量经济学模型，可能会得到不同的估计结果。若估计的参数之间存在着显著差异，则认为模型结构是不稳定的，反之，则认为是稳定的。模型结构的稳定性检验主要有两个用途：一是分析模型结构对样本变化的敏感性；二是比较两个或多个模型之间的差异，分析模型是否发生了变化。

例如，利用我国改革开放前后的统计资料分别建立储蓄函数，通过比较两个时期的回归模型，可以分析改革开放前后我国居民的储蓄行为是否发生了明显变化；又如，依照我国发达地区和不发达地区的国内生产总值和投资的数据分别建立经济增长模型，从而比较不同地区的投资对经济增长的影响。

3．分段回归

在实际经济问题研究中，有些经济关系需要分段回归加以描述，当解释变量 X 低于某个已知的临界水平 X^* 时，Y 与 X 之间呈现线性关系；而当 X 大于 X^* 时，则呈现另外一种关系。

例如，某公司的奖金与员工销售量有关，规定超过某个水平（大于 100 件）时，将大幅度提高奖金。

4．混合回归

即采用混合样本资料估计模型。也就是在建立计量经济学模型时，如果能同时获得变量的时序数据和横截面数据，只要模型参数不随时间而改变，并且在各个横截面之间没有差异，即可使用混合样本估计模型。

基本操作步骤有三个：

（1）分别估计两个不同时间的样本回归模型；

（2）通过引入一个虚拟变量来检验两个不同时间的模型是否存在显著差异；

（3）若两个模型没有显著差异，则可合并两个不同时间的样本资料为一个样本资料。

【例 2－10】例如，全国税收与进出口贸易总额有很大关系，但从散点图上可以看到，自 1992 年邓小平南方谈话以来，我国经济进入快车道，从 1993 年开始国内生产总值和税收都有大幅度提升，1993 年以前的国内生产总值对税收的影响明显不如 1993 年以后的影响。

```
T = 1978:2013     # 定义时间变量
plot(T, GDP);abline(v = 1993, lty = 3)
```

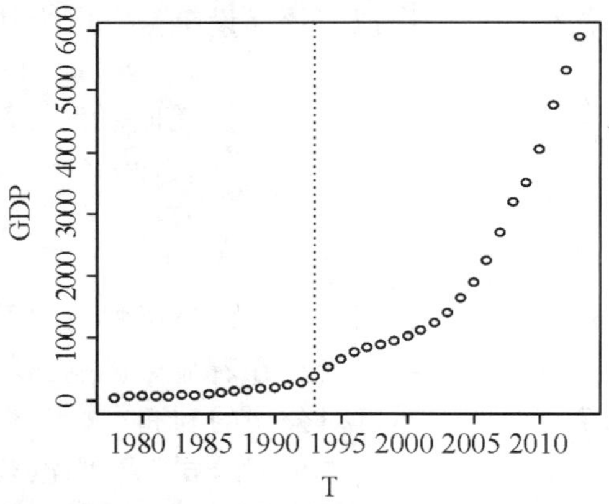


```
plot(T,TAX);abline(v = 1993,lty = 3)
```

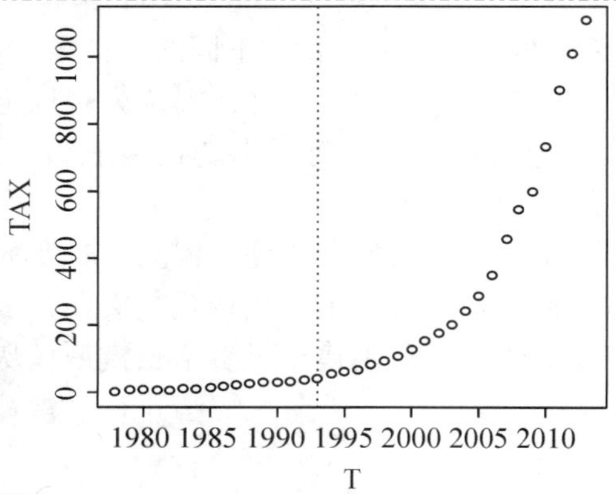

这时，时间变量 T（1993 年为转折期）可以设如下虚拟变量：

$$D=\begin{cases}0 & T\leqslant 1993\\ 1 & T>1993\end{cases}$$

```
D = ifelse(T > 1993, 1, 0);D
```

```
[1] 0 0 0 0 0 0 0 0 0 0 0 0 0 0 0 0 0 1 1 1 1 1 1 1 1 1 1 1 1 1 1 1 1 1 1 1
```

```
plot(GDP, TAX)
abline(h = MEdata[T == 1993, 'TAX'], v = MEdata[T == 1993, 'GDP'], lty = 3)
```

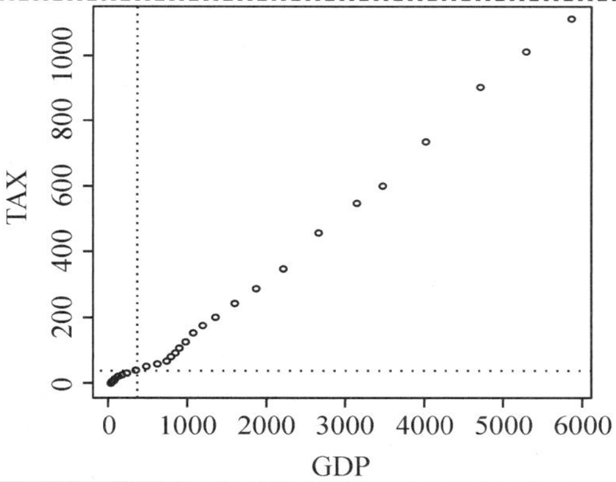

则税收的回归模型可建立如下：

```
summary(lm(TAX ~ GDP + GDP* D))
```

```
Call:lm(formula = TAX ~ GDP + GDP* D)


Residuals:
    Min       1Q   Median     3Q     Max
 -29.70    -3.45   -1.83    3.77   26.80


Coefficients:
              Estimate  Std. Error  t value  Pr( > |t| )
(Intercept)    3.1137     4.8279     0.64     0.52356
GDP            0.1179     0.0302     3.90     0.00046  ***
D            -79.6434     6.4282   -12.39    9.4e-14   ***
GDP:D          0.0832     0.0302     2.75     0.00966  **
---
Signif. codes: 0 ' *** ' 0.001 ' ** ' 0.01 ' * ' 0.05 '.' 0.1 ' ' 1


Residual standard error: 11.3 on 32 degrees of freedom
Multiple R-squared:0.999,      Adjusted R-squared:0.999
F-statistic: 8.44e+03 on 3 and 32 DF,   p-value: <2e-16
```

则两个时期进口消费品的函数分别为：

当 $T\leqslant 1993$，$D=0$

$$TAX=3.113\,7+0.117\,9GDP$$

当 $T > 1993$，$D = 1$

$$TAX = 3.1137 + 0.1179GDP - 79.6434 + 0.0832GDP$$
$$= -76.53 + 0.2011GDP$$

```
plot(TAX ~ GDP)
abline(3.1137, 0.1179, lty = 3);abline( - 76.53, 0.2011)
```

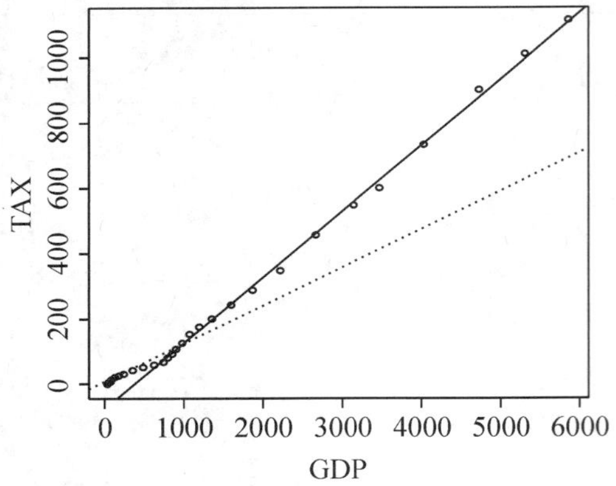

显然，1993 年前后税收受国内生产总值影响的趋势是不相同的。

2.4 非线性回归分析模型

在实际经济活动中，经济变量的关系是复杂的，直接表现为线性关系的情况并不多见。如著名的恩格尔曲线（Engel curve）表现为幂函数曲线形式，著名的 Cobb-Dauglas 生产函数（简称 C－D 生产函数）就是幂函数乘积的非线性模型，宏观经济学中的菲利普斯曲线（Pillips curve）表现为双曲线形式。

例如，描述税收与税率关系的拉弗曲线是一个抛物线：

$$S = \alpha + \beta r + \gamma r^2 \quad (2.41)$$

其中 S 为税收，r 为税率，$r < 0$。

又如，C－D 生产函数就是一个幂函数：

$$Y = AK^{\alpha}L^{\beta} \quad (2.42)$$

其中 Y 为产出量，K 为投入的资本，L 为投入的劳动力。

但是，大部分非线性关系又可以通过一些简单的数学处理，使之化为数学上的线性关系，从而可以运用线性回归的方法进行计量经济学方面的处理。

如在拉弗曲线中设 $X_1 = r$，$X_2 = r^2$，则原方程变换为：$S = \alpha + \beta X_1 + \gamma X_2$，就变成二元线性模型。

而对 C－D 生产函数方程两边取对数：$\ln Y = \ln A + \alpha \ln K + \beta \ln L$，图像就变成线性的了。

2.4.1 单变量非线性回归分析模型

一、可化为线性模型的非线性回归模型

曲线回归分析的基本任务是通过两个相关变量 x 与 y 的实际观测数据建立曲线回归

方程，以揭示 x 与 y 间的曲线联系的形式。

曲线回归分析最困难和首要的工作是确定因变量 y 与自变量 x 之间曲线关系的类型。通常通过两个途径来确定：①利用有关专业知识，根据已知的理论规律和实践经验来确定。例如，幂函数的形式能较好地表现生产函数；多项式方程能够较好地反映总成本与总产量之间的关系等。②若没有已知的理论规律和经验可利用，可在直角坐标系作散点图，观察实测点的分布趋势与哪一类已知函数曲线最接近，然后再选用该函数关系式来拟合数据。

对于可直线化的曲线函数类型而言，曲线回归分析的基本过程是：先将 x 和（或）y 进行变量转换，然后对新变量进行直线回归分析——建立直线回归方程并进行显著性检验，最后将新变量还原为原变量，由新变量的直线回归方程得出原变量的曲线回归方程。

还有一种情况是找不到与已知的函数的曲线较接近数据的分布趋势，这时可利用多项式回归，通过逐渐增加多项式的高次项来拟合，直到满意为止。

二、可直线化的曲线类型

1．对数函数 $y = a + b\log x$

```
set.seed(1234)
n = 30;
x = 1: n;e = rnorm(n)
y = 3 + 10* log(x)
plot(x, y + e, ylab = "y = 3 + 10* log(x) + e");lines(x, y)
```

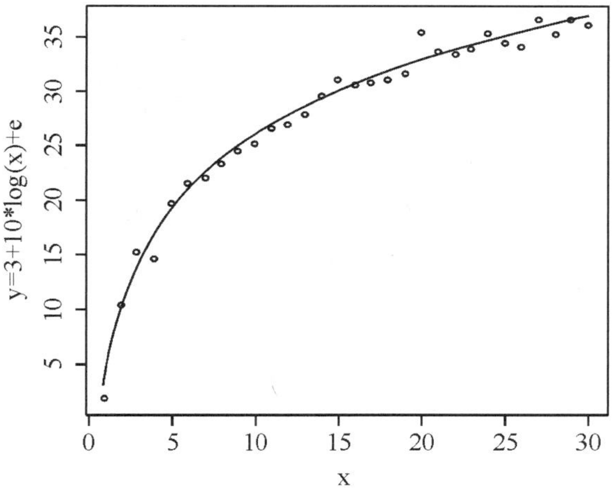

对数函数的特点是随着 x 的增大，x 的单位变动对因变量 y 的影响效果不断递减。令 $x' = \log x$，则将其直线化为 $y = a + bx'$。

2. 指数函数 $y = ae^{bx}$ 或 $y = ae^{b/x}$ （$a > 0$）

```
y = 0.1*exp(0.2*x)
plot(x, y + e, ylab = "y = 0.1* exp(0.2* x)");lines(x, y)
```

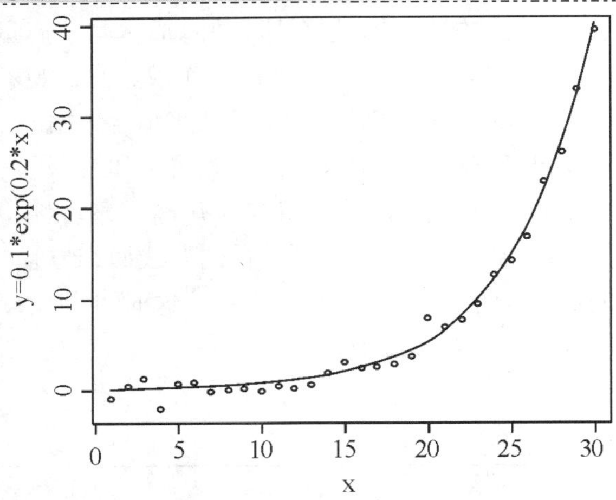

指数函数被广泛应用于描述客观现象的变动趋势。例如产值、产量按一定比率增长或降低，就可以用这类函数近似表示。

若对指数函数 $y = ae^{bx}$ 两端求自然对数，得 $\log y = \log a + bx$，并令 $y' = \log y$，$a' = \log a$，则可将其直线化为：$y' = a' + bx$。

3. 幂函数 $y = ax^b$

```
y = -0.03* x^2
plot(x, y + e, ylab = "y = -0.03* x^2");lines(x, y)
```

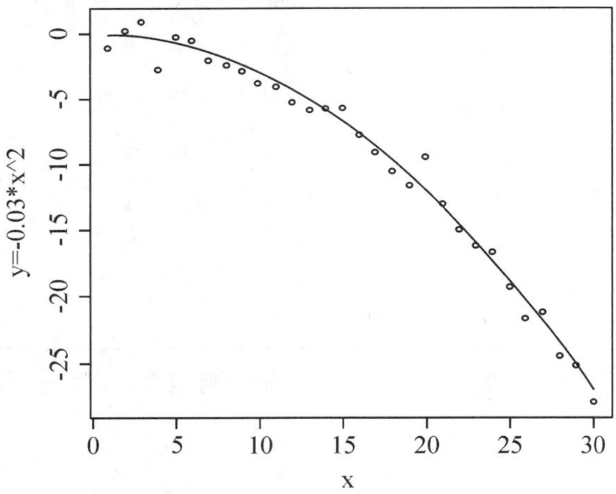

这类函数的特点是，方程中的参数可以直接反映因变量 y 对于某一个自变量的弹性。所谓 y 对于 x 的弹性，是指 x 变动 1% 时所引起的 y 变动的百分比。

若对幂函数 $y = ax^b$ 两端求自然对数，得 $\log y = \log a + b\log x$，并令 $y' = \log y$，$a' = \log a$，$x' = \log x$，则可将幂函数直线化为：$y' = a' + bx'$。

4. 双曲线函数 $y = a + b/x$

```
y = 1 + 30/x
plot(x, y + e, ylab = "y = 1 + 30/x");lines(x, y)
```

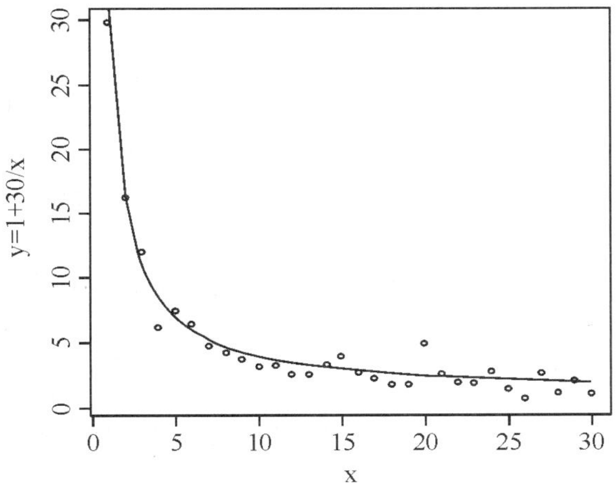

若令 $x' = 1/x$，则可将双曲线函数直线化为：$y = a + bx'$。

5. 二次函数曲线 $y = a + bx + cx^2$

```
y = 1 + 0.5*x + 0.03*x^2
plot(x, y + e, ylab = "y = 1 + 30/x");lines(x, y)
```

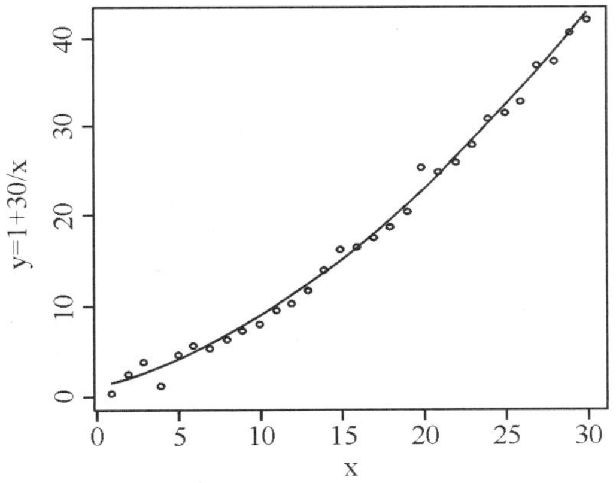

若令 $x_1 = x$，$x_2 = x^2$，则可将二次函数直线化为：$y = b_0 + b_1x_1 + b_2x_2$。

同理可对多次函数进行直线化。

三、曲线回归模型的具体应用

曲线回归处理的关键在于如何选择正确的曲线方程，而确定方程形式的方法可以是经验的（根据实际观测结果的表现形式）或理论的（根据变量间关系的专业知识）。一般而言，根据已知理论确定曲线方程形式总是最理想的选择，由此获得的回归方程中的有关参数一般具有明确的物理意义。但是这种方法明显不适用于经济分析，原因在于：一是两个经济变量间的真实关系太复杂，研究者很难从理论上推导出类似的函数关系；二是同样的方程模型，由于对象、环境、时间等的改变，所适用的范围和程度将有所不同。以往在面对此类问题时，人们通常只能凭经验（关于不同函数曲线形式的经验）和实际观测结果（散点图中数据点的分布形式）来确定方程形式，在此基础上再作拟合，得到回归方程。如此一来，不但计算量极大，而且研究者的主观成分太多，无法在经济研究中大规模地应用。

选择最优化模型的标准：

（1）根据可替换模型，可分别建立各自转化后的曲线模型；

（2）分析各模型的 F 检验值，看各方程是否达到显著或极显著，剔除那些不显著的模型；

（3）对表现为显著或极显著的模型，检查模型系数的 t 检验值，不显著的也予以剔除；

（4）再列表比较模型决定系数 R^2 值大小，R^2 值越大的，表示经该代换后，曲线关系越密切；

（5）选取 R^2 值最大的模型作为最优化模型。

在这过程中，模型的 R^2 值与模型的 t 检验值的计算可借助 R 语言软件或其他统计软件来完成。这样可大大减少研究者的工作量，而且提高了计算结果的准确性，增强了最后选择的客观性。

【例 2－11】考察 1978—2013 年我国宏观经济数据中税收 *TAX* 的增长趋势。

```
y = MEdata $ TAX
t = 1978:2013          #时间轴
x = t - 1977           #为建模方便, 生成 1:36 序列
plot(t, y, 'b')
```

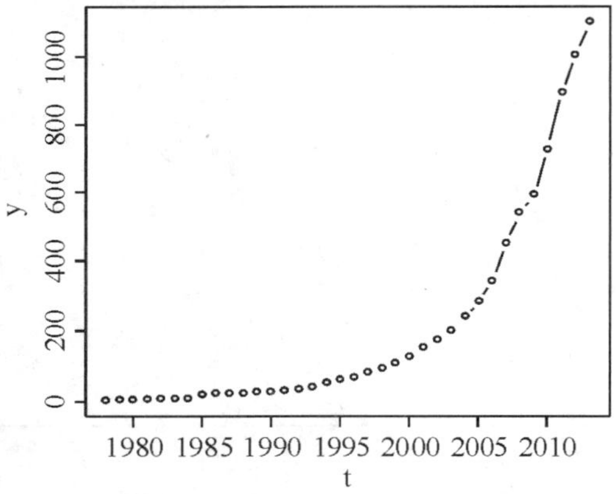

从散点图可以看出，改革开放以来，我国的税收呈快速增长态势，可拟合二次多项式、指数、对数和幂函数曲线等方程。下面分别拟合这些曲线来显示可化为直线的非线性回归方程求法。

1. 直线回归

```
lm1 = lm(y ~ x)
summary(lm1)
```

```
Call:lm(formula = y ~ x)

Residuals:
    Min       1Q   Median    3Q    Max
 -192.0   -149.5   -29.0   96.3  481.1

Coefficients:
              Estimate  Std. Error   t value   Pr( > |t| )
(Intercept)   -224.21      60.59      -3.70    0.00076  ***
x               23.57       2.86       8.25    1.2e-09  ***
---
Signif. codes: 0 '***' 0.001 '**' 0.01 '*' 0.05 '.' 0.1 ' ' 1

Residual standard error: 178 on 34 degrees of freedom
Multiple R-squared:0.667,     Adjusted R-squared:0.657
F-statistic: 68.1 on 1 and 34 DF,p-value: 1.25e-09
```

```
plot(t, y);lines(t, fitted(lm1))
```

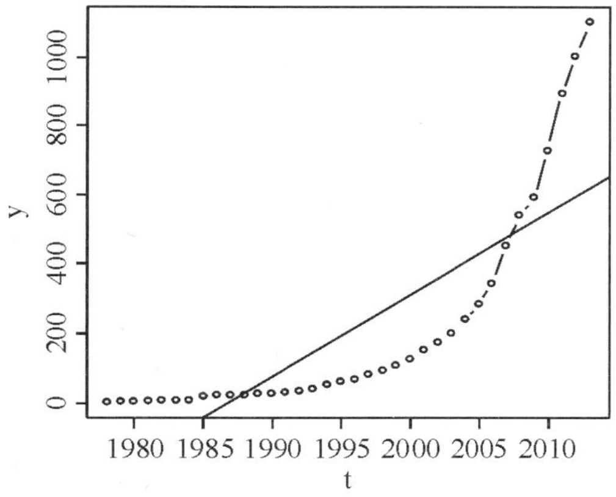

该模型的拟合优度 R^2 = 0.667，说明拟合的效果不是很好。从散点图上也可以看到，虽然模型的回归系数都是显著的，但数据点与直线并不吻合。

2. 对数法

对数类型用方程 $y = a + b\log x$ 生成趋势线，其中，log( )是以 e （约为 2.718） 为底数的自然对数函数。因为 log 函数的定义域 x 为正值，所以数据集中解释变量的值必须为正值。作变换 $x' = \log x$，则将其直线化为 $y = a + bx'$，变换后的数据散点图有明显的直线趋势，可作直线回归，经计算得：

```
lm2 = lm(y ~ log(x));
summary(lm2)
```

```
Call: lm(formula = y ~ log(x))

Residuals:
    Min       1Q   Median     3Q    Max
 -203.3   -180.0   -99.1   96.4   697.3

Coefficients:
             Estimate  Std. Error  t value  Pr(>|t|)
(Intercept)   -352        134       -2.63    0.013 *
log(x)         212         48        4.42    9.6e-05 ***
---
Signif. codes: 0 '***' 0.001 '**' 0.01 '*' 0.05 '.' 0.1 ' ' 1

Residual standard error: 246 on 34 degrees of freedom
Multiple R-squared: 0.365,      Adjusted R-squared: 0.346
F-statistic: 19.5 on 1 and 34 DF, p-value: 9.64e-05
```

```
plot(t, y); lines(t, fitted(lm2))
```

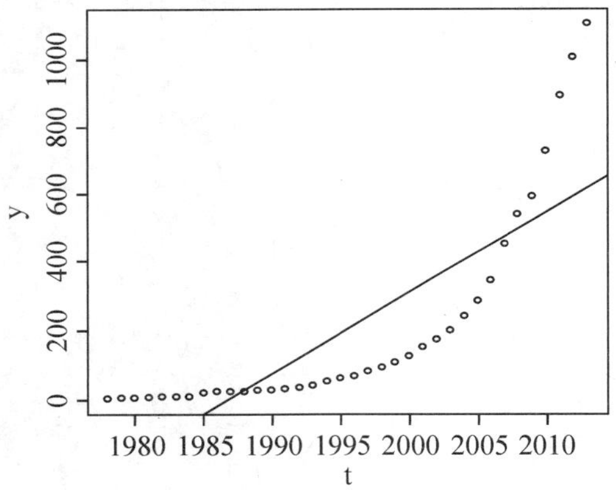

该模型的拟合优度 R^2 = 0.665，说明拟合的效果不是很好，从散点图上也可以看到，虽然模型和回归系数都是显著的，但数据点与直线并不吻合。

3. 指数法

指数曲线用方程 $y = ae^{bx}$ 表示，用 $\log y = \log a + bx$ 生成趋势线，作变换 $y' = \log y$，$a' = \log a$，则可将其直线化为 $y' = a' + bx$。

变换后的数据散点图有一定的直线趋势，可作直线回归，经计算得直线回归方程 $y' = 1.3149 + 0.1573x$。

相应的对数曲线回归方程为：$\log y = 1.3149 + 0.1573x$。

相应的指数曲线回归方程为：$y = 3.724e^{0.1573x}$。

```
lm3 = lm(log(y) ~ x)
summary(lm3)
```

```
Call: lm(formula = log(y) ~ x)

Residuals:
    Min       1Q   Median      3Q     Max
-0.2102  -0.0914  -0.0475  0.0915  0.4427

Coefficients:
             Estimate  Std. Error  t value   Pr(>|t|)
(Intercept)  1.31490   0.04787     27.5      <2e-16 ***
x            0.15728   0.00226     69.7      <2e-16 ***
---
Signif. codes: 0 '***' 0.001 '**' 0.01 '*' 0.05 '.' 0.1 ' ' 1

Residual standard error: 0.141 on 34 degrees of freedom
Multiple R-squared:0.993,    Adjusted R-squared:0.993
F-statistic: 4.86e+03 on 1 and 34 DF,p-value: <2e-16
```

```
exp(coef(lm3)[1])
```

```
(Intercept)
  3.724
```

```
plot(t, y);lines(t, exp(fitted(lm3)))
```

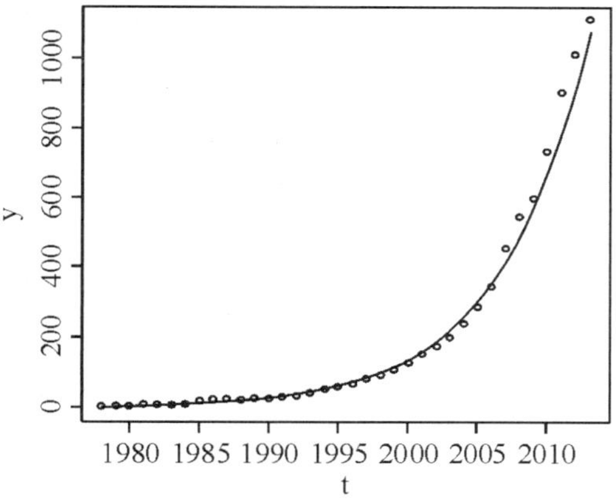

该模型的拟合优度 $R^2=0.993$，接近于1，说明拟合效果已很好了，且明显好于直线和对数曲线的效果。

4. 幂函数法

幂函数的形式为 $y=ax^b$ （$a>0$）。

若对幂函数 $y=ax^b$ 两端求自然对数得 $\log y=\log a+b\log x$，用（$\log x$，$\log y$）生成趋势线，并令 $y'=\log y$，$a'=\log a$，$x'=\log x$，则可将幂函数直线化为：$y'=a'+bx'$，经计算得直线回归方程 $y'=-0.403+1.741x'$。

相应的幂函数曲线回归方程为 $\log y=-0.403+1.741\log x$

相应的幂函数曲线回归方程为：$y=0.668x^{5.701}$

```
lm4 = lm(log(y) ~ log(x))
summary(lm4)
```

```
Call:lm(formula = log(y) ~ log(x))

Residuals:
    Min       1Q    Median      3Q     Max
 -0.815   -0.553   -0.210   0.448   2.051

Coefficients:
              Estimate  Std. Error   t value   Pr(>|t|)
(Intercept)   -0.403     0.390       -1.03     0.31
log(x)         1.741     0.140       12.47     3.1e-14  ***
---
Signif. codes: 0 '***' 0.001 '**' 0.01 '*' 0.05 '.' 0.1 ' ' 1

Residual standard error: 0.715 on 34 degrees of freedom
Multiple R-squared:0.82,      Adjusted R-squared:0.815
F-statistic:155 on 1 and 34 DF,p-value: 3.11e-14
```

```
coef(lm4)
```

```
(Intercept)      log(x)
   -0.4035       1.7406
```

```
plot(t, y);lines(t, exp(fitted(lm4)))
```

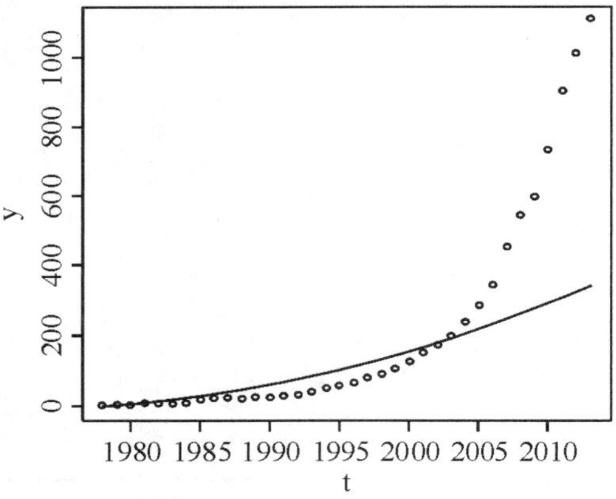

该模型的拟合优度：R^2 = 0.82。R^2 较大，说明拟合效果较好，但明显不如指数曲线的效果。

5. 多项式回归

用二次多项式方程 $y = a + bx + cx^2$ 表示。作变换 $x_1 = x$，$x_2 = x^2$，则将其转化为直线回归方程 $y = a + bx_1 + cx_2$。

```
lm5 = lm(y ~ x + I(x^2))
summary(lm5)
```

```
Call:lm(formula = y ~ x + I(x^2))

Residuals:
     Min       1Q   Median      3Q      Max
 -119.26   -57.08    9.35   59.46   159.60

Coefficients:
              Estimate  Std. Error  t value   Pr(>|t|)
(Intercept)   155.618   40.993      3.80      6e-04    ***
x             -36.406    5.109     -7.13      3.7e-08  ***
I(x^2)          1.621    0.134     12.10      1.1e-13  ***
---
Signif. codes: 0 '***' 0.001 '**' 0.01 '*' 0.05 '.' 0.1 ' ' 1

Residual standard error: 77.5 on 33 degrees of freedom
Multiple R-squared:0.939,    Adjusted R-squared:0.935
F-statistic:253 on 2 and 33 DF,p-value: <2e-16
```

```
plot(t, y);lines(t, fitted(lm5))
```

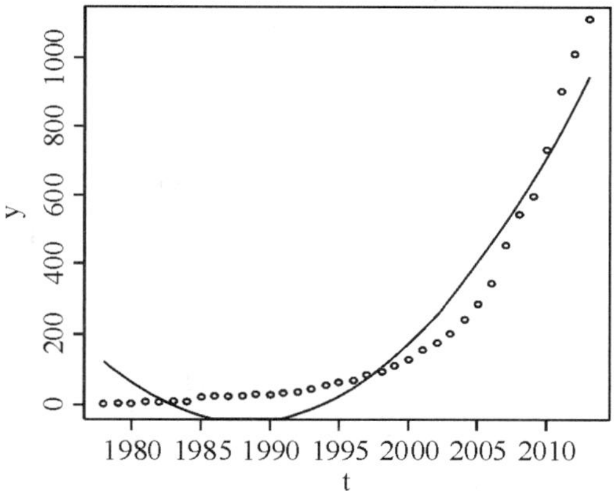

于是二次多项式方程为 $y = 155.618 - 36.406x + 1.621x^2$，模型的拟合优度 $R^2 = 0.939$，说明拟合的效果比一次线性函数要好。

表 2－1　选择合适的拟合模型

类型	方程式	回归方程	R^2	模型选择
直线	$y = a + bx$	$y = -224.21 + 23.57x$	0.667	不可用
对数曲线	$y = a + b\log x$	$y = -352 + 212\log x$	0.365	不可用
指数曲线	$y = ae^{bx}$	$y = 3.724e^{0.1573x}$	0.993	最佳
幂曲线	$y = ax^b$	$y = 0.668x^{5.701}$	0.820	不可用
二次曲线	$y = a + bx + cx^2$	$y = 155.618 - 36.406x + 1.621x^2$	0.939	较好

2.4.2 多变量非线性回归分析模型

经济模型本来就存在许多非线性形式，在第一节曾处理过“可以线性化的非线性模型”，即经过简单函数变换后可以化为单变量或多变量非线性回归模型的线性回归模型。但是在一般情况下，非线性模型难以精确地线性化，这就需要予以特别的考虑。

一、一般的非线性回归模型

一般的非线性回归模型可以表示为

$$y=f(x,\ \beta)+\varepsilon \tag{2.43}$$

这里 x 是可观察的独立随机变量，β 是待估的参数向量，y 是独立观察变量，它的均值依赖于 x 与 β，ε 是随机误差。函数形式 $f(\ )$ 是已知的。

Cobb-Douglas 生产函数是非线性回归模型的典型例子：

$$Q=\alpha L^{\beta_1}K^{\beta_2}+\varepsilon \tag{2.44}$$

这里 Q 是经济部门的产出，L 是劳动力投入，K 是资本投入，待估参数是 α，β_1 与 β_2，定义 $Y=Q$，$X'=(L,\ K)$，$\beta=(\alpha,\ \beta_1,\ \beta_2)'$，以及 $f(X,\ \beta)=\alpha L^{\beta_1}K^{\beta_2}$，则 C-D 函数就可以写为 $y=f(x,\ \beta)+\varepsilon$ 的形式。

另一个例子是消费函数

$$C=\beta_1+\beta_2 Y^{\beta_3}+\varepsilon \tag{2.45}$$

这里 Y 是居民收入，C 是居民消费。其中参数的估计问题就很有必要。如果贸然假定 $\beta_3=1$，那就是线性函数了，可是实际资料也许会否定 $\beta_3=1$。有些经济模型到底能不能线性化，取决于误差项的假定。例如 C-D 函数，如果将误差假定为与函数部分相乘，即 $Q=\alpha L\beta K^{\gamma}e^{\varepsilon}$，则取对数后可以线性化：

$$\log Q=\log\alpha+\beta\log L+\gamma\log K+\varepsilon$$

另一方面，有些线性回归模型也可以视为非线性问题，例如广义最小二乘问题：

$$Y=X\beta+\varepsilon,\ \mathrm{E}(\varepsilon)=0,\ \mathrm{var}(\varepsilon)=\alpha^2\psi \tag{2.46}$$

的极大似然估计就可以被看作非线性问题。

二、非线性回归模型建立

为了引进非线性回归的最小二乘法，我们先考虑一个简单的单参数模型：

$$Y_i=f(X_i,\ \beta)+\varepsilon=\beta X_{1i}+\beta^2X_{2i}+\varepsilon_i,\ \mathrm{E}(\varepsilon_i)=0,\ \mathrm{var}(\varepsilon_i)=\sigma^2$$

定义残差平方和

$$\begin{aligned}S(\beta)&=\sum_{i=1}^{n}\varepsilon_i^2=\sum_{i=1}^{n}[Y_i-f(X_i,\ \beta)]^2\\&=\sum_{i=1}^{n}[Y_i-\beta X_{1i}-\beta^2X_{2i}]^2\end{aligned}$$

回归的最小二乘原则还是要使残差平方和最小，于是对 S（β）求导得：

$$\begin{aligned}\frac{\mathrm{d}S}{\mathrm{d}\beta}&=2\sum_{i=1}^{n}[Y_i-f(X_i,\ \beta)]\left(-\frac{\mathrm{d}f\ (X_i,\ \beta)}{\mathrm{d}\beta}\right)\\&=2\sum_{i=1}^{n}[Y_i-\beta X_{1i}-\beta^2X_{2i}][-X_{1i}-2\beta X_{2i}]=0\end{aligned}$$

整理得：

$$2\beta^3\sum_{i=1}^{n}X_{2i}^2+3\beta^2\sum_{i=1}^{n}X_{1i}X_{2i}+\beta\left(\sum_{i=1}^{n}X_{1i}^2-2\sum_{i=1}^{n}X_{2i}Y_i\right)-\sum_{i=1}^{n}X_{1i}Y_i=0$$

这是关于 β 的三次方程，β 就有三个可能的解，将这三个解分别代入 $S(\beta)$，取 $S(\beta)$

最小的那个解 $S(\beta)$ 为回归模型的最终解。

下面主要介绍非线性模型的 GAUSS-Newton 算法。

设有非线性回归模型（$f(\cdot)$已知，但非线性）

$$Y=f(X,\beta)+\varepsilon \tag{2.47}$$

其残差平方和函数为

$$S(\beta)=\sum_{i=1}^{n}[Y_i-f(X_i,\beta)]^2 \tag{2.48}$$

要使其取极小值，其一阶导数条件为

$$\frac{\mathrm{d}S}{\mathrm{d}\beta}=-2\left[\sum_{i=1}^{n}[Y_i-f(X_i,\beta)]\right]\left(-\frac{\mathrm{d}f(X_i,\beta)}{\mathrm{d}\beta}\right)=0$$

现在的问题是要求出上述方程的解，并且判断出整体最小值解 β。

一个近似办法是用 $f(X_i,\beta)$ 的一阶 Taylor 展开近似代替 $f(X_i,\beta)$。设 β 的初值为 β_1，则在 β_1 点附近函数 $f(X_i,\beta)$ 有近似 Taylor 展开式

$$f(X_i,\beta)\approx f(X_1,\beta_1)+\frac{\mathrm{d}f(X_1,\beta)}{\mathrm{d}\beta}\mid\beta_1(\beta-\beta_1) \tag{2.49}$$

记导数值为

$$\frac{\mathrm{d}f(X_1,\beta)}{\mathrm{d}\beta}\mid_{\beta_1}\approx\frac{f(X_1,\beta)-f(X,\beta)}{\beta-\beta_1}$$

简记 $\tilde{X}_i(\beta_1)=\frac{\mathrm{d}f(X_1,\beta)}{\mathrm{d}\beta}\mid_{\beta_1}$

则

$$S(\beta)=\sum_{i=1}^{n}[Y_i-f(X_i,\beta_1)-\tilde{X}_i(\beta_1)(\beta-\beta_1)]^2$$

$$=\sum_{i=1}^{n}[\tilde{Y}_i(\beta_1)-X_i(\beta_1)\beta]^2$$

这里 $\tilde{Y}_i(\beta_1)=Y_i-f(X_i,\beta_1)+\tilde{X}_i(\beta_1)\beta_1$。

对于给定的初值 β_1，$\tilde{Y}_i(\beta_1)$ 以及 $\tilde{X}_i(\beta_1)$ 都是确定的，可计算的。于是 $S(\beta)$ 所表达的残差平方和正是线性回归

$$\tilde{Y}_i(\beta_1)=\tilde{X}_i(\beta)\beta+\varepsilon_i \tag{2.50}$$

的残差平方和。马兰沃（Edmond Malinvaud）将上式称作拟线性模型，其最小二乘估计是

$$\beta_2=[\tilde{X}(\beta_1)'\tilde{X}(\beta_1)]^{-1}\tilde{X}(\beta_1)'\tilde{Y}(\beta_1)$$

这里

$$\tilde{X}(\beta_1)=\begin{bmatrix}\tilde{X}_1(\beta_1)\\ \vdots\\ \tilde{X}_n(\beta_1)\end{bmatrix},\quad \tilde{Y}(\beta_1)=\begin{bmatrix}\tilde{Y}_1(\beta_1)\\ \vdots\\ \tilde{Y}_n(\beta_1)\end{bmatrix}$$

于是可知，如果我们有待估参数 β 的一个初值 β_1，就可以得到 β 的一个新值 β_2。重复使用这个方法，又可得到一个拟线性模型：

$$\tilde{Y}(\beta_2)=\tilde{X}(\beta_2)\beta+\varepsilon \tag{2.51}$$

其解为：

$$\beta_3=[\tilde{X}(\beta_2)'\tilde{X}(\beta_2)]^{-1}\tilde{X}(\beta_2)\tilde{Y}(\beta_2)$$

继续下去，我们会得到一个序列 β_1，β_2，…，β_n，…。我们可以写出一般迭代表达式

$$\begin{aligned}\beta_{n+1}&=[\tilde{X}(\beta_n)'\tilde{X}(\beta_n)]^{-1}\tilde{X}(\beta_n)'\tilde{Y}(\beta_n)\\&=[\tilde{X}(\beta_n)'\tilde{X}(\beta_n)]^{-1}\tilde{X}(\beta_n)'[Y-f(\tilde{X},\beta_n)+\tilde{X}(\beta_n)\beta_n]\\&=\beta_n+[\tilde{X}(\beta_n)'\tilde{X}(\beta_n)]^{-1}\tilde{X}(\beta_n)'[Y-f(X,\beta_n)]\end{aligned}$$

这里 $f(X,\beta)=[f(X_1,\beta),f(X_2,\beta),\cdots,f(X_n,\beta)]$。由于 $S(\beta)$ 取极小值的一阶导数条件可被写作 $\tilde{X}(\beta)'[Y-f(X,\beta)]=0$，故若在迭代过程中有 $\beta_{n+1}=\beta_n$，则由 β_{n+1} 式可知上式成立，即 $\frac{dS}{d\beta}=0$，此时 $S(\beta)$ 取得一个极小值。由于非线性模型函数形式复杂，一般难以建立有限样本的统计性质，但可以考虑它的渐近性质。一般来说，$\hat{\beta}$ 是一致估计，$\sqrt{n}(\beta-\hat{\beta})$ 的极限分布为正态分布，均值为 0，方差为 $\sigma^2[\tilde{X}^{*}{}'\tilde{X}^{*}/n]^{-1}$，其中 $\tilde{X}^{*}=\lim\tilde{X}(\beta)$。于是在作假设检验时，可以用渐近正态分布去作近似：

$$\hat{\beta}\sim N(\beta,\hat{\sigma}^2[\tilde{X}(\beta)'\tilde{X}(\beta)]^{-1}),\quad\hat{\sigma}^2=\frac{S(\hat{\beta})}{n-1}$$

具体检验过程与线性回归的假设检验是一样的，不过要以 $\tilde{X}(\beta)'\tilde{X}(\beta)$ 代替 $X'X$。

关于 $\hat{\beta}$ 的渐近分布为正态的合适条件，可以从下面几个方面考虑。

首先是残差假定。已经假定 ε 是 *iid* 样本，均值为 0，方差为 σ^2，这对于保证 $\hat{\beta}$ 的渐近分布为正态已经足够了。

其次是函数 $f(X,\beta)$ 的假定。从分析过程可以看出，需要假定 $f(X,\beta)$ 关于 X 是连续的；关于 β 有二阶连续导数。

R 语言中非线性拟合函数为 nls，其用法格式为：

nls(formula, data, start, ...)

formula 是包括变量和参数的非线性拟合公式；data 为可选择的数据框，不能是矩阵；start 是初始值，用列表形式给出。

注意，初始值 start 的选择是非线性拟合的难点，通常可用线性模型的结果作为非线性模型的初始值，而且要以列表（list）的格式赋值。

【例 2-12】税收 *TAX* 数据的非线性模型预测。

在上节中，我们用直线化的方式构建了税收 *TAX* 的最佳非线性模型：指数曲线模型 $y=ae^{bx}$，其相应的指数曲线回归方程为 $y=3.724e^{0.1573x}$。

下面我们直接采用非线性拟合函数 nls 来建立指数曲线模型。

```
nls1 = nls(y ~ a*exp(b*x), start = list(a = 3, b = 0.15));nls1
```

```
Nonlinear regression model
model:y ~ a * exp(b * x)
data: parent. frame()
    a       b
3. 049   0. 165
residual sum-of-squares: 12211

Number of iterations to convergence: 5
Achieved convergence tolerance: 2. 42e-06
```

```
summary(nls1)
```

```
Formula:y ~ a * exp(b * x)

Parameters:
      Estimate   Std. Error   t value   Pr( > |t| )
a     3. 04929   0. 29297     10. 4     4. 1e - 12  ***
b     0. 16519   0. 00286     57. 7     < 2e - 16   ***
---
Signif. codes: 0 ' *** ' 0. 001 ' ** ' 0. 01 ' * ' 0. 05 '. ' 0. 1 ' ' 1

Residual standard error: 19 on 34 degrees of freedom

Number of iterations to convergence: 5
Achieved convergence tolerance: 2. 42e - 06
```

```
plot(t, y);lines(t, fitted(nls1))
```

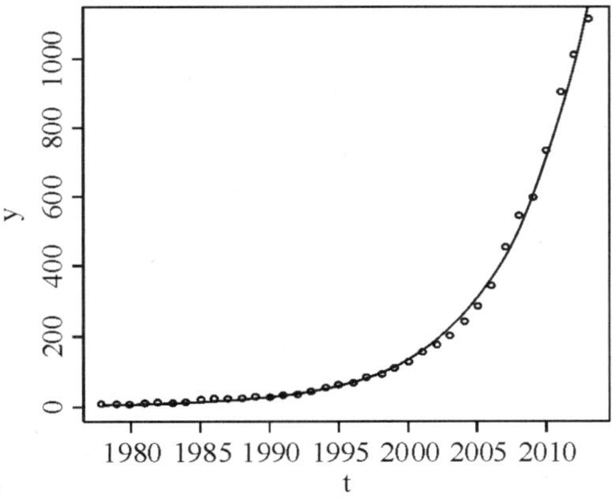

其相应的指数模型为 $y = 3.0493e^{0.1652x}$，从理论上来说，该模型要好于直线化产生的指数曲线回归方程。

下面我们用该模型来预测 2014 年（$t = 2014$，$x = 37$）我国的税收水平。

```
predict(nls1,data.frame(x = 37))
```

```
[1] 1376
```

可以预测 2014 年我国的税收水平将达到 1 376 百亿元，但这里的预测可能不准，因为此模型只考虑了时间这一个因素，实际上，影响税收的因素很多。

2.4.3 生产函数、弹性分析及贡献率

一、生产函数的概念

在经济理论中，生产理论有着很重要的地位。生产理论研究的范围相当广泛。所谓生产理论就是研究在一定的生产技术条件下，如何获得最大的利润。所谓生产模型，就是通常所说的生产函数。而生产函数是描述生产过程中生产要素投入的某种组合与可能生产的最大产量之间的依存关系的数学表达式。生产函数一般表示为

$$Y = f(A, L, K, \cdots) \tag{2.52}$$

式中 Y 为产出量，A、L、K 等表示技术、劳动力、资本等投入要素。

生产要素对产出量的作用与影响，主要是由一定的技术条件决定的，在一定的技术条件下就有一定的生产函数。所以，生产函数实质上是反映了生产过程中投入要素与产出量之间的技术关系。

生产函数的数学形式多种多样，但无论取哪一种函数形式，一般都假设它是连续可微的函数，且导函数也是连续的。

为简单起见，本节研究两种投入要素的函数：

1. 简单 C－D 生产函数

$$Y = AL^{\alpha}K^{\beta}e^{u} \tag{2.53}$$

对（2.53）式取对数：

$$Y = a + \alpha\ln L + \beta\ln K + u \tag{2.54}$$

式中 $a = \ln A$，Y、L、K 的统计数据可以是横截面数据，也可以是时间序列，u 反映不同企业或不同时间上，在生产技术或生产能力等方面的随机误差项。

我们可以利用产出 Y，劳动力投入 L 和资本投入 K 的统计数据，对（2.54）式直接应用 OLS 法，估计参数 a，α，β。

理论上来说，最好应用 nls 函数进行非线性拟合，因为我们不知误差项是乘积型还是合计型，而且对变量变换有时会改变数据结构，有时也很难对模型直线化，通常与变换后的 lm 结果差别不是很大。这时我们应采用非线性的 GAUSS-Newton 算法来估计参数。

2. 改进型 C－D 生产函数

按照经济增长理论，可设定销售业务的经济增长生产函数表达式为：

$$Y = A_0 e^{mt} L^{\alpha} K^{\beta} \tag{2.55}$$

在此 Y 为销售额；$A_0 = e^{a0}$ 为基期制度创新水平；L 为销售人员数；K 为销售费用；α 为销售人员数；β 为销售费用的产生弹性系数，即当销售人员数、销售费用每增长 1% 时，销售额增长的百分数。

m 表示单位时间推移时，销售额变动的百分数，即制度创新、技术进步作用的效果。

改进型 C－D 生产函数增加了时序趋势，有时更能反映实际情况。

二、弹性分析

所谓弹性（elasticity）是指一个经济变量的相对变动对另一个相关经济变量的相对变动的影响程度。

设 x 和 y 是两个相关的经济变量，则 y 对 x 的弹性可定义为：

$$\mathrm{E}=\frac{\Delta y/y}{\Delta x/x}=\frac{\Delta y}{\Delta x}\cdot\frac{x}{y} \tag{2.56}$$

可见，弹性是两个相对改变量的比值，这个比值的大小表示：当自变量变化1%时，因变量变动的百分比。

在极限状态下，(2.56）式应表示为

$$\mathrm{E}=\frac{\Delta \mathrm{d}y/y}{\mathrm{d}x/x}=\frac{\mathrm{d}y}{\mathrm{d}x}\cdot\frac{x}{y} \tag{2.57}$$

在（2.41）式中，税收 S 对税率求导：

$$\frac{\mathrm{d}S}{\mathrm{d}r}=\hat{\beta} \tag{2.58}$$

则税收对税率的弹性应表示为：

$$\frac{\mathrm{d}S/S}{\mathrm{d}r/r}=\hat{\beta}\cdot\frac{r}{S} \tag{2.59}$$

而对于生产函数 $Y=AK^{\alpha}L^{\beta}$，如 Q 表示产出量，K 为资本，L 为劳动力，则 A 就是一个效率参数，一般称为技术进步水平。

资本变化一个单位引起产出的变化量为

$$\frac{\partial Y}{\partial K}=\alpha\frac{Y}{K} \tag{2.60}$$

（2.60）式的经济含义就是资本的边际产出，由此式可得

$$\frac{\partial Y}{\partial K}\cdot\frac{K}{Y}=\alpha \tag{2.61}$$

由（2.61）式可知，参数 α 就是资本的产出弹性系数。同理，β 就是劳动力的产出弹性系数。

三、贡献率计算

所谓动态分析是指把模型中所包含的经济变量看作是时间的函数，分析研究整个经济系统变化的过程、变化的速度和轨道，从而可以获得任一给定时间点的状态。

例如，对于(2.42)式的生产函数，我们把每一变量都看作时间的函数，于是可以表示为：

$$Y_t=A_tK_t^{\alpha}L_t^{\beta} \tag{2.62}$$

为了分析变量的动态关系，通过(2.62)式对时间 t 求导数：

$$\frac{\mathrm{d}Y}{\mathrm{d}t}=K^{\alpha}L^{\beta}\frac{\mathrm{d}A}{\mathrm{d}t}+\alpha AK^{\alpha}L^{\beta}\frac{\mathrm{d}K}{\mathrm{d}t}+\beta AK^{\alpha}L^{\beta}\frac{\mathrm{d}L}{\mathrm{d}t} \tag{2.63}$$

请注意，这里为了简便，每个变量略去了下标“t”。

（2.63）式两边除以 Y：

$$\frac{1}{Y}\cdot\frac{\mathrm{d}Y}{\mathrm{d}t}=\frac{1}{A}\cdot\frac{\mathrm{d}A}{\mathrm{d}t}+\alpha\frac{1}{K}\cdot\frac{\mathrm{d}K}{\mathrm{d}t}+\beta\frac{1}{L}\cdot\frac{\mathrm{d}L}{\mathrm{d}t} \tag{2.64}$$

记 $G_Y=\frac{1}{Y}\cdot\frac{\mathrm{d}Y}{\mathrm{d}t}$，$G_Y$ 表示产出增长率；

$G_A = \frac{1}{A} \cdot \frac{\mathrm{d}A}{\mathrm{d}t}$，$G_A$ 表示技术进步增长率；

$G_K = \frac{1}{K} \cdot \frac{\mathrm{d}K}{\mathrm{d}t}$，$G_K$ 表示资本的增长率；

$G_L = \frac{1}{L} \cdot \frac{\mathrm{d}L}{\mathrm{d}t}$，$G_L$ 表示劳动力的增长率。

于是，（2.64）式可以表示为

$$G_Y = G_A + \alpha G_K + \beta G_L \tag{2.65}$$

（2.65）式表明，产出增长率可由技术进步增长率、资本增长率、劳动力增长率三部分组成，并且产生增长率与这三者成正比。

在实际中，产出、资本和劳动力增长率的计算通常采用平均增长率的计算公式：

$$G_Y = (\sqrt[t]{Y_t/Y_0} - 1) \times 100\%$$

$$G_K = (\sqrt[t]{K_t/K_0} - 1) \times 100\%$$

$$G_L = (\sqrt[t]{L_t/L_0} - 1) \times 100\%$$

其中，Y_t、K_t 和 L_t 分别表示产出、资本和劳动力计算的末期值，Y_0、K_0 和 L_0 分别表示产出、资本和劳动力计算的基期值。

于是，技术进步增长率的计算公式为：

$$G_A = G_Y - \alpha G_K - \beta G_L \tag{2.66}$$

将（2.66）式两边除以 G_Y，有

$$\frac{G_A}{G_Y} + \alpha \frac{G_K}{G_Y} + \beta \frac{G_L}{G_Y} = 1$$

或 $P_A + P_K + P_L = 1$ （2.67）

其中，$P_A = \frac{G_A}{G_Y}$，表示技术进步对产出增长的贡献率；

$P_K = \alpha \frac{G_K}{G_Y}$，表示资本增长对产出增长的贡献率；

$P_L = \beta \frac{G_L}{G_Y}$，表示劳动力增长对产出增长的贡献率。

显然，（2.67）式为技术进步、资本增长、劳动力增长对产出增长所作贡献的比重结构式。

【例 2－13】对 C－D 生产函数分别用线性和非线性方式进行估计。某销售公司各季度有关资料如表 2－2 所示，我们以此求出该公司的销售业务增长方式的生产函数。

表 2－2　某销售公司各季度销售数据

时间 T	时序 t	销售额 Y（万元）	销售费用 K（万元）	销售人员 L（人）
2011 年第 1 季度	1	26.74	23.66	26
2011 年第 2 季度	2	34.81	30.55	28
2011 年第 3 季度	3	44.72	38.12	32
2011 年第 4 季度	4	57.46	46.77	36

（续上表）

时间 T	时序 t	销售额 Y（万元）	销售费用 K（万元）	销售人员 L（人）
2012 年第 1 季度	5	73.84	56.45	41
2012 年第 2 季度	6	88.45	67.15	45
2012 年第 3 季度	7	105.82	78.92	48
2012 年第 4 季度	8	126.16	91.67	52
2013 年第 1 季度	9	150.95	105.47	56
2013 年第 2 季度	10	181.58	121.32	60
2013 年第 3 季度	11	204.26	128.56	66
2013 年第 4 季度	12	222.84	132.47	70

下面用 R 语言对生产函数进行多变量非线性回归拟合。

1. 简单 C－D 生产函数模型

```
# CDdata = read.csv("http://eclab.jnu.edu.cn/stat/CDdata.csv")
t = 1:12
Y = c(26.74, 34.81, 44.72, 57.46, 73.84, 88.45, 105.82, 126.16, 150.9, 181.6, 204.3, 222.8)
K = c(23.66, 30.55, 38.12, 46.77, 56.45, 67.15, 78.92, 91.67, 105.5, 121.3, 128.6, 132.5)
L = c(26, 28, 32, 36, 41, 45, 48, 52, 56, 60, 66, 70)
CDlm1 = lm(log(Y) ~ log(K) + log(L))      #直线化法
summary(CDlm1)
```

```
Call:lm(formula = log(Y) ~ log(K) + log(L),data = CDdate)


Residuals:
     Min         1Q       Median       3Q       Max
-0.02714   -0.00595   -0.00118   0.00764   0.02557


Coefficients:
              Estimate  Std. Error   t value    Pr( > |t| )
(Intercept)   -2.0737    0.2355     -8.80     1.0e-05  ***
log(K)         0.6258    0.0916      6.83     7.6e-05  ***
log(L)         1.0379    0.1621      6.40     0.00012  ***
---
Signif. codes: 0 '***' 0.001 '**' 0.01 '*' 0.05 '.' 0.1 ' ' 1


Residual standard error: 0.0173 on 9 degrees of freedom
Multiple R-squared: 1,        Adjusted R-squared:0.999
F-statistic: 9.16e+03 on 2 and 9 DF,   p-value: 1.29e-15
```

```
CDnls1 = nls(Y ~ A* K^a* L^b, start = list(A = 0.1, a = 0.6, b = 1))          #非线性法
summary(CDnls1)
-----------------------------------------------------------------------------------
Formula: Y ~ A* K^a* L^b

Parameters:
   Estimate  Std. Error  t value   Pr(>|t|)
A   0.1129     0.0159     7.12    5.6e-05 ***
a   0.6568     0.0652    10.07    3.4e-06 ***
b   1.0298     0.1044     9.86    4.0e-06 ***
---
Signif. codes: 0 '***' 0.001 '**' 0.01 '*' 0.05 '.' 0.1 ' ' 1

Residual standard error: 1.7 on 9 degrees of freedom

Number of iterations to convergence: 5
Achieved convergence tolerance: 7.13e-07
```

从中我们可以看到，用直线化方式拟合的模型和用 GAUSS-Newton 算法估计的参数差别不大，但理论上应该用 GAUSS-Newton 估计。

2. 改进 C－D 生产函数模型

```
CDlm2 = lm(log(Y) ~ t + log(K) + log(L))       #直线化法
summary(CDlm2)
-----------------------------------------------------------------------------------
Call: lm(formula = log(Y) ~ t + log(K) + log(L), data = CDdata)

Residuals:
     Min         1Q      Median        3Q       Max
-0.01301   -0.00607   -0.00201   0.00527   0.01907

Coefficients:
              Estimate   Std. Error   t value   Pr(>|t|)
(Intercept)   -0.78722     0.35595     -2.21     0.0579 .
t              0.03274     0.00827      3.96     0.0042 **
log(K)         0.68595     0.05848     11.73    2.5e-06 ***
log(L)         0.57618     0.15360      3.75     0.0056 **
---
Signif. codes: 0 '***' 0.001 '**' 0.01 '*' 0.05 '.' 0.1 ' ' 1

Residual standard error: 0.0107 on 8 degrees of freedom
Multiple R-squared: 1,      Adjusted R-squared: 1
F-statistic: 1.61e+04 on 3 and 8 DF,   p-value: 1.87e-15
```

```
CDnls2 = nls(Y ~ A* exp(m* t)* K^a* L^b, start = list(A = 0.1, m = 0.03, a = 0.6, b = 0.5))        #非线性法
summary(CDnls2)
```

```
Formula: Y ~ A* exp( m* t) * K^a* L^b

Parameters:
   Estimate  Std. Error   t value   Pr( > |t| )
A   0.7224     0.3531      2.05      0.0750 .
m   0.0437     0.0113      3.85      0.0048 **
a   0.7133     0.0435     16.39     1.9e-07 ***
b   0.4054     0.1749      2.32      0.0491 *
---
Signif. codes: 0 '***' 0.001 '**' 0.01 '*' 0.05 '.' 0.1 ' ' 1

Residual standard error: 1.07 on 8 degrees of freedom

Number of iterations to convergence: 10
Achieved convergence tolerance: 1.44e-06
```

从模型的拟合结果看，效果很不错，各回归系数都显著（$p<0.05$），剩余标准差较小（1.06），可得到该公司的销售业务增长方式的生产函数：

$$Y = A_0 e^{mt} K^{\alpha} L^{\beta} = 0.722\,4 e^{0.043\,7t} K^{0.713\,3} L^{0.405\,4}$$

上式的数据表示：该公司销售人员数每增长 1% 时，销售额增长弹性为 0.713 3%；销售费用每增长 1% 时，销售人员增长弹性为 0.405 4%；随着时间的推移，制度创新进步使得销售额平均每季度增长弹性为 0.043 7%。

3. 模型预测

假如明年一季度销售人员增至 75 人，销售费用增加到 140 万元，则可以预测销售额即将达到 249.3 万元；如果明年一季度销售人员增至 80 人，销售费用增加到 150 万元，则可以预测销售额即将达到 268.8 万元。

```
predict(CDnls2, data.frame(t = 13, K = 140, L = 75))          #模型 CDnls2 预测
[1] 249.3
predict(CDnls2, data.frame(t = 13, K = 150, L = 80))          #模型 CDnls2 预测
[1] 268.8
```

4. 平均增长率计算

```
Library(EmRa)
GY = Growth.rate(Y);GY
GK = Growth.rate(K);GK
GL = Growth.rate(L);GL
a = coef(CDnls2)[[3]]
b = coef(CDnls2)[[4]]
GA = GY - a* GK - b* GL;GA
```

```
[1] 21.256
[1] 16.955
[1] 9.421
[1] 5.343
```

销售额的平均增长率为 19.32%；销售费用的平均增长率为 15.44%；销售人员的平均增长率为 8.603%；技术进步的平均增长率为 4.824%（这里将 A_0e^{mt} 归并到技术要素 A 中）。

5. 贡献率计算

```
PA = GA/GY* 100;PA
PK = GK/GY* 100;PK
PL = GL/GY* 100;PL
```

```
[1] 25.135
[1] 79.763
[1] 44.323
```

技术进步的贡献率为 25.135%；销售费用的贡献率为 79.763%；销售人员的贡献率为 44.323%。

练习题

一、手工解答题（纸质作业）

1. 简述相关分析与回归分析的概念、联系以及区别。

2. 一元线性回归模型的基本假设主要有哪些？违背基本假设的模型是否不可以估计？

3. 可决系数与调整可决系数有何不同？为何还要计算调整可决系数？

4. 在多元线性回归分析中，t 检验和 F 检验有何不同？在一元线性回归分析中二者是否有等价作用？

5. 回归模型中引入虚拟变量的作用是什么？有哪几种基本的引入方式？它们分别适用于什么情况？

6. 研究个人消费额与储蓄之间的关系，可以看出这两个变量存在很高的相关关系，因此，这两个变量存在着经济上的因果关系，这种说法对不对？为什么？

7. 简单相关、偏相关和复相关之间有何区别和联系？

8. 阐明样本相关系数与样本拟合优度的关系。解释为什么需要进行拟合优度检验。

二、软件计算题（电子作业）

1. 一家保险公司十分关心其总公司营业部加班的情况，决定认真调查一下现状。经过 10 周时间，收集了员工每周加班工作时间 y（小时）的数据和签发的新保单数目 x。见下表。

周	1	2	3	4	5	6	7	8	9	10
x	825	215	1 070	550	480	920	1 350	325	670	1 215
y	3.5	1	4	2	1	3	4.5	1.5	3	5

（1）绘制散点图，并以此判断 x 与 y 之间是否大致呈线性关系；

（2）计算 x 与 y 的相关系数；

（3）用最小二乘估计法求出回归方程；

（4）求出随机误差 ε 的方差 σ^2 的估计值；

（5）计算 x 与 y 的决定系数；

（6）对回归方程作方差分析；

（7）对回归方程作残差图并作一些分析；

（8）计算 $x_0=1\ 000$（张）需要的加班时间是多少？

2. 研究货运总量 y（万吨）与工业总产值 x_1（亿元）、农业总产值 x_2（亿元）、居民非商品支出 x_3（亿元）的关系。有关数据见下表。

编号	y	x_1	x_2	x_3
1	160	70	35	1
2	260	75	40	2.4
3	210	65	40	2
4	265	74	42	3
5	240	72	38	1.2
6	220	68	45	1.5
7	275	78	42	4
8	160	66	36	2
9	275	70	44	3.2
10	250	65	42	3

（1）计算出 y，x_1，x_2，x_3 的相关系数矩阵和偏相关系数矩阵；

（2）求 y 关于 x_1，x_2，x_3 的多元线性回归方程；

（3）对所求得的方程做拟合优度检验；

（4）对回归方程做显著性检验，对每一个回归系数做显著性检验；

（5）如果有的回归系数没通过显著性检验，则将其剔除，重新建立回归方程，而后再做回归方程的显著性检验和回归系数的显著性检验；

（6）使用变量选择方法获得一个最优回归模型。

3. 下表给出的是1960—1982年间7个OECD国家的能源需求指数（Y）、实际国内生产总值指数（X_1）、能源价格指数（X_2）的数据，所有指数均以 1970 年为基准（1970 = 100）。

年份	Y	X_1	X_2	年份	Y	X_1	X_2
1960	54. 1	54. 1	111. 9	1972	97. 2	94. 3	98. 6
1961	55. 4	56. 4	112. 4	1973	100. 0	100. 0	100. 0
1962	58. 5	59. 4	111. 1	1974	97. 3	101. 4	120. 1
1963	61. 7	62. 1	110. 2	1975	93. 5	100. 5	131. 0
1964	63. 6	65. 9	109. 0	1976	99. 1	105. 3	129. 6
1965	66. 8	69. 5	108. 3	1977	100. 9	109. 9	137. 7
1966	70. 3	73. 2	105. 3	1978	103. 9	114. 4	133. 7
1967	73. 5	75. 7	105. 4	1979	106. 9	118. 3	144. 5
1968	78. 3	79. 9	104. 3	1980	101. 2	119. 6	179. 0
1969	83. 3	83. 8	101. 7	1981	98. 1	121. 1	189. 4
1970	88. 9	86. 2	97. 7	1982	95. 6	120. 6	190. 9
1971	91. 8	89. 8	100. 3				

（1）建立能源需求与收入和价格之间的对数需求函数模型：

$$\ln Y = \beta_0 + \beta_1 \ln X_1 + \beta_2 \ln X_2 + u$$

解释各回归系数的意义，用 p 值检验所估计的回归系数是否显著。

（2）再建立能源需求与收入和价格之间的线性回归模型：

$$Y = \beta_0 + \beta_1 X_1 + \beta_2 X_2 + u$$

解释各回归系数的意义，用 p 值检验所估计的回归系数是否显著。

（3）比较所建立的两个模型，如果两个模型结论不同，你将选择哪个模型，为什么？

4. 下表中给出 1965—1970 年美国制造业利润和销售额的季度数据。假设利润不仅与销售额有关，而且和季度因素有关。要求：

（1）如果认为季度影响使利润平均值发生变异，应当如何引入虚拟变量？

（2）如果认为季度影响使利润对销售额的变化率发生变异，应当如何引入虚拟变量？

（3）如果认为上述两种情况都存在，又应当如何引入虚拟变量？

（4）对上述三种情况分别估计利润模型，进行对比分析。

年份季度	利润（Y）	销售额（X）	年份季度	利润（Y）	销售额（X）
1965 年 1 季度	10 503	114 862	1968 年 1 季度	12 539	148 862
1965 年 2 季度	12 092	123 968	1968 年 2 季度	14 849	153 913
1965 年 3 季度	10 834	123 545	1968 年 3 季度	13 203	155 727
1965 年 4 季度	12 201	131 917	1968 年 4 季度	14 947	168 409

（续上表）

年份季度	利润（Y）	销售额（X）	年份季度	利润（Y）	销售额（X）
1966 年 1 季度	12 245	129 911	1969 年 1 季度	14 151	162 781
1966 年 2 季度	14 001	140 976	1969 年 2 季度	15 949	176 057
1966 年 3 季度	12 213	137 828	1969 年 3 季度	14 024	172 419
1966 年 4 季度	12 820	145 465	1969 年 4 季度	14 315	183 327
1967 年 1 季度	11 349	136 989	1970 年 1 季度	12 381	170 415
1967 年 2 季度	12 615	145 126	1970 年 2 季度	13 991	181 313
1967 年 3 季度	11 014	141 536	1970 年 3 季度	12 174	176 712
1967 年 4 季度	12 730	151 776	1970 年 4 季度	10 985	180 370

5. 某制造厂表面处理车间试验将铬后污水同电解污泥混合，使之生成无毒溶液，效果很好。但实际排出污水的浓度不完全相同，而且一定浓度的定量铬后污水只有同定量的电解污泥混合后，才能反应完全。现通过试验，找出铬后污水用量与电解污泥用量之比同铬后污水浓度之间的关系。试验数据如下表，其中 x 为铬后污水浓度（g/l），y 为铬后污水用量（ml）/电解污泥用量（ml）。

x	3	5	10	30	40	50	60	80	100	120	160
y	310	200	100	49	40	32	28	23	16	14	10

（1）准备一散点图并插入一适当的趋势线；

（2）试用书中介绍的几种曲线模型分别拟合回归方程，并比较曲线模型的优劣。

6. 下表列出了中国某年按行业划分的全部制造业国有企业及规模以上的制造业非国有企业的工业总产值（Y，亿元）、资产合计（K，亿元）及职工人数（L，万人）。

i	Y	K	L	i	Y	K	L
1	3 722. 70	3 078. 22	113	17	812. 70	1 118. 81	43
2	1 442. 52	1 684. 43	67	18	1 899. 70	2 052. 16	61
3	1 752. 37	2 742. 77	84	19	3 692. 85	6 113. 11	240
4	1 451. 29	1 973. 82	27	20	4 732. 90	9 228. 25	222
5	5 149. 30	5 917. 01	327	21	2 180. 23	2 866. 65	80
6	2 291. 16	1 758. 77	120	22	2 539. 76	2 545. 63	96
7	1 345. 17	939. 10	58	23	3 046. 95	4 787. 90	222
8	656. 77	694. 94	31	24	2 192. 63	3 255. 29	163
9	370. 18	363. 48	16	25	5 364. 83	8 129. 68	244

（续上表）

i	Y	K	L	i	Y	K	L
10	1 590.36	2 511.99	66	26	4 834.68	5 260.20	145
11	616.71	973.73	58	27	7 549.58	7 518.79	138
12	617.94	516.01	28	28	867.91	984.52	46
13	4 429.19	3 785.91	61	29	4 611.39	18 626.94	218
14	5 749.02	8 688.03	254	30	170.30	610.91	19
15	1 781.37	2 798.90	83	31	325.53	1 523.19	45
16	1 243.07	1 808.44	33				

试建立一般生产的函数模型和改进的生产函数模型，并分别进行弹性分析，计算高技术效率。

3　非典型回归分析模型

3.1　回归分析模型的诊断

3.1.1　回归诊断的概念

经典的线性回归模型是基于五个基本假定建立的，包括随机误差项零均值、同方差、无自相关、服从正态分布假定，以及随机误差项与解释变量不相关，建模的重点在于运用经济理论分析所研究的经济现象。

在线性回归中，满足经典假设条件十分重要，随机误差项必须是独立、零均值、方差一致，并满足正态分布的。要想知道模型是否违背了经典假设，就需对回归模型进行诊断，对回归模型的诊断主要是基于误差的残差来进行的。诊断的主要方面是：

（1）误差的正态性检验；

（2）误差的等方差性检验；

（3）误差序列的自相关性检验；

（4）异常值的产生原因、检测及处理；

（5）多重共线性的检测及处理。

回归诊断的内容主要有：

（1）误差项是否满足：①独立性；②等方差性；③正态性。

（2）选择线性模型是否合适？

（3）是否存在异常样本？

（4）回归分析的结果是否对某些样本的依赖过重，也就是说回归模型是否具有稳定性？

（5）自变量之间是否存在高度相关？下面的例子充分说明了回归诊断的重要性。

【例 3－1】模拟数据。

表 3－1 是 Anscomber 给出的六组人工模拟数据，常被用来进行单变量回归模型的诊断，每组数据由 11 对点（x_i，y_i）组成，拟合于简单线性模型：

$$y_i = \beta_0 + \beta_1 x_i + \varepsilon_i$$

试分析四组数据是否可通过回归方程的检验，并用图形分析每组数据的基本情况。

表 3－1　Anscomber 数据

i	x_1	y_1	y_2	y_3	x_2	y_4
1	10	8.04	9.14	7.46	8	6.58
2	8	6.95	8.14	6.77	8	5.76
3	13	7.58	8.74	12.74	8	7.71

（续上表）

i	x_1	y_1	y_2	y_3	x_2	y_4
4	9	8.81	8.77	7.11	8	8.84
5	11	8.33	9.26	7.81	8	8.47
6	14	9.96	8.10	8.84	8	7.04
7	6	7.24	6.13	6.08	8	5.25
8	4	4.26	3.10	5.39	19	12.50
9	12	10.84	9.13	8.15	8	5.56
10	7	4.82	7.26	6.44	8	7.91
11	5	5.68	4.74	5.73	8	6.89

（1）建立数据向量。

```
x1 = c(10, 8, 13, 9, 11, 14, 6, 4, 12, 7, 5)
y1 = c(8.04, 6.95, 7.58, 8.81, 8.33, 9.96, 7.24, 4.26, 10.84, 4.82, 5.68)
y2 = c(9.14, 8.14, 8.74, 8.77, 9.26, 8.1, 6.13, 3.1, 9.13, 7.26, 4.74)
y3 = c(7.46, 6.77, 12.74, 7.11, 7.81, 8.84, 6.08, 5.39, 8.15, 6.44, 5.73)
x2 = c(8, 8, 8, 8, 8, 8, 8, 19, 8, 8, 8)
y4 = c(6.58, 5.76, 7.71, 8.84, 8.47, 7.04, 5.25, 12.5, 5.56, 7.91, 6.89)
```

（2）建立回归模型。

```
M1 = lm(y1 ~ x1)
summary(M1) $ coef
```

```
             Estimate   Std. Error   t value   Pr(>|t|)
(Intercept)   3.0001     1.1247       2.667     0.02573
x1            0.5001     0.1179       4.241     0.00217
```

```
M2 = lm(y2 ~ x1)
summary(M2) $ coef
```

```
             Estimate   Std. Error   t value   Pr(>|t|)
(Intercept)   3.001      1.125        2.667     0.025759
x1            0.500      0.118        4.239     0.002179
```

```
M3 = lm(y3 ~ x1)
summary(M3) $ coef
```

```
             Estimate   Std. Error   t value   Pr(>|t|)
(Intercept)   3.0075     1.1244       2.675     0.025418
x1            0.4994     0.1179       4.237     0.002185
```

```
M4 = lm(y4 ~ x2);
summary(M4) $ coef
```

```
             Estimate   Std. Error   t value   Pr(>|t|)
(Intercept)   3.0017     1.1239       2.671     0.025590
x2            0.4999     0.1178       4.243     0.002165
```

从拟合结果来看，四种数据所得模型的结果是基本一致的，模型的截距都近似为3，回归系数都近似为0.5。但从下面的散点图和回归线可以看出，结果有很大问题。

（3）散点图及回归线。

```
plot(y1 ~ x1);abline(M1)
plot(y2 ~ x1);abline(M2)
plot(y3 ~ x1);abline(M3)
plot(y4 ~ x2);abline(M4)
```

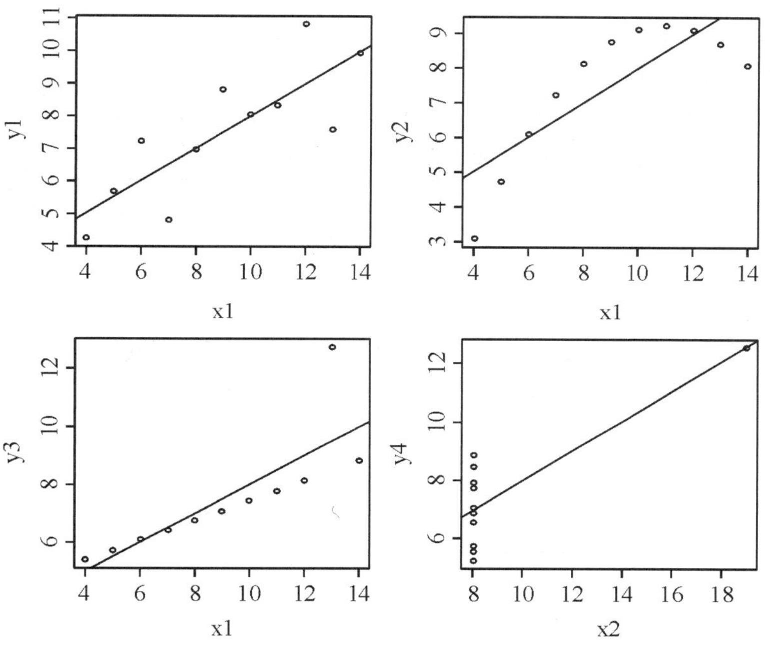

单从图形上分析，我们可以看到模型 M1 基本上符合线性回归模型的要求，而模型 M2 本身就是一个非线性模型，模型 M3 主要受第 3 点的影响，而模型 M4 完全就是一个错误的模型，主要受第 8 点的影响。

3.1.2 残差的正态性检验

一个简单的直方图就可以进行正态性的检验。如果残差图是一个钟形，那么我们可以简单地认为残差满足正态性。但这种方法比较粗糙，更好的图示法是画出残差的 QQ 图。如果残差满足正态性，那么残差的 QQ 图应该是一条直线，但这种方法也要求数据不能太少。下面是对例 3 - 1 用 R 语言软件计算的残差估计值和残差的正态性检验。

（1）计算各模型的残差。

```
e1 = resid(M1);e2 = resid(M2);e3 = resid(M3);e4 = resid(M4)
cbind(e1, e2, e3, e4)
```

	e1	e2	e3	e4
1	0.0390	1.1391	-0.5412	-0.421
2	-0.0508	1.1391	-0.2325	-1.241

3	-1.9213	-0.7609	3.2407	0.709
4	1.3091	1.2691	-0.3918	1.839
5	-0.1711	0.7591	-0.6905	1.469
6	-0.0414	-1.9009	-1.1586	0.039
7	1.2394	0.1291	0.0763	-1.751
8	-0.7405	-1.9009	0.3850	0.000
9	1.8388	0.1291	-0.8499	-1.441
10	-1.6807	0.7591	-0.0631	0.909
11	0.1795	-0.7609	0.2256	-0.111

（2）做各模型残差的正态性检验。

但由于数据较少，可应用 shapiro 的正态性检验 W 方法对残差进行正态性检验。下面我们使用 R 语言软件的正态性检验函数 shapiro. test 来检验这些残差的正态性。

```
shapiro.test(e1)
```

```
Shapiro-Wilk normality test
data:e1
W = 0.9421,p-value = 0.5456
```

```
shapiro.test(e2)
```

```
Shapiro-Wilk normality test
data:e2
W = 0.8762,p-value = 0.09295
```

```
shapiro.test(e3)
```

```
Shapiro-Wilk normality test
data:e3
W = 0.7406,p-value = 0.00157
```

```
shapiro.test(e4)
```

```
Shapiro-Wilk normality test
data:e4
W =0.9607,p-value =0.78
```

从检验结果看，在 0.1 显著性水平上，可接受 e_1、e_4 是正态性的，而 e_2、e_3 不是正态性的。即模型 M1、M4 的残差近似服从正态分布，模型 M2、M3 的残差跟正态分布有一定差距。但 M4 中存在明显的异常值。

3.1.3 模型的影响分析

在回归分析中，有时获取的样本数据会有一些样本的值与其他样本相距甚远。在大样本和多元的时候，这种情况会经常发生。这些样本中有些对模型的拟合造成很大的影响，有些对模型的拟合没有影响，这需要我们对这些观测点进行影响分析。特别是在多维数据的情况下，散点图不能很好地描述数据关系时，要用其他办法来检验。

一、异常值产生的原因

单变量回归情形下，用散点图或残差图可方便地识别出异常值。而在多元情形下，则相对困难。下面给出异常值的产生原因及相应的处理方法一览表。

表 3－2　异常值的产生原因及消除方法表

异常值的产生原因	异常值的消除方法
数据登记错误，抄写或录入错误	重新核实数据
数据测量误差	重新测量数据
数据随机误差	删除或重新观测异常值数据
缺少重要自变量	增加必要的自变量
缺少观测数据	增加观测数据，适当扩大自变量取值范围
存在异方差	采用加权线性回归
模型设定错误	改用非线性回归模型

回归分析中，数据经常包含着一些异常、极端的观测值，这些观测值与其他数据远远分开，可能引起较大的残差，极大地影响了回归拟合的效果，这就是异常值。而异常值产生的原因很多，其中大多数都是由于人为的错误而造成的。比如数据登记错误、数据测量误差等，也有可能是现实中确实存在这样的数据，但是该数据对整个回归模型来讲只是特殊情况，把这个特殊情况剔除之后，模型更能反映一般性的规律。通常异常值都是一些数值比其他数据要大很多或者小很多的样本，这些样本对整个模型拟合的影响十分大。所以，对这些异常值进行检测确实是必不可少的。

二、异常值检测的方法

对于单变量线性回归，异常值的检测很简单，只需在直角坐标上作出散点图就能很直观地识别出哪些是异常值。在多元线性回归中，特别是样本容量较大时，检测的方法就复杂很多。一般来说，作出矩阵散点图对发现异常值有一定的帮助，但是散点图只能反映变量两两之间的关系，所以，并不是一个很好的办法。常用的办法是通过检测各类残差来发现异常值。

1. 原始残差（Residual）检测方法

在线性回归中，假设样本是一个 $n \times p$ 的矩阵。我们把线性模型估计出来后，计算拟合后的被解释变量的值 $\hat{y}$。然后计算残差 $e = y - \hat{y}$，并作出散点图。当某个残差值很大的时候，我们就会对该样本进行进一步的研究，分析其异常情况。但是该方法对于本身数值很大，对模型影响严重的样本数据来说，并不十分恰当。如例 3－1 模型 M4 的第 8 点，其残差很小，但对模型的影响却很大，它实际上就是横轴方向上的残差，即下面所说的高杠杆点。

因为当样本数据本身对模型影响足够大时，会使模型尽可能地向自己身边靠拢，所以尽管该样本的残差并不会很大，但是模型的拟合程度已经减低。因此，除了原始残差方法外，还需要其他方法来辅助。

```
plot(e1, type = 'h', lty = 3);points(e1);abline(h = 0)
plot(e2, type = 'h', lty = 3);points(e2);abline(h = 0)
plot(e3, type = 'h', lty = 3);points(e3);abline(h = 0)
plot(e4, type = 'h', lty = 3);points(e4);abline(h = 0)
```

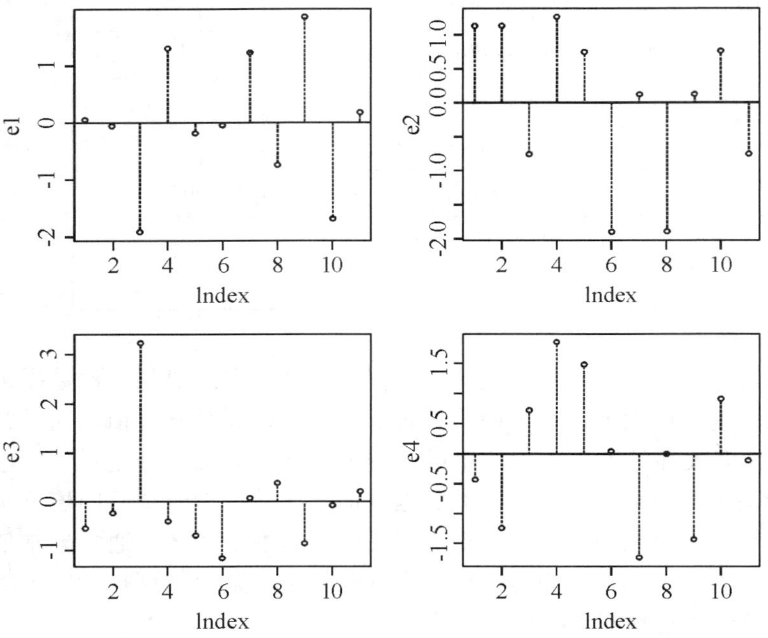

从中可以看出，残差散布基本上是随机的，在 0 的上下波动，方差基本一致。

2. 杠杆值（Leverage）检测方法

在最小二乘估计的多元线性回归下，

$$\hat{\beta} = (X'X)^{-1}X'y, \tag{3.1}$$

$\hat{y} = X(X'X)^{-1}X'y = Hy$，$H$ 是一个幂等矩阵，

$$H = X(X'X)^{-1}X' \tag{3.2}$$

所以残差 $e = y - \hat{y} = (I-H)y = (I-H)X\beta + (I-H)\varepsilon = (I-H)\varepsilon$，假定模型满足经典假设的条件，则 $\mathrm{var}(e) = (I-H)\mathrm{var}(\varepsilon) = (I-H)\sigma^2$，即：

$$\mathrm{var}(e_i) = (1-h_i)\sigma^2 \tag{3.3}$$

而 $\mathrm{var}(\hat{y}) = \mathrm{var}(X\hat{\beta}) = \mathrm{var}(X(X'X)^{-1}X'y) = \mathrm{var}(Hy) = H\sigma^2$，$\mathrm{var}(\hat{y}_i) = h_i\sigma^2$，

$$h_i = \mathrm{diag}(H) \tag{3.4}$$

即 h_i 是投影在 H 矩阵主对角线上的元素，一般地 $0 \leqslant h_i \leqslant 1$。

可以看出，假定的随机误差项是同方差的，但是残差的方差却不是相等的。它与 H 矩阵主对角线上的值密切相关。当 h_i 的值很大时（如接近于 1），残差的方差会很小。反映在图形上，显示为该样本把回归直线向自己的身边拉近，从而对整个模型的拟合性造成很大的影响，所以对于 h_i 值特别大的样本，一般判定界限为 $2p/n$（注意：这里的 p 需包含常数项）。当 h_i 大于 $2p/n$ 时我们就要特别留意了。大于 $2p/n$ 的点我们通常称为高杠杆点。实际上，杠杆值也可以看作横轴上的残差大小。

```
h1 = leverage(M1);h2 = leverage(M2);
h3 = leverage(M3);h4 = leverage(M4)
cbind(h1, h2, h3, h4)
```

```
        h1         h2         h3        h4
1    0.10000    0.10000    0.10000    0.1
2    0.10000    0.10000    0.10000    0.1
3    0.23636    0.23636    0.23636    0.1
4    0.09091    0.09091    0.09091    0.1
5    0.12727    0.12727    0.12727    0.1
6    0.31818    0.31818    0.31818    0.1
7    0.17273    0.17273    0.17273    0.1
8    0.31818    0.31818    0.31818    1.0   *
9    0.17273    0.17273    0.17273    0.1
10   0.12727    0.12727    0.12727    0.1
11   0.23636    0.23636    0.23636    0.1
```

可以看出，只有模型 M4 的第 8 点是一个高杠杆点。

3. 学生化残差（Studentized Residuals）检测方法

残差的重要应用之一是根据它的绝对值大小判定异常值。但普通残差有 $\mathrm{var}(e_i) = (1-h_i)\sigma^2$，这个方差与因变量 y 的度量单位及 h_i 有关。因此在判定异常点的情形时，直接比较一般残差是不合适的，需将其标准化，得到学生化残差 r_i：

$$r_i = \frac{e_i}{\hat{\sigma}\sqrt{(1-h_i)}} \tag{3.5}$$

可以证明 $\mathrm{cov}(r_i, r_j)$一般很小，所以应用上常常近似地认为 r_i，r_j 不相关，并进一步用正态分布作为 r_i 的近似分布，即 r_i 近似服从 N(0, 1)分布且相互独立。学生化残差图可用来进行模型合理性诊断。当 $|r_i| > 3$ 时，可认为第 i 个点为一异常点。

下面计算学生化残差：

```
r1 = rstudent(M1);r2 = rstudent(M2);
r3 = rstudent(M3);r4 = rstudent(M4)   #学生化残差
cbind(r1, r2, r3, r4)
```

```
          r1         r2           r3          r4
1     0.03134     0.9670     -0.44031    -0.34104
2    -0.04084     0.9670     -0.18729    -1.06669
3    -2.08110    -0.6826    616.13358 *   0.58217
4     1.12680     1.0866     -0.31536     1.73515
5    -0.13980     0.6346     -0.57530     1.30031
6    -0.03820    -2.2365     -1.15612     0.03137
7     1.11696     0.1082      0.06397    -1.62382
8    -0.70458    -2.2365      0.35845         NaN
9     1.83833     0.1082     -0.73643    -1.27047
10   -1.56846     0.6346     -0.05152     0.75678
11    0.15681    -0.6826      0.19741    -0.08932
```

除了模型 M3 外，原始残差和学生化残差的区别并不大，而模型 M3 的第 3 点是一个异常值。

杠杆值能够表示出数值异常的样本，引起我们注意并促使我们进行进一步分析。学生化残差在经典假设条件下能够消除残差的异方差性，但是对于杠杆值不大的样本效果不明显，对于异常值我们应该给予高度重视，并采用多种办法来检测，以确保回归模型的优良性。

3.1.4 变量的共线性诊断

多元线性回归模型的一个基本假设，就是要求自变量矩阵 X 的列满秩，即秩 rank $(X)=p$（要求 X 中的列向量之间与线性无关）。如果 X 的列不满秩，则 $(X'X)^{-1}$ 将不存在，于是基于最小二乘的回归系数估计，$b=(X'X)^{-1}X'y$ 将不存在，所以很难得出稳定的结果。

如果存在不全为 0 的 $p+1$ 个数 c_0，c_1，c_2，…，c_p，使得：

$$c_0+c_1x_{i1}+c_2x_{i2}+\cdots+c_px_{ip}=0,\qquad i=1,2,\cdots,n \tag{3.6}$$

则自变量 x_1，x_2，…，x_p 之间存在完全多重共线性。实际问题中，当存在不全为 0 的 $p+1$ 个数 c_0，c_1，c_2，…，c_p，使得：

$$c_0+c_1x_{i1}+c_2x_{i2}+\cdots+c_px_{ip}=0,\qquad i=1,2,\cdots,n \tag{3.7}$$

则称自变量 x_1，x_2，…，x_p 间存在着多重共线性，也称为复共线性。

一、多重共线性的诊断

考虑线性回归模型：

$$Y=\beta_0+X\beta+\varepsilon,\ \mathrm{E}(\varepsilon)=0,\ \mathrm{cov}(\varepsilon)=\sigma^2 I \tag{3.8}$$

这里假定 X 已中心标准化，且 $r(X)=p$，这时 $X'X$ 即为相关阵 R。下面给出几个常用的复共线性诊断方法及其一般标准。

1. 特征根分析法

$X'X$ 的 p 个次序特征根为：

$$\lambda_{(1)}>\lambda_{(2)}>\cdots>\lambda_{(p)} \tag{3.9}$$

一般标准：①当 $\lambda_{(p)}>0.1$ 时，可认为不存在复共线性；②当 $0.05<\lambda_{(p)}\leqslant 0.1$ 时，有弱的复共线性；③当 $0.01<\lambda_{(p)}\leqslant 0.05$ 时，有中等或较强的复共线性；④当 $\lambda_{(p)}\leqslant 0.01$ 时，有严重的复共线性。

2. 条件数法

方阵 $X'X$ 的条件数（CN）定义为：$CN=\lambda_{(1)}/\lambda_{(p)}$ (3.10)

一般标准：①当 $0<CN\leqslant 30$ 时，没有复共线性；②当 $30<CN\leqslant 100$ 时，有较弱的复共线性；③当 $100<CN\leqslant 1\,000$ 时，有中等或较强的复共线性；④当 $CN>1\,000$ 时，有严重的复共线性。

3. 方差扩大因子法

方差扩大因子（VIF）定义为：

$$VIF_j=(1-R_j^2)^{-1},\qquad j=1,2,\cdots,p \tag{3.11}$$

其中 R_j^2 为 X_j 对其余 $p-1$ 个自变量的复相关系数的平方，$VIF=\max(VIF_j)$。可以看出，当 $R^2\to 1$ 时 $VIF\to\infty$。

一般标准：①当 $0<VIF\leqslant 5$ 时，没有复共线性；②当 $5<VIF\leqslant 10$ 时，有较弱的复共线性；③当 $10<VIF\leqslant 100$ 时，有中等或较强的复共线性；④当 $VIF>100$ 时，有严重的

复共线性。由于 $VIF = 1/TOL$（TOL 称为容忍值），所以也可以用 TOL 来诊断复共线性。在此仅讨论 VIF，有的统计软件给出的是容忍值。

4. 直观判定法

当增加或剔除一个自变量，或者改变一个观测值时，回归系数的估计值会发生较大变化，我们就认为回归方程存在严重的多重共线性。

从定性分析的角度来看，若一些重要的自变量在回归方程中没有通过显著性检验，可初步判断它们存在着严重的多重共线性。若自变量的回归系数所带正负号与定性分析结果违背，我们就认为它们存在着多重共线性问题；自变量的相关矩阵中，自变量间的相关系数较大时，可能会出现多重共线性；一些重要的自变量的回归系数的标准误差较大时，可能存在多重共线性。

【例 3－2】宏观经济数据的共线性分析。

首先建立回归模型。我们建立部分变量组成的回归子集模型。

注意：如果数据框没有解析，请在模型中增加数据集，如下面的模型（1）应写为 summary(lm(*TAX* ~ *GDP*, data = MEdata)) 或 summary(lm(*TAX* ~ *GDP*, MEdata))。

```
summary(lm(TAX ~ GDP))                                    # 模型(1)
-----------------------------------------------------------------------
Call:lm(formula = TAX ~ GDP)

Residuals:
    Min      1Q   Median     3Q    Max
 -42.46  -29.56     7.86  24.98  43.49

Coefficients:
              Estimate  Std. Error  t value   Pr(>|t|)
(Intercept)  -28.00730     6.27425    -4.46    8.4e-05 ***
GDP            0.18713     0.00307    61.01    < 2e-16 ***
---
Signif. codes: 0 '***' 0.001 '**' 0.01 '*' 0.05 '.' 0.1 ' ' 1

Residual standard error: 29.3 on 34 degrees of freedom
Multiple R-squared:0.991,     Adjusted R-squared:0.991
F-statistic: 3.72e+03 on 1 and 34 DF,   p-value: <2e-16
```

```
summary(lm(TAX ~ GDP + EXP))                              # 模型(2)
-----------------------------------------------------------------------
Call:lm(formula = TAX ~ GDP + EXP)

Residuals:
    Min     1Q  Median    3Q    Max
 -26.07  -7.48    0.49  3.77  34.36

Coefficients:
              Estimate  Std. Error  t value  Pr(>|t|)
(Intercept)   -4.27584     2.81882    -1.52   0.14
GDP            0.04608     0.00964     4.78   3.5e-05 ***
EXP            0.60924     0.04135    14.73   4.5e-16 ***
```

```
---
Signif. codes: 0 '***' 0.001 '**' 0.01 '*' 0.05 '.' 0.1 ' ' 1

Residual standard error: 10.8 on 33 degrees of freedom
Multiple R-squared:0.999,	Adjusted R-squared:0.999
F-statistic: 1.38e+04 on 2 and 33 DF,  p-value: <2e-16
```

```
summary(lm(TAX ~ GDP + EXP + IE))                          # 模型(3)
```

```
Call:lm(formula = TAX ~ GDP + EXP + IE)

Residuals:
    Min      1Q  Median     3Q    Max
 -13.60   -3.50    1.04   3.89  16.80

Coefficients:
             Estimate  Std. Error  t value  Pr(>|t|)
(Intercept)   0.87388     1.91638     0.46   0.65
GDP          -0.00956     0.00987    -0.97   0.34
EXP           0.70566     0.02933    24.06   < 2e-16 ***
IE            0.06757     0.00945     7.15   4.1e-08 ***
---
Signif. codes: 0 '***' 0.001 '**' 0.01 '*' 0.05 '.' 0.1 ' ' 1

Residual standard error: 6.82 on 32 degrees of freedom
Multiple R-squared: 1,	Adjusted R-squared:0.999
F-statistic: 2.32e+04 on 3 and 32 DF,  p-value: <2e-16
```

```
summary(lm(TAX ~ GDP + EXP + IE + RS))                     # 模型(4)
```

```
Call:lm(formula = TAX ~ GDP + EXP + IE + RS)

Residuals:
    Min      1Q  Median     3Q    Max
 -13.87   -3.63    1.10   3.92  16.48

Coefficients:
              Estimate   Std. Error  t value  Pr(>|t|)
(Intercept)   1.013169    2.016420     0.50   0.61890
GDP          -0.000121    0.037431     0.00   0.99743
EXP           0.714292    0.044436    16.07   < 2e-16 ***
IE            0.063828    0.017205     3.71   0.00081 ***
RS           -0.024622    0.094093    -0.26   0.79530
---
Signif. codes: 0 '***' 0.001 '**' 0.01 '*' 0.05 '.' 0.1 ' ' 1

Residual standard error: 6.92 on 31 degrees of freedom
Multiple R-squared: 1,	Adjusted R-squared:0.999
F-statistic: 1.69e+04 on 4 and 31 DF,  p-value: <2e-16
```

```
summary(lm(TAX ~ GDP + EXP + IE + RS + COM))                    # 模型 (5)
Call: lm(formula = TAX ~ GDP + EXP + IE + RS + COM)

Residuals:
    Min       1Q   Median      3Q     Max
-13.028   -3.574    0.714   3.874  16.962

Coefficients:
             Estimate  Std. Error  t value  Pr(>|t|)
(Intercept)   1.49066     1.99800     0.75   0.46143
GDP           0.00442     0.03676     0.12   0.90515
EXP           0.59542     0.08880     6.71     2e-07 ***
IE            0.07019     0.01734     4.05   0.00034 ***
RS            0.12124     0.13231     0.92   0.36680
COM          -0.10483     0.06827    -1.54   0.13513
---
Signif. codes: 0 '***' 0.001 '**' 0.01 '*' 0.05 '.' 0.1 ' ' 1

Residual standard error: 6.77 on 30 degrees of freedom
Multiple R-squared: 1,      Adjusted R-squared: 1
F-statistic: 1.41e+04 on 5 and 30 DF,   p-value: <2e-16
```

```
summary(lm(TAX ~ GDP + EXP + IE + RS + COM + INV))              # 模型(6)
Call: lm(formula = TAX ~ GDP + EXP + IE + RS + COM + INV)

Residuals:
    Min       1Q   Median      3Q     Max
-13.112   -3.405    0.922   3.829  17.323

Coefficients:
             Estimate  Std. Error  t value  Pr(>|t|)
(Intercept)   1.35148     2.10859     0.64   0.52659
GDP           0.00495     0.03741     0.13   0.89565
EXP           0.60413     0.09703     6.23   8.6e-07 ***
IE            0.06951     0.01784     3.90   0.00053 ***
RS            0.13026     0.13941     0.93   0.35786
COM          -0.11218     0.07562    -1.48   0.14873
INV          -0.00451     0.01849    -0.24   0.80883
---
Signif. codes: 0 '***' 0.001 '**' 0.01 '*' 0.05 '.' 0.1 ' ' 1

Residual standard error: 6.88 on 29 degrees of freedom
Multiple R-squared: 1,      Adjusted R-squared:0.999
F-statistic: 1.14e+04 on 6 and 29 DF,   p-value: <2e-16
```

```
summary(lm(TAX ~ GDP + EXP + IE + RS + COM + INV + DEP))            # 模型(7)
-------------------------------------------------------------------------------
Call:lm(formula = TAX ~ GDP + EXP + IE + RS + COM + INV + DEP)

Residuals:
    Min       1Q    Median      3Q     Max
 -6.677   -1.298   -0.072   2.066   5.799

Coefficients:
              Estimate  Std. Error  t value  Pr(>|t|)
(Intercept)   -4.96528    1.16070    -4.28   0.0002    ***
GDP           -0.01440    0.01756    -0.82   0.4189
EXP            0.70284    0.04628    15.19   4.8e-15 ***
IE             0.09040    0.00857    10.55   2.9e-11 ***
RS             0.21189    0.06553     3.23   0.0031    **
COM           -0.02980    0.03619    -0.82   0.4172
INV            0.00344    0.00866     0.40   0.6944
DEP           -0.10470    0.01021   -10.26   5.5e-11  ***
---
Signif. codes: 0 '***' 0.001 '**' 0.01 '*' 0.05 '.' 0.1 ' ' 1

Residual standard error: 3.21 on 28 degrees of freedom
Multiple R-squared: 1,      Adjusted R-squared: 1
F-statistic: 4.48e+04 on 7 and 28 DF,  p-value: <2e-16
```

从上面的结果可以看出，在模型（3）中，当自变量 *IE* 进入回归模型后，对 *GDP* 的回归系数影响很大（系数为负，且检验不显著）。在模型（4）中，当自变量 *RS* 进入回归模型后，对 *GDP* 的回归系数影响也很大（系数为正，且检验不显著）。在模型（5）中，当自变量 *COM* 进入回归模型后，对 *GDP* 的回归系数影响很大（系数变为正值），依次类推。这表明 *GDP* 与这些变量之间存在复共线性。

下面采用上面给出的四种复共线性诊断方法诊断之。

```
X = MEdata[,2:8]      # 从 MEdata 中提取自变量矩阵 X
R = cor(X);R          # 自变量的相关系数矩阵
-------------------------------------------------------------------------------
        GDP     EXP     IE      RS      COM     INV     DEP
GDP   1.0000  0.9931  0.9855  0.9986  0.9980  0.9859  0.9981
EXP   0.9931  1.0000  0.9695  0.9964  0.9872  0.9972  0.9957
IE    0.9855  0.9695  1.0000  0.9766  0.9813  0.9561  0.9799
RS    0.9986  0.9964  0.9766  1.0000  0.9968  0.9912  0.9987
COM   0.9980  0.9872  0.9813  0.9968  1.0000  0.9787  0.9959
INV   0.9859  0.9972  0.9561  0.9912  0.9787  1.0000  0.9900
DEP   0.9981  0.9957  0.9799  0.9987  0.9959  0.9900  1.0000
```

从相关矩阵中可以看到，许多变量间存在着非常高的相关性（$r > 0.95$），这说明变量间存在共线性，下面通过编程计算来诊断变量间的多重共线性。

（1）特征分析法。

```
lamda = eigen(R) $ value;lamda
-----------------------------------------------------------------------------------
[1] 6.9289427  0.0525062  0.0150176  0.0017613  0.0012620  0.0003859  0.0001244
```

R 的最小特征根分别为：$\lambda_{(7)}$ = 0.000 124 4 <0.01，可认为 *X* 存在严重的复共线性。

（2）条件数法。

```
CN = max(lamda)/min(lamda);CN
-----------------------------------------------------------------------------------
[1] 55683
```

$CN = \lambda_{(1)}/\lambda_{(7)}$ =55 683 >1 000，可认为 *X* 存在严重的复共线性。

（3）方差扩大因子法。

```
R2 = summary(lm(GDP ~ EXP + IE + RS + COM + INV + DEP)) $ r.sq   # 决定系数
R = sqrt(R2);R                                                   # 复相关系数
VIF1 = 1/(1 - R2);VIF1                                           # 方差扩大因子
-----------------------------------------------------------------------------------
[1] 0.9998
[1] 2738.3
```

变量 *GDP* 针对其他变量的线性回归模型的复相关系数为 0.9998，接近于 1，说明这些变量间有很强的线性关系。相应的方差扩大因子为 2 738，远大于 100，故 *GDP* 与其他变量间有严重的复共线性。依此类推，我们可以获得其他方差扩大因子，都远大于 100，皆说明变量间有复共线性。

从上面的分析可以看出，几种方法皆可诊断该模型有多重共线性。

二、多重共线性的处理

（1）剔除一些不重要的解释变量；

（2）增大样本容量；

（3）采用岭回归法、主成分法、偏最小二乘法对回归系数进行有偏估计；

（4）多重共线性关系的存在是难以避免的，如何发现多重共线性关系以及多重共线性严重到什么程度才会对最小二乘回归有较大的影响，一直是难以解答的问题。本节给出的几种多重共线性诊断方法和标准对解决这些问题有一定的帮助。

关于岭回归法、主成分法、偏最小二乘法的介绍，限于篇幅，在此省略，可参考相关文献。

3.2 误差的异方差检验与建模

3.2.1 异方差的概念及其来源

1. 异方差的概念

异方差性（heteroscedasticity）是相对于同方差而言的。所谓同方差，是为了保证回归参数估计量具有良好的统计性质。经典线性回归模型的一个重要假定是：总体回归函数中的随机误差项满足同方差性，即它们都有相同的方差。如果这一假定不满足，即随机误差项具有不同的方差，则称线性回归模型存在异方差性。

若线性回归模型存在异方差性，那么用传统的最小二乘法估计模型得到的参数估计量就不是有效估计量，甚至也不是渐近有效的估计量；此时也无法对模型参数进行有关的显著性检验。

设线性回归模型为：

$$y_t = b_0 + b_1 x_{1t} + b_2 x_{2t} + \cdots + b_k x_{kt} + \varepsilon_t$$

经典回归中所谓同方差是指不同随机误差项 ε_t 的方差相同，即

$$\mathrm{var}(\varepsilon_t) = \sigma^2$$

如果随机误差项的方差不是常数，则称随机项具有异方差性，即

$$\mathrm{var}(\varepsilon_t) = \sigma_t^2 \neq \text{常数}$$

异方差性的几何直观表示形式，可借助观测值的散点图表示。以一元线性回归为例，在散点图上，显示为样本残差平方随解释变量的变化而变化。

2. 异方差性的来源

(1) 在实际经济问题中，随机扰动项 u_t 往往是异方差的。例如：①调查不同规模公司的利润，发现大公司的利润波动幅度比小公司的利润波动幅度大；②分析家庭支出时，发现高收入家庭支出变化比低收入家庭支出变化大。

在分析家庭支出模型时，我们会发现高收入家庭通常比低收入家庭对某些商品支出有更大的方差；异方差性破坏了古典模型的基本假定，如果我们直接应用最小二乘法估计回归模型，将得不到准确、有效的结果。

(2) 模型中缺少某些解释变量，从而随机扰动项产生系统模式。随机扰动项 ε_t 包含了所有无法用解释变量表示的因素，从而对被解释变量产生影响，即模型中略去的经济变量对被解释变量产生影响。如果其中被略去的某一因素或某些因素随着解释变量观测值的不同而对被解释变量产生不同的影响，就会使 ε_t 产生异方差性。

例如，以某一时间截面上不同收入家庭的数据为样本，研究家庭对某一消费品（如服装、食品等）的需求，设其模型为：$y_t = b_0 + b_1 x_t + \varepsilon_t$，其中 y_t 表示对某一消费品的需求量，x_t 为家庭收入，ε_t 为随机扰动项。ε_t 包括除家庭收入外其他因素对 y_t 的影响，如消费习惯、偏好、季节、气候等因素，ε_t 的方差就表示这些因素的影响可能使得 y_t 偏离均值的程度。

异方差性容易出现在截面数据中，这是因为在截面数据中通常涉及某一确定时点上的总体单位。比如个别的消费者及其家庭，不同行业，或者农村、城镇等区域的划分，这些单位各自有不同的规模或水平，一般情况下用截面数据作样本时出现异方差性的可能性较大。

(3) 测量误差。测量误差对异方差性的作用主要表现在两个方面：一方面，测量误差常常在一定时间内逐渐积累，误差趋于增加，如解释变量 X 越大，测量误差就会趋于增大；另一方面，测量误差可能随时间的变化而变化，如抽样技术或收集资料方法的改进，就会使测量误差减少。所以测量误差引起的异方差性一般都存在于时间序列中。

不仅在时间序列上容易出现异方差性，利用平均数作为样本数据也容易出现异方差性。因为许多经济变量之间的关系都服从正态分布，例如，不同收入组的人数随收入的增加是正态分布，即收入较高和较低的人是少数的，大部分人的收入居于较高和较低之间。在以不同收入组的人均数据作为样本时，由于每组的人数不同，观测误差也不同。一般来说，人数多的收入组的人均数据比人数少的准确，即 $\mathrm{var}(u_t)$ 随收入呈现先降后升的趋势，这也存在着异方差性。

（4）模型函数形式设置不正确，即模型函数形式的设定有误差。如将指数曲线模型误设成线性模型，则误差会有增大的趋势。

（5）异常值的出现。随机因素的影响，如政策变动、自然灾害、金融危机、战争和季节等，会造成异常值的出现。

3. 异方差的类型

（1）单调递增型：随 X 的增大而增大，即在 X 与 Y 的散点图中，随着 X 值的增大 Y 值的波动越来越大。

（2）单调递减型：随 X 的增大而减小，即在 X 与 Y 的散点图中，随着 X 值的增大 Y 值的波动越来越小。

（3）复杂型：与 X 的变化呈复杂关系，即在 X 与 Y 的散点图中，随着 X 值的增大 Y 值的波动复杂多变，且二者没有系统关系。

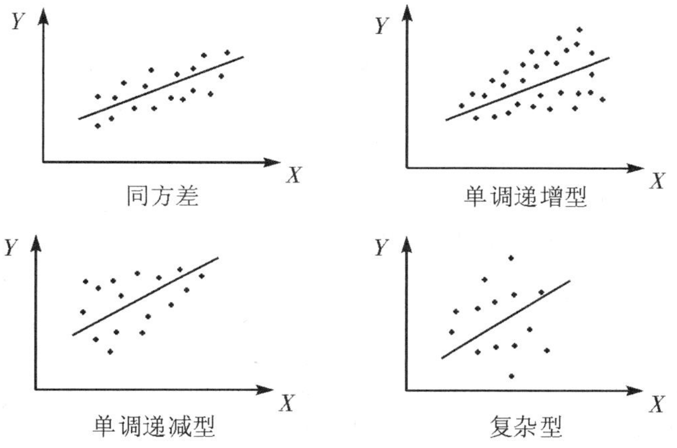

图 3－1　方差的类型

3.2.2　异方差的影响及其检验

一、异方差对回归模型的影响

在古典回归模型的假定下，普通最小二乘估计量是线性、无偏的有效估计量，即在所有无偏估计量中，最小二乘估计量具有最小方差性——它是有效估计量。如果在其他假定不变的条件下，允许随机扰动项 ε_t 存在异方差性，即 ε_t 的方差随观测值的变化而变化，这就违背了最小二乘法估计的高斯—马尔柯夫假设，这时如果继续使用最小二乘法对参数进行估计，就会产生以下后果：

（1）参数估计量仍然是线性无偏的，但不是有效的；

（2）异方差模型中的方差不再具有最小方差性；

（3）t 检验失去作用；

（4）模型的预测作用遭到破坏。

二、检验异方差性的方法

事实也证明，实际经济问题中经常会出现异方差性，这将影响回归模型的估计、检验和应用。因此在建立计量经济学模型时应检验模型是否存在异方差性。关于异方差性检验的方法大致包括：图示检验法、怀特检验（或布鲁奇—培根检验）、格里瑟检验（或帕克检验）。

【例 3-3】异方差数据的模拟研究：设有一线性模型 $y=0.2+0.3x+\varepsilon$，其中 $\varepsilon\sim N(0,\ x\sigma^2)$，$\sigma=0.1$。

```
set.seed(12345)
n = 50;
x = runif(n);
y = 0.2 + 0.3* x + x* rnorm(n, 0, 0.1)
M1 = lm(y ~ x);summary(M1)
```

```
Call:lm(formula = y ~ x)

Residuals:
    Min        1Q   Median      3Q     Max
-0.1743   -0.0202   0.0096  0.0241  0.1205

Coefficients:
            Estimate  Std. Error  t value   Pr(>|t|)
(Intercept)  0.1901    0.0186      10.2    1.2e-13 ***
x            0.3522    0.0323      10.9    1.4e-14 ***
---
Signif. codes: 0 '***' 0.001 '**' 0.01 '*' 0.05 '.' 0.1 ' ' 1

Residual standard error: 0.0667 on 48 degrees of freedom
Multiple R-squared:0.712,     Adjusted R-squared:0.706
F-statistic:119 on 1 and 48 DF,   p-value: 1.44e-14
```

1. 图示检验法

（1）相关图分析：方差为随机变量的离散程度，通过观察 y 和 x 的相关图，可以观察离散程度和解释变量之间的相关关系。若随 x 的增加，y 的离散程度呈逐渐增加或减少的趋势，则表明模型存在递增或者递减的异方差性。

```
plot(x, y)
```

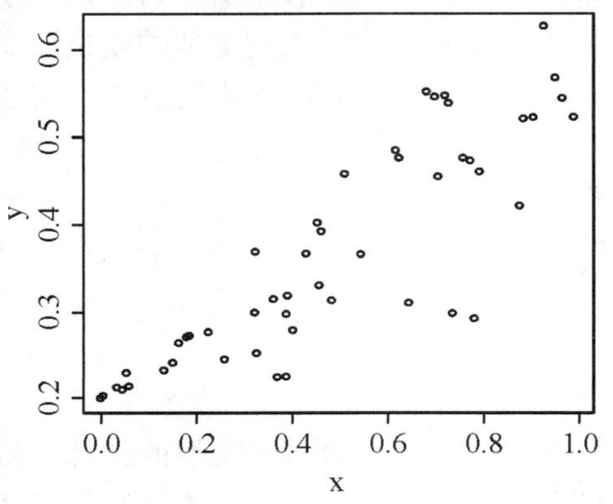

从散点图上可以看到，模型存在明显的异方差性。

（2）残差图分析：通过对模型残差分布的观察可知，如果分布的离散程度有明显扩大的趋势，则表明模型存在异方差性。图示检验法只能较简单粗略地判断模型是否存在异方差性。

```
e = resid(M1)
plot(x, e)
```

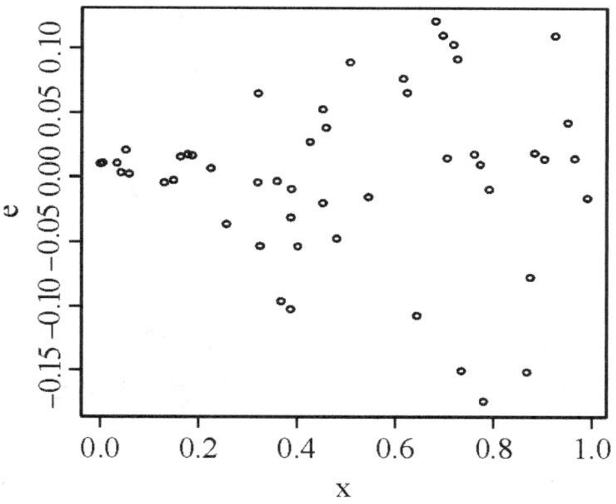

从残差散点图可以看出，误差存在明显的异方差性。

2. 怀特检验

1980 年怀特（Halbert White）亦提出通过建立对残差序列的辅助回归模型来判断异方差性。此方法不需要关于异方差的任何先验信息，只需要在大样本的情况下，将 OLS 估计后的残差平方对常数、解释变量、解释变量的平方及其交叉乘积等构成一个辅助回归，利用辅助回归建立相应的检验统计量来判断异方差性。

例如对于一元线性回归方程，辅助回归模型为：

$$e_t^2 = a_0 + a_1 x_t + a_2 x_t^2 + v_t \tag{3.12}$$

怀特检验的统计量为：

$$W = nR^2 \tag{3.13}$$

其中 n 为样本容量，R^2 为辅助回归的决定系数。统计量 W 渐进服从 $\chi^2(k)$，其中 k 为辅助回归的解析变量个数。如果计算出来的 W 超过在选定显著性水平下从 χ^2 分布表中查出的临界值，则拒绝随机误差项不存在异方差性的假设，即残差存在异方差性；否则，残差不存在异方差性。在 R 语言软件中可通过简单的编程来实现怀特检验，也可用 bstats 包中的 white. test 函数进行检验。

```
Fm = lm(e^2 ~ x + I(x^2))
R2 = summary(Fm) $ r.sq
n = nrow(Fm $ model)
m = ncol(Fm $ model)
W = n* R2;W
P = 1- pchisq(W, m- 1);P
```

```
[1] 9.018
[1] 0.01101
```

$p = 0.01101 < 0.05$，拒绝随机误差项不存在异方差性的假设，即残差存在异方差性。

```
library(EmRa)
white.test(M1)
```

```
        White test for constant variance


data:
White =9.018,df =2,p-value =0.01101
```

```
bptest(M1,varformula = ~x + I(x^2))
```

```
        studentized Breusch-Pagan test for homoscedasticity


data:LM
BP =9.018,df =2,p-value =0.01101
```

跟怀特检验一样，残差存在异方差性。

3. 格里瑟检验

格里瑟（H. Glejser）在 1969 年提出用普通最小二乘法的残差的绝对值为各解释变量建立各种回归模型，即根据辅助回归模型的显著性和拟合性来判断是否存在异方差性。具体的步骤如下：

（1）根据样本数据进行 OLS 估计后建立回归模型并求得残差 e_t；

（2）分别建立残差绝对值 $|e_t|$ 对每个解析变量的各种回归方程，例如：

$$\begin{aligned} &|e_t| = a_0 + a_1 x_t ;\quad |e_t| = a_0 + a_1 x_t^2 ; \\ &|e_t| = a_0 + a_1 \sqrt{x_t} ;\quad |e_t| = a_0 + a_1 x_t^{-1} ; \\ &|e_t| = a_0 + a_1 x_t^{-2} \end{aligned} \tag{3.14}$$

（3）检验每个回归方程参数的显著性，如果其中某个方程的参数显著地不为零，则存在异方差性。格里瑟检验在 R 语言软件中的实现并不难，只要结合数据变换函数（sqrt、abs 等）及回归函数 lm 就可实现。

给定显著水平，若经检验发现其中的某个辅助回归方程是显著的，则证明原模型存在异方差性。格里瑟检验可以判断模型是否存在异方差性，而且可以探究模型异方差性的具体形式，这为后来异方差性的处理打下了基础。

```
summary(lm(abs(e) ~ x)) $ coef
```

```
            Estimate   Std. Error  t value  Pr( > |t| )
(Intercept) 0.006647   0.005804    1.145    0.257806
x           0.034075   0.010098    3.374    0.001471
```

```
summary(lm(abs(e) ~ I(x)^2)) $ coef
```

```
            Estimate  Std. Error  t value  Pr( > |t| )
(Intercept) 0.01459   0.004588    3.180    0.002583
I(x^2)      0.02704   0.010329    2.618    0.011794
```

```
summary(lm(abs(e) ~ sqrt(x))) $ coef
```

```
               Estimate   Std. Error    t value   Pr( > |t| )
(Intercept)   -0.003972   0.008199     -0.4845    0.630233
sqrt(x)        0.041791   0.011651      3.5870    0.000782
```

三个模型的 p 值均小于 0.05，所以拒绝随机误差项不存在异方差性的假设，即残差存在异方差性。

跟怀特检验一样，残差存在异方差性。

3.2.3 异方差模型的处理方法

一、模型变换法

在经济意义成立的情况下，如果对模型中的变量进行适当变换，可降低异方差的影响，例如，对变量作对数变换。对数变换后的模型通常可以降低异方差的影响：

（1）运用对数变换能使测定变量值的尺度缩小。

（2）经过对数变换后的线性模型，其残差表示相对误差往往比表示绝对误差准确度高。对变量取对数虽然能够减少异方差对模型的影响，但也应注意取对数后变量的经济意义。具体操作见2.1.4节。

二、加权最小二乘法

存在异方差性的模型用OLS估计的参数虽然是无偏的，却不再是有效的，这时应该采用加权最小二乘法WLS（广义最小二乘法GLS的特例）来估计模型的参数。

例如，对于一元回归模型 $y_t = b_0 + b_1x_t + u_t$，如果随机误差项的方差 $\mathrm{var}(u_t) = \sigma_t^2$，则将原模型改为 $y_t/\sigma_t = b_0/\sigma_t + b_1x_t/\sigma_t + u_t/\sigma_t$，新模型不再具有异方差性。而该WLS中 σ_t 的形式可大致由格里瑟检验确定。

经检验，u_i 存在异方差，且 $\mathrm{var}(u_i) = \sigma_i^2 = \sigma^2 f(x_i)$，其中 σ_i^2 是常数，$f(x_i)$ 是 x_i 的某种函数。

区别对待不同的 σ_i^2。对较小的 σ_i^2，给予残差 e_i^2 较大的权数，对较大的 σ_i^2，给予残差 e_i^2 较小的权数，从而使 $\sum e_i^2$ 更好地反映 σ_i^2 对残差平方和的影响。具体做法如下：

（1）选取权数并求出加权的残差平方和。

通常取权数 $w_i = \dfrac{1}{\sigma_i^2}$ （$i = 1, 2, \cdots, n$），当 σ_i^2 越小时，w_i 越大。当 σ_i^2 越大时，w_i 越小。将权数与残差平方相乘以后再求和，得到加权的残差平方和：

$$\sum w_i e_i^2 = \sum w_i (Y_i - b_0 - b_1 X_i)^2 \tag{3.15}$$

（2）求使满足 $\min \sum w_i e_i^2$ 的 b。

所用R语言函数仍然是lm，只不过要给出其中的权重参数。在实际操作中，使用最多的权重形式是 $w_i = 1/e_i^2$ 或 $w_i = 1/|e_i|$。

【例3－4】根据例3－3模拟数据进行加权最小二乘回归。

```
e1 = resid(M1)
M2 = lm(y ~ x, weight = 1/abs(e 1))
summary(M2)
```

```
Call:lm(formula = y ~ x,weights = 1/abs(e 1))

Weighted Residuals:
     Min        1Q    Median      3Q      Max
 -0.4258   -0.1628   0.0702   0.1411   0.3380

Coefficients:
              Estimate   Std. Error   t value    Pr( > |t| )
(Intercept)   0.19137    0.00528      36.2       <2e-16  ***
x             0.35507    0.01234      28.8       <2e-16  ***
```

```
---
Signif. codes: 0 '***' 0.001 '**' 0.01 '*' 0.05 '.' 0.1 ' ' 1

Residual standard error: 0.22 on 48 degrees of freedom
Multiple R-squared:0.945,       Adjusted R-squared:0.944
F-statistic:828 on 1 and 48 DF,   p-value: <2e-16
```

从中可以看出，模型 M2 的拟合效果比模型 M1 要好得多，拟合优度由 M1 的 0.712 提高到 M2 的 0.945。

【例 3-5】进行宏观经济数据的异方差分析。在宏观经济数据集 MEdata 中，我们来考证税收 *TAX* 与进出口总额 *IE*、居民消费 *COM* 和固定资产投资 *INV* 之间的关系。

1. 模型建立

（1）建立 *TAX* 与 *IE*、*COM* 和 *INV* 变量之间的线性模型。

```
M3 = lm(TAX ~ IE + COM + INV, data = MEdata)
summary(M3)
```

```
Call:lm(formula = TAX ~ IE + COM + INV, data = MEdata)

Residuals:
    Min      1Q   Median    3Q     Max
 -35.14   -6.44    0.10   5.93   34.54

Coefficients:
             Estimate  Std. Error  t value   Pr(>|t|)
(Intercept)   3.2226     4.3023     0.75     0.46
IE            0.1013     0.0155     6.53     2.4e-07 ***
COM           0.0477     0.0314     1.52     0.14
INV           0.1732     0.0103    16.76     < 2e-16 ***
---
Signif. codes: 0 '***' 0.001 '**' 0.01 '*' 0.05 '.' 0.1 ' ' 1

Residual standard error: 14.2 on 32 degrees of freedom
Multiple R-squared:0.998,       Adjusted R-squared:0.998
F-statistic: 5.33e+03 on 3 and 32 DF,   p-value: <2e-16
```

由 OLS 估计结果看出，模型的拟合效果总体上看似不错，但回归系数的检验结果并不十分理想。

2. 异方差诊断及检验

（1）图示法。首先观察模型的残差的绝对值和平方与 *GDP* 之间的关系图，如下：

```
e3 = resid(M3)          # 模型 M3 的残差
plot(GDP, abs(e3))
```

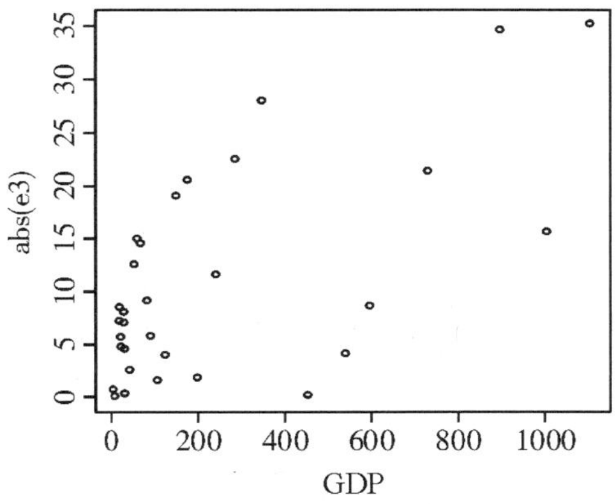

从图上可以看到，两个图中的残差均存在随着 *GDP* 的增大而逐渐增大的趋势，因此，初步可认为该模型存在异方差性，且异方差函数的形式可能是指数形式。

（2）怀特检验法。下面首先利用怀特检验法进行检验，检验结果如下：

```
white.test(M3)
            White test for constant variance

data:
White = 23. 97, df = 9, p-value = 0. 004349
```

由怀特检验结果可知，在显著性水平为 0. 05 的条件下应该拒绝不存在异方差性的原假设，即该模型存在异方差性。

3. 加权最小二乘回归

根据上面的分析，我们取残差的权重 $w = 1/abs(e)$，建立下面的加权回归模型：

```
summary( lm(TAX ~ IE + COM + INV,weight = 1/abs(e3)))
Call:lm(formula = GDP ~ IE + COM + INV, data = MEdata, weights = 1/abs(e3))

Weighted Residuals:
    Min       1Q   Median     3Q     Max
 -6. 450  -2. 761   0. 143  2. 431  5. 589

Coefficients:
              Estimate   Std. Error   t value    Pr( > |t| )
(Intercept)   3. 09023    0. 76990     4. 01     0. 00034  ***
IE            0. 09960    0. 00528    18. 85    < 2e - 16  ***
COM           0. 05032    0. 01167     4. 31     0. 00014  ***
INV           0. 17367    0. 00569    30. 53    < 2e - 16  ***
---
Signif. codes: 0 ' *** ' 0. 001 ' ** ' 0. 01 ' * ' 0. 05 '. ' 0. 1 ' ' 1

Residual standard error: 3. 24 on 32 degrees of freedom
Multiple R-squared: 1,        Adjusted R-squared: 1
F-statistic: 4. 67e + 04 on 3 and 32 DF,   p-value: < 2e - 16
```

从上面的结果看，加权 WLS 估计模型的拟合程度比 OLS 估计模型要好，各估计系数都通过了检验，而且剩余标准误差小了很多（从 14.2 降到 3.24），F 值由 5 330 提高到 46 700。

3.3 误差的相关性及其检验

3.3.1 误差的相关性概念

对于多元回归模型，如果随机误差项的各期值之间存在相关关系，即：

$$\mathrm{cov}(u_t, u_s) = \mathrm{E}(u_t u_s) \neq 0 \quad (t \neq s;\ t, s = 1, 2, \cdots, k)$$

则称随机误差项之间存在自相关性（Autocorrelation）。

若设误差的自相关系数为 ρ，则其样本估计公式为：

$$\hat{\rho} = \frac{\sum_{t=2}^{n}(e_t - \bar{e}_t)(e_{t-1} - \bar{e}_{t-1})}{\sqrt{\sum_{t=1}^{n}(e_t - \bar{e}_t)^2 \sum_{t=t}^{n}(e_{t-1} - \bar{e}_{t-1})^2}} = \frac{\sum e_t e_{t-1}}{\sqrt{\sum_{t=1}^{n} e_t^2 \sum_{t=2}^{n} e_{t-1}^2}} \tag{3.16}$$

这里 e_t 表示残差序列，e_{t-1}表示残差的滞后一节序列，关于序列滞后的算法见下节。

【例 3－6】宏观经济模型残差的自相关分析。

为了下面操作方便，我们仅建立 log(*TAX*)与 log(*GDP*)之间线性回归模型。

```
y = log(TAX);x = log(GDP)
lm3.3 = lm(y ~ x);summary(lm3.3)
et = resid(lm3.3)
plot(et, type = 'o')
```

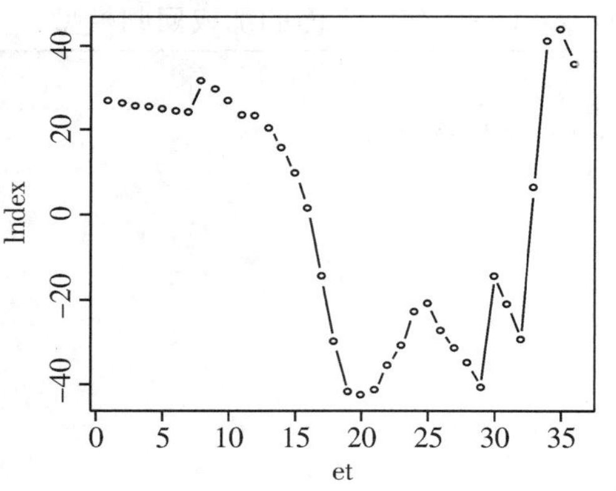

从残差的序列图可以看出，该模型的误差有可能存在一定的相关性。

3.3.2 误差自相关性检验

1. D－W 检验

检验模型的残差是否存在一阶自相关性最常用的方法是使用 D－W 检验，这是杜宾（James Durbin）和沃森（Geoffrey Watson）于 1951 年提出的一种检测序列自相关的方法。该方法的假定条件是：

（1）解释变量 X 非随机。

（2）随机误差项 μ_i 为一阶自回归形式：

$$\mu_i = \rho\mu_{i-1} + \varepsilon_i$$

（3）回归模型中不应用滞后应变量作为解释变量，即不应出现下列形式：

$$Y_i = \beta_0 + \beta_1 X_{1i} + \cdots + \beta_k X_{ki} + \gamma Y_{i-1} + \mu_i$$

（4）回归模型含有截距项。

杜宾和沃森针对原假设 $H_0:\rho = 0$，即不存在一阶自回归，构造如下统计量：

$$DW = \frac{\sum_{t=2}^{n}(e_t - e_{t-1})^2}{\sum_{t=1}^{n=1} e_t^2} \tag{3.17}$$

该统计量的分布与出现同给定样本中的 X 值有复杂的关系，因此，其精确的分布很难得到。但是，他们成功地导出了临界值的下限 d_L 和上限 d_U，且这些上下限只与样本的容量 n 和解释变量的个数 k 有关，而与解释变量 X 的取值无关。

若 $0 < DW < d_L$，误差项之间存在正自相关。

若 $d_L < DW < d_U$，误差项之间不能确定。

若 $d_U < DW < 4 - d_U$，误差项之间无自相关。

若 $4 - d_U < DW < 4 - d_L$，误差项之间不能确定。

若 $4 - d_L < DW < 4$，误差项之间存在负自相关。

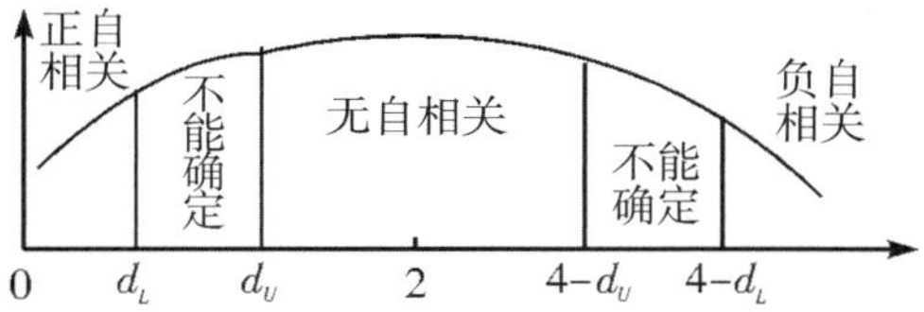

图 3－2　DW 相关图

显然，$DW \approx 2(1 - \hat{\rho})$，可用 R 语言简单地定义一个计算 DW 的函数。根据 DW 也可以近似计算

$$\hat{\rho} \approx 1 - \frac{DW}{2} \tag{3.18}$$

如果存在完全一阶正相关，即 $\rho = 1$，则 $DW \approx 0$。

如果存在完全一阶负相关，即 $\rho = -1$，则 $DW \approx 4$。

如果存在完全不相关，即 $\rho = 0$，则 $DW \approx 2$。

为了对被估计的模型的残差进行 D－W 检验，可使用 lmtest 包中的函数 dwtest。

```
library(lmtest)       #需事先安装包 lmtest
dwtest(lm3.3)
```

```
        Durbin-Watson test


data: lm3.3
DW = 0.2992, p-value = 4.845e - 13
alternative hypothesis: true autocorrelation is greater than 0
```

$p < 0.01$，说明模型 lm3.3 的残差存在一阶自相关。

2. 拉格朗日乘数（Lagrange multiplier）检验

拉格朗日乘数检验克服了 D－W 检验的缺陷，适合于高阶序列相关以及模型中存在滞后被解释变量的情形。它是由布鲁奇（Trevor Breusch）与戈弗雷（Leslie Godfrey）于 1978 年提出的，也被称为 BG 检验。

对于模型：

$$Y_i = \beta_0 + \beta_1 X_{1i} + \beta_2 X_{2i} + \cdots + \beta_k X_{ki} + \mu_i$$

如果怀疑随机扰动项存在 p 阶序列相关：

$$\mu_1 = \rho_1 \mu_{t-1} + \rho_2 \mu_{t-2} + \cdots + \rho_p \mu_{t-p} + \varepsilon_t$$

BG 检验可用来检验如下受约束回归方程：

$$Y_t = \beta_0 + \beta_1 X_{1t} + \cdots + \beta_k X_{kt} + \rho_1 \mu_{t-1} + \cdots + \rho_p \mu_{t-p} + \varepsilon_t$$

约束条件为：

$$H_0: \rho_1 = \rho_2 = \cdots = \rho_p = 0$$

约束条件 H_0 为真时：

$$LM = (n-p)R^2 \sim \chi^2(p)$$

其中，n 为样本容量，R^2 为受约束回归方程的可决系数。给定 α，查临界值 $\chi_\alpha^2(p)$，与 LM 值比较，作出判断。实际检验中，可从一阶、二阶……逐次向更高阶检验。

```
bgtest(lm3.3, order = 1)        #library(lmtest)
```

```
        Breusch-Godfrey test for serial correlation of order up to 1

data:lm3.3
LM test = 25.78, df = 1, p-value = 3.819e-07
```

```
bgtest(lm3.3, order = 2)
```

```
        Breusch-Godfrey test for serial correlation of order up to 2

data:lm3.3
LM test = 26.09, df = 2, p-value = 2.16e-06
```

检验的 $p < 0.01$，说明模型的残差存在一阶和二阶自相关。

3.3.3 误差的相关性处理方法

存在自相关性的模型如果采用 OLS 估计，估计所得的参数不再具有最优性，且随机误差项的方差一般会被低估，这时应该采用广义差分法来估计模型的参数。例如，如果一元回归模型 $y_t = b_0 + b_1 x_t + u_t$ 存在一阶自相关性，并假设其相关系数为 ρ，则该模型两边同时减去 $\rho y_{t-1} = b_0\rho + b_1\rho x_{t-1} + \rho u_{t-1}$ 后变为：

$$y_t - \rho y_{t-1} = b_0(1-\rho) + b_1(x_t - \rho x_{t-1}) + (u_t - \rho u_{t-1})$$

分别记 $y_t^* = y_t - \rho y_{t-1}$；$b_0^* = b_0(1-\rho)$；$x_t^* = x_t - \rho x_{t-1}$；$u_t^* = u_t - \rho u_{t-1}$，则转变后的新模型为：$y_t^* = b_0^* + b_1 x_t^* + u_t^*$，且新模型不再具有自相关性。

由于通常 ρ 是不知道的，所以广义差分法在实际中很少直接运用，取代它的是 Durbin 两步估计法：

$$y_t = b_0(1-\rho) + \rho y_{t-1} + b_1 x_t - b_1\rho x_{t-1} + v_t$$

令 $a_0 = b_0(1-\rho)$，$a_1 = b_1$，$a_2 = -b_1\rho$，则模型变为

$$y_t = a_0 + \rho y_{t-1} + a_1 x_t + a_2 x_{t-1} + v_t$$

对上式利用 OLS 估计就可以得到原模型的估计参数。

Durbin 两步估计法的优点是可以同时得出相关系数估计值和模型参数估计值。广义差分法的缺点是损失了自由度，模型存在越高阶的相关性，利用广义差分法估计模型时其损失的自由度越多。

【例 3－7】我们继续讨论税收 *TAX* 与国内生产总值 *GDP* 的对数关系模型。

从上面的结果我们知道，模型 lm3.3 的拟合效果还是很不错的，但是，Durbin 和 LM 检验都显示该模型的误差存在非常显著的一阶自相关性（$p<0.001$），因此可认为模型误差存在自相关性。下面我们用 Durbin 两步法构建误差的自相关模型。

对于回归方程

$$y_t = a_0 + \rho y_{t-1} + a_1 x_t + a_2 x_{t-1} + v_t$$

利用 R 语言估计如下（滞后函数的一般写法见下节的 L_函数。）

```
y = log(TAX);x = log(GDP)
n = length(y)
yt = y[ -1 ];yt_1 = y[1:(n-1)]
xt = x[ -1 ];xt_1 = x[1:(n-1)]
lm3.4 = lm(yt ~ yt_1 + xt + xt_1)
summary(lm3.4)
```

```
Call: lm(formula = yt ~ yt_1 + xt + xt_1)

Residuals:
    Min        1Q      Median       3Q       Max
 -0.1171   -0.0535   -0.0079   0.0142   0.5753

Coefficients:
              Estimate   Std. Error   t value   Pr(>|t|)
(Intercept)   -0.3076     0.2267      -1.36     0.185
yt_1           0.8617     0.0947       9.10     2.9e-10 ***
xt             0.7735     0.3466       2.23     0.033 *
xt_1          -0.6225     0.3558      -1.75     0.090 .
---
Signif. codes: 0 '***' 0.001 '**' 0.01 '*' 0.05 '.' 0.1 ' ' 1

Residual standard error: 0.117 on 31 degrees of freedom
Multiple R-squared: 0.995,     Adjusted R-squared: 0.995
F-statistic: 2.19e+03 on 3 and 31 DF,   p-value: <2e-16
```

$$y_t = -0.3076 + 0.8617 y_{t-1} + 0.7735 x_t - 0.6225 x_{t-1}$$

从结果看出，模型拟合的效果非常好，而且模型在 0.05 水平上不存在自相关性（$p>0.05$），说明 Durbin 两步法在保持模型拟合效果的前提下，消除了模型的自相关性。

```
dwtest(lm3. 4)
-------------------------------------------
        Durbin-Watson test

data:lm3. 4
DW = 1. 762, p-value = 0. 1118
alternative hypothesis: true autocorrelation is greater than 0
```

```
bgtest(lm3.4, order = 1)
-------------------------------------------
        Breusch-Godfrey test for serial correlation of order up to 1

data:lm3. 4
LM test = 0. 6485, df = 1, p-value = 0. 4207
```

进一步分析发现，模型的残差在 0. 05 水平上已不存在自相关性。

3. 3. 4 滞后算子函数及其应用

为了以后分析和建模方便，我们定义一个滞后函数（lagged function，也称滞后算子，见第 4 章）L_(x_t, d)，即 L_(x_t, 1) = x_{t-1}，L_(x_t, 2) = x_{t-2}，…，L_(x_t, d) = x_{t-d}等，这里 d 表示滞后阶数。注意滞后函数 L_ 通常会比原数据列少 d 个数据，默认是去掉缺失值（na. is = FALSE）。

为了建模方便，通常需保持与 x 相同的长度，这时需取 na. is = TRUE。该函数已包括在自定义包 EmRa 中。

```
L_< -function(x, lag = 1, na.is = TRUE){
if(na.is)c(rep(NA, lag), x[1:(length(x) - lag)])   #包含缺失值 NA, 与 x 数据长度相同
else x[1:(length(x) - lag)]                          #不包含缺失值 NA, 比 x 少 d 个数据
}
-------------------------------------------
x = 1: 9;x
L_(x, 1, na.is = F)   #不包含缺失值 NA,下同
L_(x, 2, na.is = F)
L_(x, 3, na.is = F)
-------------------------------------------
[1] 1 2 3 4 5 6 7 8 9
[1] 1 2 3 4 5 6 7 8
[1] 1 2 3 4 5 6 7
[1] 1 2 3 4 5 6
```

```
x_1 = L_(x, 1)      #包含缺失值 NA,下同
x_2 = L_(x, 2)
x_3 = L_(x, 3)
cbind(x, x_1, x_2, x_3)
```

```
     x  x_1  x_2  x_3
[1,] 1  NA   NA   NA
[2,] 2  1    NA   NA
[3,] 3  2    1    NA
[4,] 4  3    2    1
[5,] 5  4    3    2
[6,] 6  5    4    3
[7,] 7  6    5    4
[8,] 8  7    6    5
[9,] 9  8    7    6
```

【例3-8】应用滞后函数建立税收 *TAX* 与国内生产总值 *GDP* 对数的 Durbin 两步法自相关模型。

```
y = log(TAX);x = log(GDP)
lm3.5 = lm(y ~ L_(y) + x + L_(x))
summary(lm3.5)
```

```
Call:lm(formula = y ~ L_(y) + x + L_(x))

Residuals:
    Min       1Q    Median      3Q      Max
-0.1171  -0.0535  -0.0079  0.0142  0.5753

Coefficients:
             Estimate  Std. Error   t value  Pr(>|t|)
(Intercept)  -0.3076    0.2267      -1.36     0.185
L_(y)         0.8617    0.0947       9.10    2.9e-10  ***
x             0.7735    0.3466       2.23     0.033   *
L_(x)        -0.6225    0.3558      -1.75     0.090   .
---
Signif. codes: 0 '***' 0.001 '**' 0.01 '*' 0.05 '.' 0.1 ' ' 1

Residual standard error: 0.117 on 31 degrees of freedom
(1 observation deleted due to missingness)
Multiple R-squared:0.995,      Adjusted R-squared:0.995
F-statistic: 2.19e+03 on 3 and 31 DF,   p-value: <2e-16
```

跟模型 lm3.4 的结果完全一样，但可以看出采用滞后函数 L_进行建模将会方便不少。

练习题

一、手工解答题（纸质作业）

1. 回归诊断方法包含哪些主要内容？为何要进行回归诊断？

2. 试举例说明产生异方差的原因以及改进的办法。

3. 试举例说明产生多重共线性的原因，以及多重共线性对模型参数的估计有何影响？

4. 试述多重共线性的诊断方法和诊断标准。

5. 试述异常值产生的原因、诊断方法和处理的措施。

6. 以多元线性回归为例说明序列相关会产生怎样的后果，以及检验、修正序列相关的方法。

7. 什么是 D－W 检验法（前提条件）？D－W 检验的判断标准是什么？

8. 什么是异方差？异方差的主要来源有哪些？检验、修正异方差性的方法是什么？

二、软件计算题（电子作业）

1. 某种水泥在凝固时放出的水化热 Y（卡/克）与水泥中的四种化学成分有关：X_1 是 $3CaO \cdot Al_2O_3$ 的成分（%），X_2 是 $3CaO \cdot SiO_2$ 的成分（%），X_3 是 $4CaO \cdot Al_2O_3 \cdot Fe_2O_3$ 的成分（%），X_4 是 $2CaO \cdot SiO_2$ 的成分（%），共化验了 13 组数据，研究化学成分对水化热的影响。

编号	X_1	X_2	X_3	X_4	Y
1	7	26	6	60	78.5
2	1	29	15	52	74.3
3	11	56	8	20	104.3
4	11	31	8	47	87.6
5	7	52	6	33	95.9
6	11	55	9	22	109.2
7	3	71	17	6	102.7
8	1	31	22	44	72.5
9	2	54	18	22	93.1
10	21	47	4	26	115.9
11	1	40	23	34	83.8
12	11	66	9	12	113.3
13	10	68	8	12	109.4

（1）求 Y 关于 X_1，X_2，X_3，X_4 这四个变量的线性回归方程；

（2）对回归方程作显著性检验，对每一个回归系数作显著性检验；

（3）对模型残差进行诊断，并进行共线性诊断；

（4）运用各种变量选择方法求最优回归模型。

2. 下表给出了中国商品进口额（IM，亿元）、国内生产总值（GDP，亿元）、消费者价格指数（CPI，1985＝100）。

年份	*IM*	*GDP*	*CPI*
1985	1 257.8	8 964.4	100
1986	1 498.3	10 202.2	106.5
1987	1 614.2	11 962.5	114.3
1988	2 055.1	14 928.3	135.8
1989	2 199.9	16 909.2	160.2
1990	2 574.3	18 547.9	165.2
1991	3 398.7	21 617.8	170.8
1992	4 443.3	26 638.1	181.7
1993	5 986.2	34 634.4	208.4
1994	9 960.1	46 759.4	258.6
1995	11 048.1	58 478.1	302.8
1996	11 557.4	67 884.6	327.9
1997	11 806.5	74 462.6	337.1
1998	11 626.1	78 345.2	334.4
1999	13 736.4	82 067.5	329.7
2000	18 638.8	89 468.1	331.0
2001	20 159.2	97 314.8	333.3
2002	24 430.3	105 172.3	330.6
2003	34 195.6	117 251.9	334.6

资料来源：《中国统计年鉴》，中国统计出版社 2000 年、2004 年。

请考虑下列模型：

$$\ln IM = \beta_1 + \beta_2 \ln GDP + \beta_3 \ln CPI + u$$

（1）利用表中数据估计此模型的参数。

（2）你认为数据中有多重共线性吗？

（3）进行以下回归：

$$\ln IM = A_1 + A_2 \ln GDP + v_1$$

$$\ln IM = B_1 + B_2 \ln CPI + v_2$$

$$\ln GDP = C_1 + C_2 \ln CPI + v_3$$

根据这些回归请分析数据中的多重共线性。

（4）假设数据有多重共线性，但 $\hat{\beta}_2$ 和 $\hat{\beta}_3$ 在 5% 水平上个别地显著，并且总的 F 检验也是显著的。对这样的情形，我们是否应考虑共线性的问题？

3. 试根据表中给出的消费 Y 与收入 X 的数据完成以下问题：

（1）估计回归模型 $Y = \beta_1 + \beta_2 X + u$ 中的未知参数 β_1 和 β_2，并写出样本回归模型的书写格式；

（2）试用格里瑟检验法和怀特检验法检验模型的异方差性；

(3）选用合适的方法修正异方差。

Y	X	Y	X	Y	X
55	80	152	220	95	140
65	100	144	210	108	145
70	85	175	245	113	150
80	110	180	260	110	160
79	120	135	190	125	165
84	115	140	205	115	180
98	130	178	265	130	185
95	140	191	270	135	190
90	125	137	230	120	200
75	90	189	250	140	205
74	105	55	80	140	210
110	160	70	85	152	220
113	150	75	90	140	225
125	165	65	100	137	230
108	145	74	105	145	240
115	180	80	110	175	245
140	225	84	115	189	250
120	200	79	120	180	260
145	240	90	125	178	265
130	185	98	130	191	270

4. 由表中给出的收入和住房支出样本数据，建立住房支出模型。

支出	收入	支出	收入
1. 8	5	4. 2	15
2	5	4. 2	15
2	5	4. 5	15
2	5	4. 8	15
2. 1	5	5	15
3	10	4. 8	20
3. 2	10	5	20
3. 5	10	5. 7	20
3. 5	10	6	20
3. 6	10	6. 2	20

假设模型为 $Y_i = \beta_1 + \beta_2 X_i + u_i$，其中 Y 为住房支出，X 为收入。试求解下列问题：

（1）用 OLS 求参数的估计值、标准差、拟合优度；

（2）用怀特检验法检验异方差（假设分组时不去掉任何样本值）；

（3）如果模型存在异方差，假设异方差的形式是 $\sigma_i^2 = \sigma^2 X_i^2$，试用加权最小二乘法重新估算 β_1 和 β_2 的估计值、标准差、拟合优度。

5. 下表资料为某国消费（C）和可支配收入（I）（单位：百万美元）。

年份	C	I
1987	11 378	11 617
1988	13 012	13 297
1989	15 263	15 790
1990	16 873	18 017
1991	17 764	19 314
1992	18 857	20 198
1993	20 074	21 512
1994	21 439	23 124
1995	22 833	24 724
1996	24 205	26 175
1997	25 307	27 219
1998	27 020	28 915

（1）试求其残差，并利用图示法检验随机项是否存在自相关；

（2）若存在自相关，应用迭代法对原模型的自相关进行处理。

6. 下表给出了广东省 1980—2013 年的地区生产总值（Y_t，亿元）与固定资产投资额（X_t，亿元）的数据。

年份	Y_t	X_t	年份	Y_t	X_t
1980	249. 65	38. 29	1997	7 774. 53	2 291. 05
1981	290. 36	60. 40	1998	8 530. 88	2 644. 13
1982	339. 92	84. 73	1999	9 250. 68	2 937. 02
1983	368. 75	88. 71	2000	10 741. 25	3 145. 13
1984	458. 74	130. 37	2001	12 039. 25	3 484. 43
1985	577. 38	184. 59	2002	13 502. 42	3 850. 78
1986	667. 53	216. 50	2003	15 844. 64	4 813. 20
1987	846. 69	251. 01	2004	18 864. 62	5 870. 02
1988	1 155. 37	353. 59	2005	22 366. 54	6 977. 93

（续上表）

年份	Y_t	X_t	年份	Y_t	X_t
1989	1 381. 39	347. 34	2006	26 204. 47	7 973. 37
1990	1 559. 03	381. 47	2007	31 084. 40	9 294. 26
1991	1 893. 30	478. 20	2008	36 796. 71	10 868. 70
1992	2 447. 54	921. 75	2009	39 482. 56	12 933. 10
1993	3 469. 28	1 629. 87	2010	46 013. 06	15 623. 70
1994	4 619. 02	2 141. 15	2011	53 210. 28	17 069. 20
1995	5 933. 05	2 315. 83	2012	57 067. 92	18 751. 47
1996	6 834. 97	2 363. 18	2013	62 163. 97	22 307. 80

（1）使用对数线性模型：

$$\ln Y_t = \beta_1 + \beta_2 \ln X_t + u_t$$

进行回归，并检验回归模型的自相关性；

（2）采用广义差分法处理模型中的自相关问题；

（3）令 $X_t^* = X_t / X_{t-1}$（固定资产投资指数），$Y_t^* = Y_t / Y_{t-1}$（地区生产总值增长指数），使用模型

$$\ln Y_t^* = \beta_1 + \beta_2 \ln X_t^* + v_t$$

讨论该模型中是否有自相关？

4 经典时间序列模型

4.1 时间序列的基本概念

4.1.1 时间序列的含义

从统计意义上讲，所谓时间序列就是将某一个指标在不同时间上的不同数值，按照时间的先后顺序排列而成的数列。这些时间序列由于受到各种偶然因素的影响，往往表现出随机性，彼此之间存在着统计上的相互依赖关系，而时间序列中的“时间”可以具有不同的物理意义，例如年度、季度、月度、日、小时、分、秒等。

从数学意义上讲，如果我们对某一过程中的某一个变量或一组变量 $X(t)$ 进行观察测量，在一系列时刻 t_1，t_2，t_3，…，t_n（t 为自变量，且 $t_1 < t_2 < t_3 < \cdots < t_n$）中得到的离散有序数集合 X_{t1}，X_{t2}，X_{t3}，…，X_{ti}，…，X_{tn} 称为离散数字时间序列，即随机过程的一次样本实现。设 $X(t)$（$t \in T$）是一个随机过程，X_{ti}（$i = 1, 2, \cdots$）是在时刻 i 对过程 $X(t)$ 的观测值，则 X_{ti}（$i = 1, 2, \cdots$）称为一次样本实现，也就是一个时间序列。

从系统意义上看，时间序列就是某一系统在不同时间（地点、条件等）的响应。这个定义从系统运行的观点出发，不仅指出时间序列是按一定顺序排列而成的，而且这里的“一定顺序”既可以是时间顺序，也可以是具有各种不同意义的物理量，如代表温度、速度或其他单调递增地取值的物理量。可见，时间序列只强调顺序的重要性，而并非强调必须以时间顺序排列。

由于时间序列是所研究系统的历史行为的客观记录，因而它包含了系统结构特征及其运行规律。因此，通过对时间序列的研究，可以认识所研究系统的结构特征（如波动的周期、振幅和趋势的种类等）；揭示其运行规律，进而用以预测、控制其未来行为；修正和重新设计系统（如改变其周期、参数），使之按照新的结构运行。

时间序列根据所研究的依据不同，有不同的分类。

（1）按研究的对象的多少分，有单变量时间序列和多变量时间序列。如果所研究的对象是一个变量，如某个国家的国内生产总值，则为单变量时间序列；如果所研究的对象是多个变量，如按年、月顺序排列的气温、气压、雨量数据，则为多变量时间序列。多变量时间序列不仅描述了各个变量的变化规律，而且还揭示了各变量间相互依存关系的动态规律性。

（2）按时间的连续性可将时间序列分为离散时间序列和连续时间序列。如果某一序列中的每个序列值所对应的时间参数为间断点，则该序列就是一个离散时间序列。如果某一序列中的每个序列值所对应的时间参数为连续函数，则该序列就是一个连续时间序列。

（3）按序列的统计特性分，有平稳时间序列和非平稳时间序列。如果一个时间序列的概率分布与时间 t 无关，则称该序列为严格的（狭义的）平稳时间序列。如果序列的

一、二阶矩存在，而且对任意时刻 t 满足：①均值为常数；②协方差为时间间隔 τ 的函数。则称该序列为宽平稳时间序列，也叫广义平稳时间序列。反之，不具有平稳性即序列均值或协方差与时间有关的序列称为非平稳序列。

一个平稳的随机时间序列，在直观上可以看作一条围绕其均值上下波动的曲线，在理论上，我们把具有下列性质的随机过程称为平稳随机时间序列：

①$E(y_t)=\mu$（对所有 t）；

②$var(y_t)=\sigma_y^2=c$（c 为常数项）（对所有 t）；

③$cov(y_t, y_{t+k})$，仅与 y_t 和 y_{t+k} 相隔的时期数有关，而与时间点 t 无关（对所有 t 和k）。

随机过程是否具备平稳性对于时间序列预测来说十分重要，这一性质保证了随机过程的结构不会随时间变化，这是进行准确预测的必要条件。

（4）按序列的分布规律来分，有高斯型（Gaussian）时间序列和非高斯型（non-Gaussian）时间序列。服从高斯分布（正态分布）的时间序列叫作高斯型时间序列，否则叫作非高斯型时间序列。对于一些非高斯型时间序列，往往可以通过适当的变换后，近似地看成是高斯型时间序列。

本章我们主要研究平稳时间序列的一些建模技术。

通俗来说，所谓时间序列的平稳性，是指时间序列的统计规律不会随着时间的推移而发生变化。直观上，一个平稳的时间序列可以看作一条围绕其均值上下波动的曲线。

最简单的随机时间序列 y_t 是一个具有零均值同方差的独立同分布序列：

$$y_t=u_t \qquad u_t\sim N(0, \sigma^2)$$

该序列常被称为一个白噪声（white noise）。由于 y_t 是一个具有相同的均值和方差的序列，由平稳性的定义知白噪声序列是平稳的。

【例 4－1】模拟数据——平稳时间序列。

设 $y_t\sim N(\mu, \sigma^2)$，令 $\mu=0$，$\sigma^2=1^2$，下面将产生 50 个标准的白噪声序列。

```
set.seed(123)
yt = rnorm(50, 0, 1)
plot(yt, type = 'b');abline(h = 0)
```

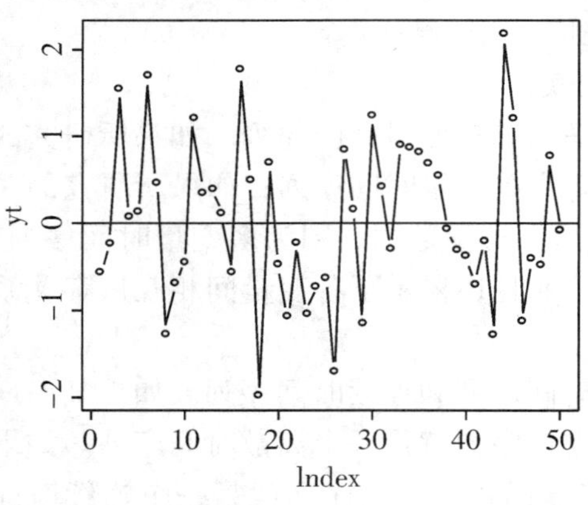

4.1.2 时间序列的相关性

这里所说的时间序列的相关性跟前面所讲的误差序列的相关性有所不同，这里是考证原始数据序列的自相关性，而前面讲的是残差序列的自相关性，两者处理方法基本相同。

1. 自相关函数

自相关函数是衡量序列 y_t 中任意两个元素之间相关程度的量度。对随机过程 $\{y_t\}$，元素 y_t 与 y_{t+k}之间的自相关函数定义如下：

$$\rho_k = \frac{\mathrm{cov}(y_t,\ y_{t+k})}{\sqrt{\mathrm{var}(y_t)\mathrm{var}(y_{t+k})}} \tag{4.1}$$

自相关系数 ρ_k 的序列 $\{\rho_k\}$ ($k = 0, \pm1, \pm2, \cdots$) 称为自相关函数（ACF）。

当 y_t 为平稳随机过程时：

$$\rho_k = \frac{r_k}{\sigma_y^2} = \frac{r_k}{r_0} \tag{4.2}$$

其中 $r_0 = \mathrm{var}(y_t) = \sigma_y^2$，$r_k = \mathrm{cov}(y_t,\ y_{t+k})$

由定义知，对任何随机过程 $\rho_0 = 1$，由公式知，ρ_k 是一个无量纲量。

在实际计算时，我们只能计算样本自相关函数，其样本自相关函数定义为：

$$\hat{\rho}_k = \frac{\sum_{i=1}^{n-k}(y_t - \bar{y})(y_{t+k} - \bar{y})}{\sum_{i=1}^{n}(y_t - \bar{y})^2} \tag{4.3}$$

自相关度量了 y_t 与其滞后 y_{t+k}之间的相关性。

在例 4－1 中，我们模拟了一组无自相关性的数据 y_t，下面用我们定义的滞后函数 L_函数来考证其相关性。

```
yt_1 = L_(yt,na.is = T)                  #一阶滞后
plot(yt, yt_1);abline(lm(yt ~ yt_1))     #相关图
```

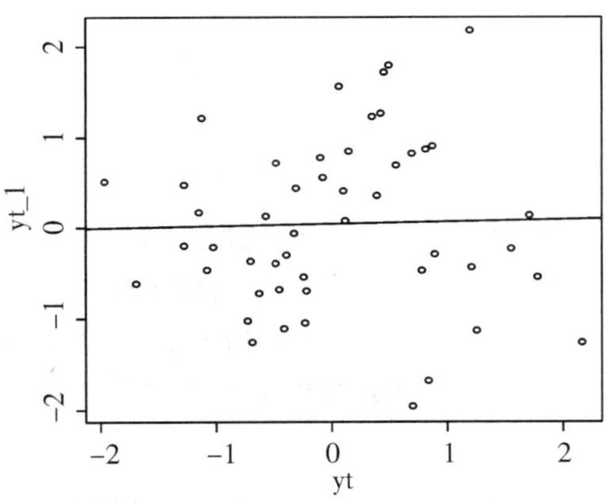


```
cor(yt, yt_1, "complete")                #相关系数
[1] 0.02567
```

从图上可以看出，y_t 与其一阶滞后 y_{t-1}的相关性很低，其相关系数（不是一阶自相关系数）为 0.025 67。

2. 自相关系数的计算

序列的自相关性，可用 R 语言软件自带的自相关函数（autocorrelation function，

ACF）来分析，自相关函数 ACF 的对象 ac 为自相关系数。

```
acf(yt) $ ac
```

```
, , 1
          [,1]
 [1,]   1.00000
 [2,]   0.02558
 [3,]  -0.17083
 [4,]   0.22624
 [5,]  -0.10638
 [6,]   0.04813
 [7,]  -0.03072
 [8,]  -0.15668
 [9,]   0.06286
[10,]  -0.13276
[11,]  -0.08354
[12,]   0.06820
[13,]  -0.26488
[14,]  -0.07688
[15,]   0.16640
[16,]  -0.19327
[17,]  -0.01659
```

注意由简单相关 cor(yt,yt_1,"complete") 算出的相关系数 0.025 67 和由自相关函数计算的一阶自相关系数 0.025 58 还是有些不同的（公式略有不同）。

同理，由 cor(yt, yt_2,"complete") 算出的二阶相关系数 -0.172 7 和由自相关函数计算的二阶自相关系数 -0.170 83 也是不同的。

4.1.3 序列自相关性判别

1. *图示法*

随机时间序列模型着重研究的是相关关系，因此自相关函数在时间序列模型中占有重要地位。但要注意的是：在实际识别时，样本自相关函数 $\hat{\rho}_k$ 只是总体自相关函数 ρ_k 的一个估计值，由于样本的随机性，当 $k>q$ 时，$\hat{\rho}_k$ 不会全为 0，而是在 0 的上下波动。但可以证明，当 $k>q$ 时，$\hat{\rho}_k$ 服从如下渐近正态分布：$\hat{\rho}_k \sim N(0,\ 1/n)$，式中 n 表示样本容量。

因此，如果计算的 $\hat{\rho}_k$ 满足 $|\hat{\rho}_k|<\frac{1.96}{\sqrt{n}}$，我们就有 95% 的把握判断原时间序列不存在自相关性。

下面我们采用 R 语言软件自带的自相关函数来分析数据的自相关性。

```
acf(yt)
```

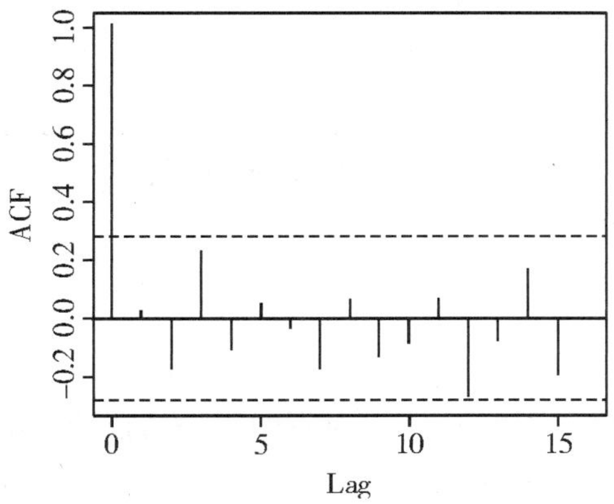

从自相关图上可以看出，所有自相关系数都落入可信区间之内，所以可以认为序列 y_t 是一个不存在自相关性的时间序列（符合我们的模拟）。

2. 假设检验

序列自相关检验，即检验序列是否为白噪声序列。如果序列不是平稳过程，说明有些有用的动态结构没有进入时间序列模型，而这些结构对于描述时间序列往往是必不可少的。检验序列相关性的方法有很多，如3.3.2 节的 D－W 检验和 LM 检验。但 D－W 检验有一个缺点，就是其只能检验一阶自相关。下面给出两种常用的检验序列各阶自相关的方法。

（1）Box-Pierce 检验。伯克斯和皮尔斯提出的 Q 统计量可以检验时间序列的相关性。Q 统计量定义为：

$$Q = n\sum_{k=1}^{m}\hat{\rho}_k^2 \tag{4.4}$$

其中 n 为样本容量，m 为滞后期长度。在大样本的情况下，它近似服从自由度为 m 的 χ^2 分布。若计算出来的 Q 大于在选定显著性水平下从 χ^2 分布表中查出的临界 Q 值，则拒绝所有真实的（r_k 都为 0）虚拟假设，这时序列不存在自相关性；否则，序列存在自相关性。

（2）Ljung-Box 检验。1978 年扬（Greta M. Ljung）和伯克斯将伯克斯和皮尔斯的 Q 统计量变形为 LB 统计量（Ljung-Box Statistic），其定义为：

$$LB = n(n+2)\sum_{k=1}^{m}\left(\frac{\hat{\rho}_k^2}{n-k}\right) \sim \chi^2(m) \tag{4.5}$$

其检验过程与 Q 统计量检验过程一样，但 LB 统计量比 Q 统计量有更好的小样本性质（即在统计意义上更有效），所以 LB 统计量常用来检验小样本序列的相关性。在利用 R 语言软件进行序列的相关性检验时，可以利用 R 语言软件作时间序列自相关图，直接分析序列的 ACF，如果 ACF 都不显著，那么说明其序列不相关。R 语言软件中 stats 程序包里的 Box. test 函数可以实现上述两个检验。

```
Box.test(yt)        # Box.test(yt, type = 'Box-Pierce')
```

```
        Box-Pierce test
data:yt
X-squared = 0.0327, df = 1, p-value = 0.8564
```

```
Box.test(yt, type = 'Ljung - Box')

        Ljung-Box
data:yt
X-squared = 0.0347, df = 1, p-value = 0.8522
```

Box-Pierce 和 Ljung-Box 方法都检验序列 y_t 没有自相关性（$p>0.05$），跟模拟结果一致。关于时间序列平稳性的检验请看 5.1.3 节的单位根检验。

4.2 时间序列自回归 AR 模型

建模的一个主要目的是为了预测，那么，随机过程的元素 y_t 对它的过去的依赖性就很重要。这使我们能够利用已经收集的样本观测值的过去信息预测变量的未来值。存在这种依赖性的简单例子是自回归（Auto Regression，AR）过程，定义如下：

$$y_t = \phi_1 y_{t-1} + u_t \tag{4.6}$$

它便是这样一种一阶自回归模型，其中 u_t 为白噪声。

自回归模型描述序列 $\{y_t\}$ 在某一时刻 t 和前 p 时刻序列值之间的线性关系，表示为：

$$y_t = \phi_1 y_{t-1} + \phi_2 y_{t-2} + \cdots + \phi_p y_{t-p} + u_t \tag{4.7}$$

这里随机序列 $\{u_t\}$ 是白噪声，服从均值为 0、方差为 σ_e^2 的正态分布，且 $\{u_t\}$ 与序列 $\{y_k\}(k<t)$ 不相关，称模型（4.7）式是 p 阶自回归模型，记为 AR（p）。实参数 ϕ_1，ϕ_2，…，ϕ_p 称为自回归系数，是模型的待估参数。

4.2.1 AR 模型的平稳性条件

只有产生时间序列的随机过程是平稳的，用自回归模型进行预测才有意义。因此，我们首先应研究自回归过程的平稳条件。

1. 一阶自回归过程

对于一阶自回归过程（4.6）式：

$$\begin{aligned} y_t &= \phi y_{t-1} + u_t \\ &= u_t + \phi(\phi y_{t-2} + u_{t-1}) \\ &= u_t + \phi u_{t-1} + \phi^2(\phi y_{t-3} + u_{t-2}) \\ &= u_t + \phi u_{t-1} + \phi^2 u_{t-2} + \phi^3 y_{t-3} \\ &\cdots\cdots \\ &= u_t + \phi u_{t-1} + \phi^2 u_{t-2} + \phi^3 u_{t-3} + \cdots \end{aligned} \tag{4.8}$$

可以看到，一阶自回归过程（4.6）式表示成白噪声序列的线性组合。

由于 $E(u_t)=0$，所以 $E(y_t)=0$ 平稳条件 1 显然满足。对（4.8）式两端取方差：

$$\operatorname{var}(y_t) = \sigma_u^2(1 + \phi^2 + \phi^4 + \phi^6 + \cdots) \tag{4.9}$$

仅当 $|\phi|<1$ 时，（4.9）式才有：

$$\operatorname{var}(y_t) = \frac{\sigma_u^2}{1-\phi^2} \tag{4.10}$$

表明，只有当 $|\phi|<1$ 时，平稳条件 2 才成立。

由（4.8）式有：

$$y_{t+k} = u_{t+k} + \phi u_{t+k-1} + \phi^2 u_{t+k-2} + \cdots + \phi^k u_t + \cdots \tag{4.11}$$

$$\begin{aligned}\mathrm{cov}(y_t,\ y_{t+k}) &= \mathrm{E}(y_t y_{t+k}) = \phi^k \sigma_u^2 + \phi^{k+2}\sigma_u^2 + \phi^{k+4}\sigma_u^2 + \cdots \\ &= \sigma_u^2 \phi^k (1 + \phi^2 + \phi^4 + \cdots)\end{aligned} \tag{4.12}$$

当 $|\phi| < 1$ 时，(4.12)式便有：

$$\mathrm{cov}(y_t,\ y_{t+k}) = \phi^k \frac{\sigma_u^2}{1-\phi^2} = \phi^k \sigma_y^2 \tag{4.13}$$

其中 $\sigma_y^2 = \mathrm{V}(y_t)$。

(4.13)式表明，$\mathrm{cov}(y_t,\ y_{t+k})$仅与间隔时期数 k 有关，而与时间点 t 无关，平稳条件 3 成立。

综上所述，对于一阶自回归过程（4.6）式，只要系数 ϕ 的绝对值 $|\phi| <1$，便是平稳过程。

由 ACF 的性质可知，对于 AR(p)模型，其 ACF 不能在某一步后为零（截尾），而是按指数率衰减，称其具有拖尾性。

【例 4-2】模拟研究。模拟 AR(1)模型：$y_t = 0.8y_{t-1} + e_t$，$e_t \sim \mathrm{N}(0,\ 1)$。

```
set.seed(1234)
n = 50;
y1 = rep(0,n);for(t in 2:n) {            #也可用 arima.sim(n = 50,list(ar = 0.8)),见下例
   y1[t]= 0.8* y1[t-1] + rnorm(1)
}
plot(y1,type = 'o')   #散点图
```

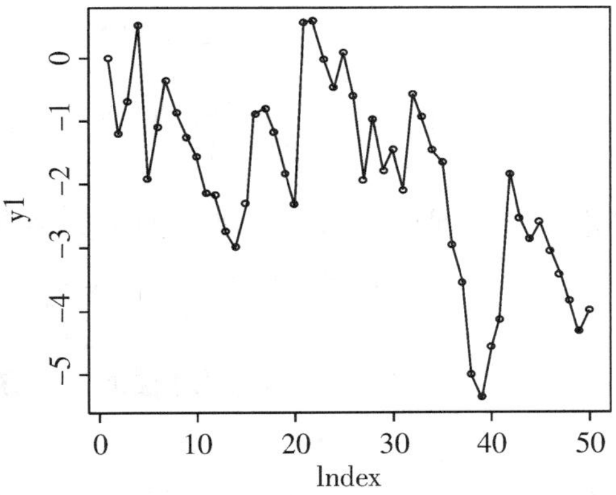


```
acf(y1)          #自相关图
```

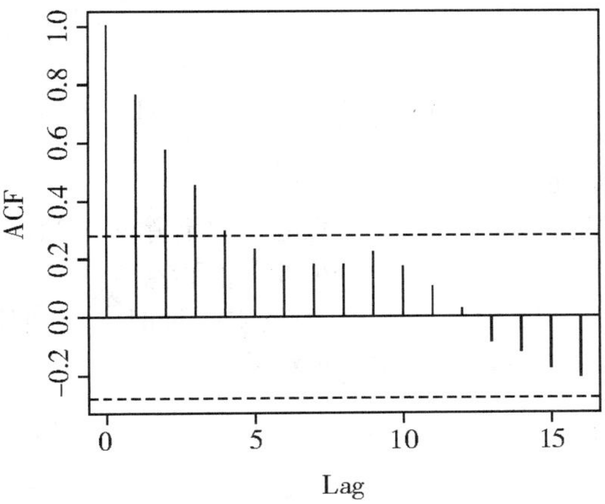

```
Box.test(y1)

        Box-Pierce test

data:y1
X-squared = 28.78, df = 1, p-value = 8.088e-08

Box.test(y1, type = 'Ljung-Box')

        Ljung-Box test

data:y1
X-squared = 30.55, df = 1, p-value = 3.259e-08
```

各种检验都表明，序列存在自相关性。由于 $\phi = 0.8 < 1$，所以说该序列应该是平稳的，这点也可以从其散点图上看出。

2. p 阶自回归过程

将（4.7）式改写成：

$$(1 - \phi_1 L - \phi_2 L^2 - \cdots - \phi_p L^p)\ y_t = u_t \tag{4.14}$$

引进算符多项式：

$$\phi_p(L) = 1 - \phi_1 L - \phi_2 L^2 - \cdots - \phi_p L^p \tag{4.15}$$

则（4.14）式可改写成：

$$\phi_p(L) y_t = u_t \quad 或 \quad y_t = \phi_p^{-1}(L) u_t \tag{4.16}$$

这里 L 就是我们前面说的滞后算子，即 $Ly_t = y_{t-1}$，在 R 语言中写为 yt_1 = L_（yt, 1），详见 3.3.4 节。

若（4.7）式是平稳随机过程，则 $\phi_p^{-1}(L)$ 必定收敛，即可表示为白噪声的无穷加权和。可以证明，$\phi_p^{-1}(L)$ 收敛的充要条件是算符多项式 $\phi_p(L)$ 的特征方程

$$\phi_p(z) = 1 - \phi_1 z - \phi_2 z^2 - \phi_3 z^3 - \cdots - \phi_p z^p = 0 \tag{4.17}$$

的根全部在复平面上单位圆周之外，或所有根的模 $|z| > 1$。即 p 阶自回归过程的平稳条件为：

$$|z| = \sqrt{z_1^2 + z_2^2} > 1 \tag{4.18}$$

z_1 和 z_2 分别在实部和虚部。

当 $p = 1$ 时，（4.17）式写成：

$$1 - \phi z = 0$$

解方程 $z = \frac{1}{\phi}$ 平稳条件：$|z| = \frac{1}{|\phi|} > 1$，即 $|\phi| < 1$，与前面的结论相同。

为了研究方便，如果不作特殊说明，总是假定：

（1）所有自回归过程都是平稳过程。当发现时间序列是非平稳的，要清除非平稳性，一般采用差分法。只要对原始数据进行适当阶数的差分处理，便可消除非平稳性。

（2）自回归过程中每个元素的期望值都为 0，即 $E(y_t) = 0$。如果实际的时间序列均值 $\bar{y} \neq 0$，则可对它进行中心化（$y_t - \bar{y}$），中心化后的时间序列必然有零期望值。

4.2.2 AR 模型的自相关函数

一阶自相关过程 AR(1) 的自相关函数，利用（4.2）式可直接写出：

$$\rho_k = \frac{r_k}{r_0} = \frac{\phi^k \sigma_y^2}{\sigma_y^2} = \phi^k \tag{4.19}$$

AR (p)的自相关函数，由于 $r_k = \text{cov}(y_t, y_{t+k}) = \text{cov}(y_t, y_{t-k})$，将（4.7）式代入得：

$$\begin{aligned} r_k &= \phi_1 \text{cov}(y_{t-1}, y_{t-k}) + \phi_2 \text{cov}(y_{t-2}, y_{t-k}) + \cdots + \phi_p \text{cov}(y_{t-p}, y_{t-k}) \\ &= \phi_1 r_{k-1} + \phi_2 r_{k-2} + \cdots + \phi_p r_{k-p} (k \geqslant 0) \end{aligned} \tag{4.20}$$

当 $k=0$ 时，

$$\begin{aligned} r_0 &= \text{var}(y_t) = \text{E}(y_t^2) \\ &= \text{E}[y_t(\phi_1 y_{t-1} + \phi_2 y_{t-2} + \cdots + \phi_p y_{t-p} + u_t)] \\ &= \phi_1 r_1 + \phi_2 r_2 + \cdots + \phi_p r_p + \sigma_u^2 \end{aligned}$$

对 AR(1)便有 $r_0 = \phi_1 r_1 + \sigma_u^2$，再由（4.19）式有 $r_1 = \phi_1 r_0$，于是有：

$$r_0 = \frac{\sigma_u^2}{1-\phi_1^2} \ (=\sigma_y^2) \tag{4.21}$$

此结果与（4.10）式相同。

用 $r_0 = \sigma_y^2$ 除（4.21）式两端，得：

$$\rho_k = \phi_1 \rho_{k-1} + \phi_2 \rho_{k-2} + \phi_3 \rho_{k-3} + \cdots + \phi_p \rho_{k-p} \tag{4.22}$$

（4.22）式便是自回归过程 AR（p）自相关函数的表达式（也称递推公式）。

```
acf(y1) $ ac[1:9]          #为方便显示仅列出前 9 个自相关系数
[1] 1.0000  0.7587  0.5795  0.4509  0.2966  0.2312  0.1770  0.1792  0.1799
```

4.2.3 AR 模型的估计与识别

1. Yule-Walker 估计

在自相关函数表达式（4.22）中，令 $k=1, 2, 3, \cdots, p$，则得一组方程式，称之为 Yule-Walker 方程：

$$\begin{cases} \rho_1 = \phi_1 + \phi_2 \rho_1 + \phi_3 \rho_2 + \cdots + \phi_p \rho_{p-1} \\ \rho_2 = \phi_1 \rho_1 + \phi_2 + \phi_3 \rho_1 + \cdots + \phi_p \rho_{p-2} \\ \rho_3 = \phi_1 \rho_2 + \phi_2 \rho_1 + \phi_3 + \cdots + \phi_p \rho_{p-3} \\ \qquad \cdots\cdots \\ \rho_p = \phi_1 \rho_{p-1} + \phi_2 \rho_{p-2} + \phi_3 \rho_{p-3} + \cdots + \phi_p \end{cases} \tag{4.23}$$

其矩阵表达式为：

$$\begin{pmatrix} 1 & \rho_1 & \rho_2 & \cdots & \rho_{p-1} \\ \rho_1 & 1 & \rho_1 & \cdots & \rho_{p-2} \\ \rho_2 & \rho_1 & 1 & \cdots & \rho_{p-3} \\ \vdots & \vdots & \vdots & & \vdots \\ \rho_{p-1} & \rho_{p-2} & \rho_{p-3} & \cdots & 1 \end{pmatrix} \begin{pmatrix} \phi_1 \\ \phi_2 \\ \phi_3 \\ \vdots \\ \phi_p \end{pmatrix} = \begin{pmatrix} \rho_1 \\ \rho_2 \\ \rho_3 \\ \vdots \\ \rho_p \end{pmatrix} \tag{4.24}$$

简记为：

$$P_p \Phi_p = \rho_p \tag{4.25}$$

其中 P_p 为 $p \times p$ 矩阵，Φ_p 和 ρ_p 均为 $p \times 1$ 阶向量。

利用 Yule-Walker 方程式，就可估计 Φ_p 值。

显然，对 AR (1)模型，有 $\phi_1=\rho_1$。

而对 AR (2)模型，由(4.24)式便有：

$$\begin{pmatrix}1 & \rho_1\\ \rho_1 & 1\end{pmatrix}\begin{pmatrix}\phi_1\\ \phi_2\end{pmatrix}=\begin{pmatrix}\rho_1\\ \rho_2\end{pmatrix}$$

解之得：

$$\begin{pmatrix}\phi_1\\ \phi_2\end{pmatrix}=\begin{pmatrix}1 & \rho_1\\ \rho_1 & 1\end{pmatrix}^{-1}\begin{pmatrix}\rho_1\\ \rho_2\end{pmatrix}$$

于是：

$$\begin{cases}\phi_1=\dfrac{\rho_1-\rho_1\rho_2}{1-\rho_1^2}\\ \phi_2=\dfrac{\rho_2-\rho_1^2}{1-\rho_1^2}\end{cases} \tag{4.26}$$

如果将 ρ_1 和 ρ_2 的估计值 $\hat{\rho}_1$ 和 $\hat{\rho}_2$ 代入（4.26）式，便可求得 ϕ_1 和 ϕ_2 的估计值 $\hat{\phi}_1$ 和 $\hat{\phi}_2$。

由（4.25）式可得：

$$\Phi_p=P_p^{-1}\rho_p \tag{4.27}$$

Φ_p 中最后一个参数 ϕ_p 称为偏自相关系数，序列 $\{\phi_p\}(p=1,2,3,\cdots)$ 称为偏自相关函数。(4.24）式表示，当自回归模型的阶为 p 时，则偏自相关函数 ϕ_{p+1} 及其后的 ϕ 值皆为零。例如，当自回归模型的阶为 2 时，则 ϕ_3 及其后的 ϕ 值皆为零。

```
ar(y1, method = "yule-walker")
---------------------------------
Call:ar(x = y1,method = "yule - walker")


Coefficients:
    1
0.759


Order selected 1 sigma^2 estimated as 0.935
```

模型的拟合结果 $\hat{\phi}_1=0.759$，跟理论值 $\phi_1=0.8$ 十分接近。

2. 最小二乘估计

我们可以将（4.7）式看成因变量为 y_t，自变量为 y_{t-1}，y_{t-2}，$\cdots$，y_{t-p} 的线性回归模型，并可用最小二乘法得出参数估计值。对于自回归模型（4.7）式：

$$y_t=\phi_0+\phi_1y_{t-1}+\phi_2y_{t-2}+\cdots+\phi_py_{t-p}+u_t \tag{4.28}$$

跟多元线性回归模型一样，可将其写成矩阵形式：

$$Y_p=X_p\Phi_p+U \tag{4.29}$$

对（4.29）式应用最小二乘法，得参数估计：

$$\hat{\Phi}_p=(X'_pX_p)^{-1}X'_pY_p \tag{4.30}$$

应该指出，估计量 $\hat{\Phi}_p$ 虽然不是无偏的，却是一致估计量，还是可以接受的。

应该指出，此方法所得到的参数估计值 $\hat{\phi}_p$ 精度较低，只能作为首次估计，不宜实际使用。原因包括：一方面，当样本容量小于50时，样本自相关函数很可能被低估，导致 $\hat{\phi}_p$ 的误差扩大；另一方面，样本自相关函数提供的情况，不如时序原始资料本身。比较精确的估计，应该是由普通最小二乘法得到的参数估值 $\hat{\phi}_p$。

```
ar(y1, method = "ols")
---------------------------------------------
Call:ar(x = y1,method = "ols")

Coefficients:
    1
0.793

Intercept: -0.0726 (0.126)

Order selected 1   sigma^2 estimated as   0.783
```

模型的拟合结果 $\hat{\phi}_1 = 0.793$ 跟理论值 $\phi_1 = 0.8$ 基本一致。

从 AR 模型(4.28)式的形式看，其相当于 y_t 的滞后各阶回归模型，所以从形式上我们也可以用线性回归模型来求解 AR 模型，但从理论上来说，这样做是有风险的，因为数据滞后是会损失数据的。下面我们试用 lm 函数来求解 AR (1)模型。

```
lm4.1 = lm(y1 ~ L_(y1));lm4.1
---------------------------------------------
Call:lm(formula = y1 ~ L_(y1))

Coefficients:
(Intercept)      L_(y1)
 -0.465          0.793
summary(lm4.1)
---------------------------------------------
Call: lm(formula = y1 ~ L_(y1))

Residuals:
    Min      1Q    Median     3Q     Max
 -1.877  -0.547  -0.089   0.437   2.865

Coefficients:
            Estimate  Std. Error  t value   Pr(>|t|)
(Intercept)  -0.4651   0.2107     -2.21     0.032 *
L_(y1)        0.7930   0.0898      8.83    1.5e-11 ***
---
Signif. codes: 0 '***' 0.001 '**' 0.01 '*' 0.05 '.' 0.1 ' ' 1

Residual standard error: 0.904 on 47 degrees of freedom
(1 observation deleted due to missingness)
Multiple R-squared:0.624,     Adjusted R-squared:0.616
F-statistic: 78 on 1 and 47 DF,   p-value: 1.51e-11
```

模型的拟合结果跟理论值基本一致，但截距项显著，不符合拟合的模型，且该模型在建模过程中损失了一个数据（1 observation deleted due to missingness）。详细的分析见 4.5 节分布滞后与自回归模型。

由于 R 语言软件给出了一个模拟各种时间序列的函数 arima. sim 和拟合时间序列模型的函数 arima，用它可以模拟 AR 模型、MA 模型、ARMA 模型以及 ARIMA 模型，所以为了统一和方便起见，我们下面的模拟和估计都采用 R 语言软件自带的函数 arima. sim 和 arima。在以后的估计中，最好统一用 arima 函数来估计这些参数，而且其估计效果较好。如果还需进一步了解模型的假设检验情况，可用我们改进的 arima. test 函数。

【例 4 – 3】模拟研究。模拟 AR (2) 模型：$y_t = 0.7y_{t-1} - 0.5y_{t-2} + e_t$

```
set.seed(123)
y2 = arima.sim(n = 100, list(ar = c(0.7, -0.5)))       #模拟 AR(2)
plot(y2, type = 'o')
```

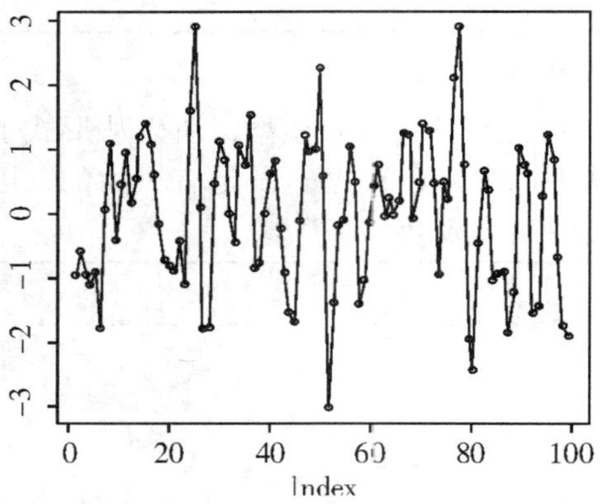


```
pacf(y2)      #偏自相关图
```

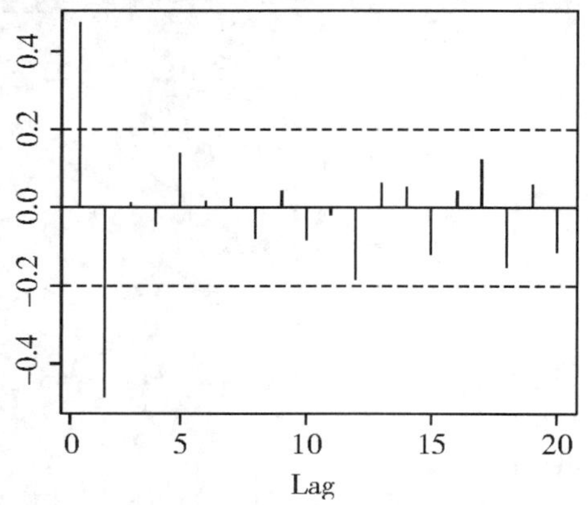


```
pacf(y2) $ ac[1:5]     #前五个偏自相关系数
[1]  0.471659   -0.486390   0.009216   -0.043939   0.138181
```

从偏自相关图中可以看出，只有前两个偏自相关系数超出可信区间界限以外，符合我们的理论模型（模拟序列）。

```
arima(y2, order = c(2, 0, 0))        # 包含常数项
-----------------------------------------------------------
Call:arima(x = y2,order = c(2,0,0))


Coefficients:
          ar1        ar2    intercept
        0.712     -0.494      -0.007
s. e.   0.087      0.087       0.112


sigma^2 estimated as 0.762:log likelihood = -128.7, aic =265.4
arima(y2, order = c(2, 0, 0), include.mean = F)   #不包含常数项 F 即 FALSE
-----------------------------------------------------------
Call:arima(x = y2,order = c(2,0,0),include. mean = F)


Coefficients:
          ar1        ar2
        0.712     -0.494
s. e.   0.087      0.087


sigma^2 estimated as 0.762:log likelihood = -128.7,   aic =263.4
```

模型的拟合结果 $\hat{\phi}_1=0.712$，$\hat{\phi}_2=-0.494$ 跟理论值 $\phi_1=0.8$，$\phi_2=-0.5$ 更接近。

用最小二乘法进行估计时应该注意：

（1）arima 拟合函数可选择不同的方法进行参数估计，例如 arima（prop，order = c（1，0，0)，method = "ML"））表示用极大似然估计 ML 进行 AR（1)模型参数的估计，如参数 method = "CSS"，估计方法为条件最小二乘法，用条件最小二乘法时，不显示 AIC。

（2）arima 函数里的 intercept 估计的是均值，而不是截距。虽然 intercept 是截距的意思，但这里用 mean 会更好（只有在没有 AR 项的时候，均值和截距才是相同的），如果想得到截距，利用公式计算：$\phi_0=(1-\phi_1)\cdot \text{intercept}$。

（3）arima 函数也有一个缺点，就是没有给出系数的显著性检验，我们将其进行了扩展，给出了其检验统计量的函数 arima. test(见包 EmRa)。

```
AR2 = arima(y2, order = c(2,0,0))
arima.test(AR2)                 # library(EmRa)
-----------------------------------------------------------
arima(x = y2, order = c(2, 0, 0))


Coefficients:
              Estimate  Std. Error    t value   Pr( > |t|)
ar1             0.7120      0.0872     8.1637        0.000
ar2            -0.4939      0.0875    -5.6470        0.000
(intercept)    -0.0066      0.1121    -0.0589        0.953


sigma^2 estimated as 0.7619:log likelihood = -128.7,   aic =265.4
```

```
AR2 = arima(y2, order = c(2, 0, 0), include.mean = F)
arima.test(AR2)
-----------------------------------------------------------
arima(x = y2, order = c(2, 0, 0), include.mean = F)


Coefficients:
       Estimate  Std. Error   t value  Pr(>|t|)
ar1      0.7120      0.0872     8.164         0
ar2     -0.4941      0.0874    -5.652         0


sigma^2 estimated as 0.7619: log likelihood = -128.7,   aic = 263.4
```

经检验，模型系数显著，而常数项不显著，跟模拟的理论模型参数基本一致。

```
AR2 = arima(y2, order = c(2, 0, 0))
arima.test(AR2)
-----------------------------------------------------------
arima(x = y2, order = c(2, 0, 0))


Coefficients:
              Estimate  Std. Error   t value  Pr(>|t|)
ar1             0.7120      0.0872    8.1637     0.000
ar2            -0.4939      0.0875   -5.6470     0.000
(intercept)    -0.0066      0.1121   -0.0589     0.953


sigma^2 estimated as 0.7619: log likelihood = -128.7,   aic = 265.4
```

3. *自回归阶数 p 的识别*

对 AR (p) 模型，关键是模型的识别即如何确定阶数 p，一旦 p 值确定下来就转化为自回归阶数 p 已知的情况，问题就解决了。这里我们采用直观的偏自相关系数法。

自相关函数 ACF (k) 给出了 X_t 与 X_{t-k} 的总体相关性，但总体相关性可能掩盖了变量间完全不同的隐含关系。

例如，在 AR (1) 随机过程中，X_t 与 X_{t-2} 间有相关性可能主要是由于它们各自与 X_{t-1} 间的相关性带来的：

$$\rho_2 = \phi^2 = \rho_1^2 = \mathrm{E}(X_t X_{t-1})\mathrm{E}(X_{t-1} X_{t-2})$$

即自相关函数中包含了这种所有的“间接”相关。

与之相反，X_t 与 X_{t-k} 间的偏自相关函数（partial autocorrelation function，PACF）则是消除了中间变量 X_{t-1}，…，X_{t-k+1} 带来的间接相关后的直接相关性，它是在已知序列值 X_{t-1}，…，X_{t-k+1} 的条件下，X_t 与 X_{t-k} 间关系的度量。

偏自相关的含义类似于偏相关，偏相关系数是指在排除了 $k-1$ 个中间量滞后变量 y_{t-1}，y_{t-2}，…，y_{t-k+1} 的影响后，y_t 和 y_{t-k} 的自相关系数。在实际应用中偏自相关系数函数可由样本的自相关函数值通过递推的方法给出，其关系为：

$$\hat{\phi}_1 = \hat{\rho}_1$$

$$\hat{\phi}_{k+1,j} = \hat{\phi}_{k,j} + \hat{\phi}_{k+1,k+1}\hat{\phi}_{k,k-j+1} \qquad j = 1,\ 2,\ \cdots,\ k$$

$$\hat{\phi}_{k+1,k+1} = \left(\hat{\rho}_{k+1} - \sum_{j=1}^{k}\hat{\rho}_{k+1-j}\hat{\phi}_{k,j}\right)\left(1 - \sum_{j=1}^{k}\hat{\rho}_j\hat{\phi}_{k,j}\right)^{-1} \tag{4.31}$$

可以证明，平稳的零均值序列 $\{y_t\}$ 为 p 阶自回归的充分必要条件是 $\{y_t\}$ 的偏自相关

函数为 p 阶截尾（当 $k \leq p$ 时，$\psi_{kk} \neq 0$，而当 $k > p$ 时，$\psi_{kk} = 0$），因此若序列 $\{y_t\}$ 的偏自相关函数在 p 步以后截尾，则可判断该序列为 AR（p）。而由于任何可逆的 MA（q）序列都可以转化成一个无限阶的 AR 序列，所以 MA（q）序列的偏自相关函数也呈拖尾性。

在 AR（1）中，从 X_t 中去掉 X_{t-1} 的影响，则只剩下随机扰动项 ε_t，显然它与 X_{t-2} 无关，因此我们说 X_t 与 X_{t-2} 的偏自相关系数为零，记为：

$$\phi_2 = \mathrm{Corr}(u_t,\ X_{t-2}) = 0$$

同样地，在 AR（p）过程中，对所有的 $k > p$，X_t 与 X_{t-k} 间的偏自相关系数为零。

AR（p）的一个主要特征是：$k > p$ 时，$\phi_k = \mathrm{Corr}(X_t,\ X_{t-k}) = 0$，即 ϕ_k 在 p 以后是截尾的。

一随机时间序列的识别原则：

若 X_t 的偏自相关函数在 p 以后截尾，即 $k > p$ 时，$\phi_k = 0$，而它的自相关函数 ϕ_k 是拖尾的，则此序列是自回归 AR（p）序列。

这种方法是在自回归阶数 k 逐步增加的过程中，通过对偏自相关系数 ϕ_k 的显著性检验来确定适当阶数 p 的方法。偏自相关系数中的第 k 个系数 ϕ_k 我们用 ϕ_{kk} 表示。

为了对 ϕ_{kk} 进行检验，必须知道 OLS 估计量的抽样分布。可以证明，对于大样本来讲，如果自回归过程AR的阶数为 p，那么，在 $k > p$ 时，偏自相关系数估计量近似服从期望值为 0、方差为 $1/n$ 的正态分布，这里的 n 为样本容量。

要判断在 0.05 显著性水平下 ϕ_{kk} 是否为 0，只要考察其估计值是否落在下面区间内：

$$\left[-\frac{1.96}{\sqrt{n}},\ \frac{1.96}{\sqrt{n}}\right]$$

如果估计值落在这个区间内，则 ϕ_{kk} 不显著，即确认 $\phi_{kk} = 0$，如果估计值落在此区间之外，则 ϕ_{kk} 显著，即确认 $\phi_{kk} \neq 0$。

```
pacf(y1)$ac[1:5]          #模拟序列 y1 的偏自相关图及前 5 个偏自相关系数
```

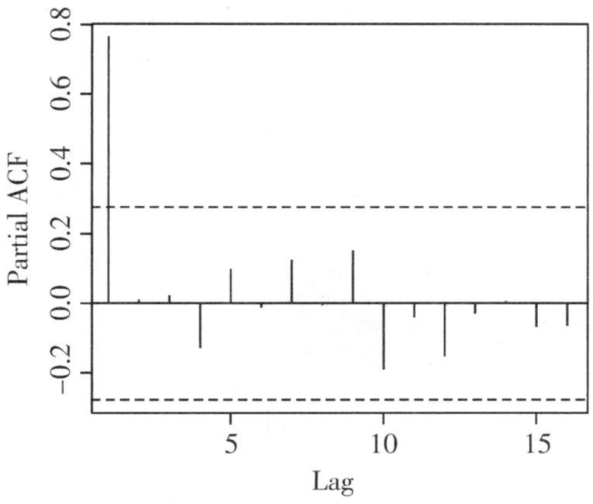


```
[1]  0.758746  0.008968  0.019635  -0.126983  0.096058
```

从中可以看出，y_1 序列只存在一阶自相关性，二阶及以上偏自相关系数很小，且都落入可信区间之内，符合 AR（1）模型的拟合结果。

```
pacf(y2)$ac[1:5]                    #模拟序列 y2 的偏自相关图及前 5 个偏自相关系数
```

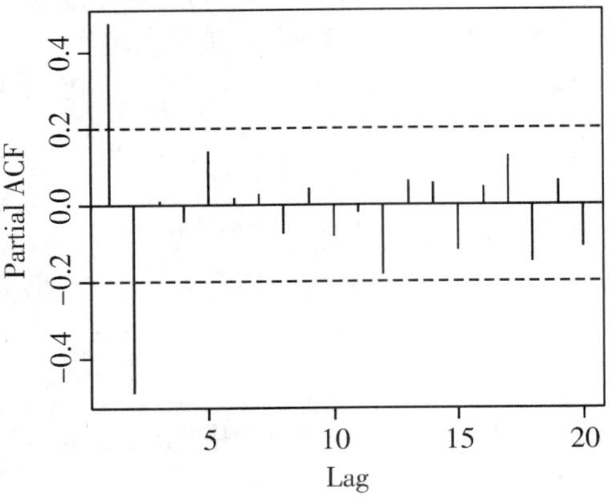


```
[1]  0.471659  -0.486390  0.009216  -0.043939  0.138181
```

从中可以看出，y_2 序列的确只存在二阶自相关性，三阶及以上偏自相关系数很小，且都落入可信区间之内，符合拟合的 AR(2)模型。

【例 4-4】实证分析：股票收益率的研究。

下面对上海股票市场股票指数收益率的变动进行分析。本例选取 2003 年 1 月 2 日至 2010 年 4 月 14 日的上海证券交易所每日收盘价格指数作为样本数据，总共 1 776 个数值，数据来源于雅虎财经，并以指数的对数收益率 R_t 作为第 t 日的股票对数收益率，即这里的 $R_t = \ln(P_t/P_{t-1}) \times 100$，$P_t$ 表示股票价格指数。

```
#从 SCIdata.csv 文件中读取上证指数;Pt = read.csv("SCIdata.csv") $ Pt
Pt = read.csv("http://eclab.jnu.edu.cn/stat/SCIdata.csv") $ Pt
Rt = log(Pt[-1]/L_(Pt, ua.is = F))* 100    #滞后函数 L_会损失 1 组数据，需剔除 Rt 中第 1 组数据
plot(Pt, type = 'l')                        #上证指数图
plot(Rt, type = 'l');abline(h = 0)          #上证指数对数收益率图
```

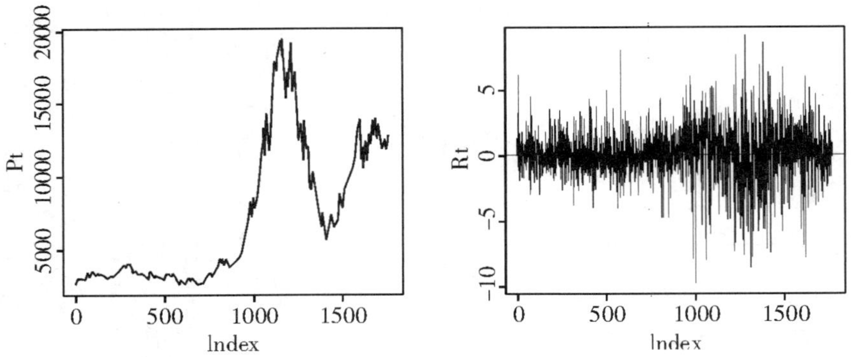

从上证指数 P_t 图我们看到上证指数是不平稳序列，但从其对数收益率 R_t 图可以看出，上证指数的对数收益率 R_t 是一个平稳序列，下面我们来建立 R_t 的 AR 模型。

```
#应用偏自相关函数确定模型的阶数
pacf(Rt)    #初步定仅有 4 阶偏自相关
```

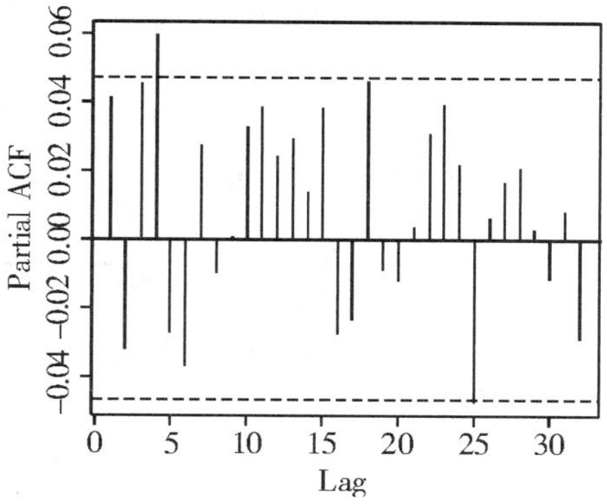


```
Box.test(Rt, lag = 1)
```

```
        Box-Pierce test
data: Rt
X-squared = 2.979, df = 1, p-value = 0.08436
```

```
Box.test(Rt, lag = 2)
```

```
        Box-Pierce test
data: Rt
X-squared = 4.544, df = 2, p-value = 0.1031
```

```
Box.test(Rt, lag = 3)
```

```
        Box-Pierce test
data: Rt
X-squared = 7.739, df = 3, p-value = 0.05172
```

```
Box.test(Rt, lag = 4)
```

```
        Box-Pierce test
data: Rt
X-squared = 14.87, df = 4, p-value = 0.004973
```

Box-Pierce 检验进一步确认该序列仅存在 4 阶偏自相关关系。

```
AR4 = arima(Rt, order = c(4, 0, 0), include.mean = F)   # 对数收益率均值为 0
arima.test(AR4)
```

```
arima(x = Rt, order = c(4,0,0), include. mean = F)


Coefficients:
       Estimate   Std. Error   t value   Pr(>|t|)
ar1     0.04272    0.02375      1.798    0.07211
ar2    -0.02982    0.02375     -1.256    0.20929
ar3     0.04416    0.02374      1.860    0.06288
ar4     0.06063    0.02375      2.553    0.01069


sigma^2 estimated as 3.93: log likelihood = -3712,   aic = 7434
```

于是有 AR (4)模型：

$$(1-0.042\ 72L+0.029\ 82L^2-0.044\ 16\ L^3-0.060\ 63L^4)\ R_t=u_t$$

即 $R_t=0.042\ 72\ R_{t-1}-0.029\ 82\ R_{t-2}+0.044\ 16\ R_{t-3}+0.060\ 63\ R_{t-4}+u_t$

$$\sigma_u^2=3.93$$

从假设检验结果可以看到前三阶自回归系数都不显著，所以我们可建立仅包含 4 阶自回归的 AR 模型，其中 fixed = c(0,0,0,NA)表示只拟合第 4 阶模型，transform. pars = FALSE 使输出结果简单些。

```
AR4 = arima(Rt, order = c(4, 0, 0), include.mean = F, fixed = c(0, 0, 0, NA) , transform.pars = F)
arima.test(AR4)
```

```
arima(x = Rt,order = c(4,0,0),include. mean = F,transform. pars = FALSE,
fixed = c(0, 0, 0,NA))

Coefficients:
      Estimate  Std. Error  t value  Pr( > |t|)
ar1   0.00000          NA       NA        NA
ar2   0.00000          NA       NA        NA
ar3   0.00000          NA       NA        NA
ar4   0.06528     0.02375    2.749   0.005971

sigma^2 estimated as 3.947;log likelihood = -3716,   aic = 7436
```

于是得最终的 AR (4)模型为：

$$(1-0.065\ 28L^4)\ R_t=u_t\text{或 } R_t=0.065\ 28\ R_{t-4}+u_t$$

$$\sigma_u^2=3.947$$

但从 AIC 的值看，两者差别不大，后一模型更为简单。

4.3 时间序列移动平均 MA 模型

4.3.1 MA 模型的基本形式

移动平均模型将序列$\{y_t\}$表示为白噪声的线性加权。q 阶移动平均模型表示为：

$$y_t=u_t+\theta_1 u_{t-1}+\theta_2 u_{t-2}+\cdots+\theta_p u_{t-q} \tag{4.32}$$

利用滞后算子则模型可简单表示为：

$$y_t=\Theta_q\ (L)u_t \tag{4.33}$$

或

$$u_t=\Theta_q^{-1}\ (L)y_t \tag{4.34}$$

其中

$$\Theta_q\ (L)=1+\theta_1 L+\theta_2 L^2+\cdots+\theta_q L^q \tag{4.35}$$

从上式可见，为使 MA (q)过程可以转换成一个自回归过程，需要 $\Theta_q^{-1}\ (L)$收敛。而 $\Theta_q^{-1}\ (L)$收敛的充分必要条件是 $\Theta_q\ (L)$的特征方程

$$\Theta_q\ (z)=1+\theta_1 z+\theta_2 z^2+\cdots+\theta_q z^q \tag{4.36}$$

的所有根的绝对值都大于 1，即 $|z|>1$，这个条件称为移动平均序列的可逆性（可转换

性）条件，可逆性条件是 MA（q）序列必须满足的。

上式为 q 阶移动平均模型，记为 MA（q）。c 是常数项，实参数 θ_1，$\theta_2 K$，…，θ_q 为移动平均系数，是模型的待估参数。

4.3.2 MA 模型的阶数确定

对于给定的样本 y_1，y_2，…，y_n，怎样为生成移动平均过程确定合适的阶数？为了回答这个问题，我们首先来研究反映移动平均过程特征的自相关函数。

一、自相关函数法

1. MA（1）模型

为了讨论方便，我们先研究 MA（1）过程：

$$y_t = u_t - \theta u_{t-1} \tag{4.37}$$

因为 u_t 和 u_{t-1} 是白噪声，所以，它的期望值为：

$$E(y_t) = E(u_t) - \theta_1 E(u_{t-1}) = 0$$

方差为：

$$\begin{aligned} var(y_t) &= E(u_t - \theta_1 u_{t-1})^2 \\ &= E(u_t^2) + \theta_1^2 E(u_{t-1}^2) - 2\theta_1 E(u_t u_{t-1}) \\ &= \sigma_u^2 + \theta_1^2 \sigma_u^2 \end{aligned}$$

协方差为：

$$\begin{aligned} cov(y_t,\ y_{t+k}) &= E[(u_t - \theta_1 u_{t-1})(u_{t+k} - \theta_1 u_{t+k-1})] \\ &= E(u_t u_{t+k}) - \theta_1 E(u_{t-1} u_{t+k}) - \theta_1 E(u_t u_{t+k-1}) + \theta_1^2 E(u_{t-1} u_{t+k-1}) \\ &= \begin{cases} (1+\theta_1^2)\sigma_u^2 & k=0 \\ -\theta_1 \sigma_u^2 & k=1 \\ 0 & k=2,\ 3,\ \cdots \end{cases} \end{aligned} \tag{4.38}$$

以上讨论表明 MA（1）过程是平稳的。由于 $cov(y_t,\ y_{t+k})$ 不依赖时间 t，而只依赖 k，所以可以用 r_k 表示。于是，自相关函数为：

$$\rho_k = \frac{r_k}{r_0} = \begin{cases} \dfrac{-\theta_1}{1+\theta_1^2} & k=1 \\ 0 & k=2,\ 3,\ \cdots \end{cases} \tag{4.39}$$

上式表明 MA（1）只有 1 期记忆，即当 $k>1$ 时 $\rho_k = 0$。

2. MA（q）模型

MA（q）模型：

$$y_t = u_t - \theta_1 u_{t-1} - \theta_2 u_{t-2} - \cdots - \theta_k u_{t-k} - \cdots - \theta_q u_{t-q} \qquad (k \leqslant q) \tag{4.40}$$

与 MA（1）的推导过程类似，可得结果：

$$r_0 = \sigma_u^2 (1 + \theta_1^2 + \cdots + \theta_q^2)$$

$$r_k = \sigma_u^2 (-\theta_k + \theta_1 \theta_{k+1} + \theta_2 \theta_{k+2} + \cdots + \theta_{q-k} \theta_q) \qquad (k=1,\ 2,\ \cdots,\ q)$$

于是：

$$\rho_k = \frac{r_k}{r_0} = \begin{cases} 1 & k=0 \\ \dfrac{-\theta_k + \theta_1\theta_{k+1} + \theta_2\theta_{k+2} + \cdots + \theta_{q-k}\theta_q}{1+\theta_1^2+\cdots+\theta_q^2} & k=1,\ 2,\ \cdots,\ q \\ 0 & k>q \end{cases} \tag{4.41}$$

对平稳过程，方差 $\mathrm{var}(y_t)=r_0$ 必须有限，因此要求 $(1+\theta_1^2+\cdots+\theta_q^2)<\infty$，对无穷阶移动平均过程要求 $(1+\theta_1^2+\theta_2^2+\cdots)<\infty$。这意味着 θ_q 的绝对值必须随 q 的增大而减少。由（4.41）式试算可以看出，MA (q)的 $|\rho_k|$ 也将随 k 的增大而减少，与自回归过程不同的是，当 $k>q$ 时，$\rho_k=0$。这表明 MA (q) 只有 q 期记忆，即当 $k>q$ 时，$\rho_k=0$。

二、阶数的确定

MA (q) 只有 q 期记忆这一重要性质，可以帮助我们对模型进行识别。

（1）先计算自相关函数 ρ_k 的估计值，

$$\hat{\rho}_k=\frac{\sum_{t=k+1}^{n}y_t y_{t-k}}{\sum_{t=1}^{n}y_t^2} \tag{4.42}$$

这里根据我们的约定，y_t 已经中心化了，即 $\bar{y}_t=0$。利用上式计算出 $\hat{\rho}_1$，$\hat{\rho}_2$，…，$\hat{\rho}_k$。

（2）以 $\hat{\rho}_k$（$k=0$，1，2，…）为纵坐标，以 k 为横坐标作图，这样得出的图形称为样本自相关函数图。

（3）将样本自相关函数图与总体自相关函数图作比较，由于总体自相关函数图与阶数 p 有关，所以通过比较便可确定 p 值，从而进行显著检验。

可以证明，当样本容量很大时，$\hat{\rho}_k$ 近似服从期望值为 0、方差为 $1/n$ 的正态分布。

于是可以有与自回归过程类似的检验方法：

（1）构造 95% 的置信区间：

$$\left[-\frac{1.96}{\sqrt{n}},\ \frac{1.96}{\sqrt{n}}\right]\approx\left[-\frac{2}{\sqrt{n}},\ \frac{2}{\sqrt{n}}\right]$$

（2）计算样本的各阶自相关系数 $\hat{\rho}_k$（$k=0$，1，2，…）。

（3）考察 $\hat{\rho}_k$ 是否落在这一区间之内。如果 $\hat{\rho}_k$ 的数值落在此区间之外，表明 $\hat{\rho}_k$ 显著（即 $\rho_k\neq0$），否则不显著（即 $\rho_k=0$）。若对 $k\leq q$ 时，ρ_k 皆显著，对 $k>q$ 时，ρ_k 皆不显著，则在 0.05 显著水平下，产生样本移动平均的阶数确定为 q。

4.3.3 MA 模型的参数估计

设有移动平均过程 MA (q)：

$$y_t=u_t-\theta_1u_{t-1}-\theta_2u_{t-2}-\cdots-\theta_qu_{t-q} \tag{4.43}$$

估计参数 θ 的直观想法是利用 ρ_k 与 θ 之间的关系：

$$\rho_k=\frac{-\theta_k+\theta_1\theta_{k+1}+\cdots+\theta_{q-k}\theta_q}{1+\theta_1^2+\theta_2^2+\cdots+\theta_q^2}\qquad (k=1,\ 2,\ \cdots,\ q) \tag{4.44}$$

将此式中的 ρ_k 用相应的估计值 $\hat{\rho}_k$ 代替，便得到关于 θ 的 q 个非线性代数方程，解这个非线性方程便可得到 q 个 θ 的估计值。这样得出的参数估计量是一致的。

非线性方程组求解是比较困难，一般可用迭代法近似求解。由于实际问题中遇到的移动平均过程多数都是 MA (1)或 MA (2)等低阶过程，所以迭代过程也不算太复杂。

这种估计方法的优点是简单易行，缺点是它只注意如何去拟合 q 个自相关函数，而没有考虑如何选择参数以有利于提高预测精度。因此，往往把使用这种方法得出的估计值作为首期估计值。为此可以考虑误差平方和：

$$S(\theta)=\sum_{t=1}^{n}u_t^2 \tag{4.45}$$

选择适当的参数 θ 使 $S(\theta)$ 达到极小，可得到参数 θ 的一致估计量。

【例4－5】模拟研究。模型 MA (1) 估计的结果为 $y_t = u_t - 0.8u_{t-1}$。

```
set.seed(123456)
y3 = arima.sim(n = 100, list(ma = 0.8))
plot(y3, type = 'o')
```

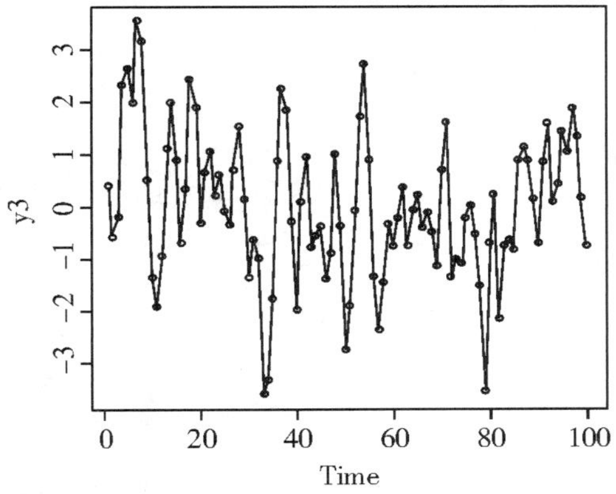


```
acf(y3) $ ac[1:5]
```

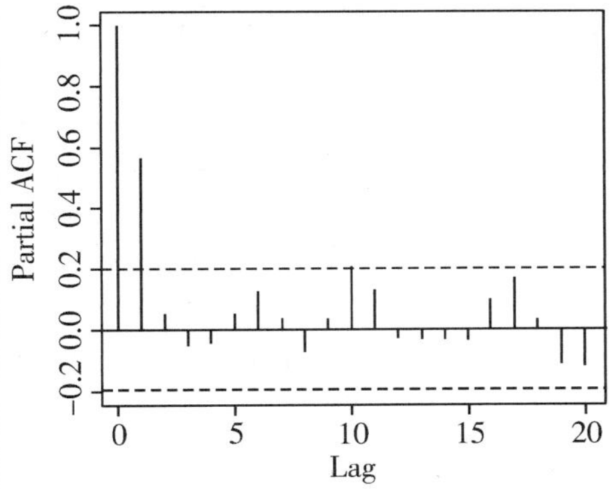


```
[1]  1.00000  0.56589  0.05155  -0.05005  -0.04508
```

```
MA1 = arima(y3, order = c(0, 0, 1), include.mean = F)
arima.test(MA1)
```

```
arima( x = y3,order = c(0,0,1),include. mean = FALSE)


Coefficients:
        Estimate   Std. Error    t value    Pr( > |t| )
ma1      0.8984     0.0428       20.97            0


sigma^2 estimated as 0.9393:log likelihood = -139.6,    aic = 283.2
```

对 ρ_k 进行显著性检验，可以看出，只有 $\hat{\rho}_1 = 0.565\,89$ 落在置信区间之外，其余 $\hat{\rho}_k$ 皆落在区间之内。因此该样本的移动平均过程阶数为 1，即选定 MA (1) 过程：$y_t = u_t - \theta_1 u_{t-1}$。

由模拟样本生成的 MA (1) 过程为：$y_t = u_t - 0.898\,4u_{t-1}$。可以看到，模拟结果与理论模型也比较接近：$y_t = u_t - 0.8u_{t-1}$。

【例 4-6】股票收益率 R_t 的 MA 模型建立。

从 ACF 函数图我们可以看到，股票收益率 R_t 的自相关图在 4 阶处截尾，可考虑拟合 MA (4)模型进行分析。

```
acf(Rt)
```

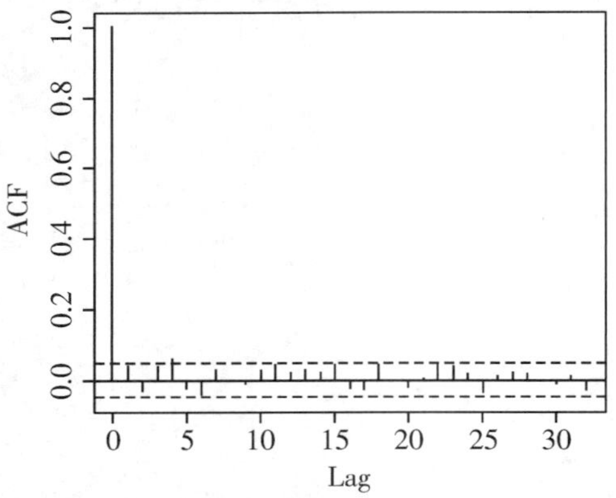


```
MA4 = arima(Rt, order = c(0, 0, 4), include.mean = F)
arima.test(MA4)
```

```
arima(x = Rt, order = c(0,0,4), include. mean = F)

Coefficients:
       Estimate   Std. Error   t value    Pr(>|t|)
ma1     0.04496     0.02371     1.8966    0.057882
ma2    -0.02133     0.02386    -0.8939    0.371369
ma3     0.04115     0.02490     1.6526    0.098414
ma4     0.06396     0.02401     2.6635    0.007732

sigma^2 estimated as 3.931: log likelihood = -3712,   aic = 7435
```

经检验，只有滞后 4 阶的模型是显著的，于是我们只拟合包含 4 阶的 MA (4)模型：

```
MA4 = arima(Rt, order = c(0, 0, 4), include.mean = F, fixed = c(0, 0, 0, NA))
arima.test(MA4)
```

```
arima(x = Rt, order = c(0,0,4), include. mean = F, fixed = c(0,0,0,NA))

Coefficients:
       Estimate   Std. Error   t value   Pr(>|t|)
ma1     0.00000          NA        NA         NA
ma2     0.00000          NA        NA         NA
ma3     0.00000          NA        NA         NA
ma4     0.06609     0.02391     2.764    0.005703

sigma^2 estimated as 3.947: log likelihood = -3716,   aic = 7436
```

于是得如下的 MA (4)模型：

$$y_t = (1 - 0.06609 L^4) u_t \quad \sigma_u^2 = 3.947$$

或 $y_t = u_t - 0.06609 u_{t-1}$ $\sigma_u^2 = 3.947$

但从 AIC 的值看，MA（4）模型跟 AR（4）模型差别不大。

4.4 自回归移动平均 ARMA 模型

4.4.1 ARMA 模型的概念

ARMA 模型是一类常用的随机时间序列模型，由美国统计学家伯克斯和詹金斯创立，亦称 Box-Jenkins 方法。它是一种精度较高的时间序列短期分析方法，其基本思想是：某些时间序列是依赖于时间 t 的一组随机变量，构成该时间序列的单个序列值虽然具有不确定性，但整个序列的变化却有一定的规律性，可以用相应的数学模型近似描述，通过对该数学模型的分析研究，能够从本质上认识时间序列的结构与特征，并得到最有效的预测结果。

如果平稳随机过程既具有自回归过程的特性又具有移动平均过程的特性，则不宜单独使用 AR（p）或 MA（q）模型，而需要两种模型混合使用。由于这种混合使用的模型包含了自回归和移动平均两种成分，所以它的阶是二维的，由 p 和 q 两个数构成，其中 p 代表自回归成分的阶数，q 代表移动平均成分的阶数，记作 ARMA（p，q），称作自回归移动平均混合模型或称为自回归移动平均模型。

自回归移动平均模型 ARMA（p，q）的一般表达式为：

$$y_t = \phi_1 y_{t-1} + \phi_2 y_{t-2} + \cdots + \phi_p y_{t-p} + u_t - \theta_1 u_{t-1} - \theta_2 u_{t-2} - \cdots - \theta_q u_{t-q} \tag{4.46}$$

该模型中 p 为自回归部分的阶数，q 为移动平均部分的阶数，因此记为 ARMA（p，q）。利用滞后算子多项式 $\Phi_p(L)$ 和 $\Theta_q(L)$，ARMA(p，q)可改写为：

$$\Phi_p(L) y_t = \Theta_q(L) u_t \tag{4.47}$$

对 ARMA(p，q)模型，其平稳条件与 AR(p)的平稳条件相同，其可逆条件与 MA(q)的可逆条件相同。

最简单的自回归移动平均模型是 ARMA（1，1），其具体形式为：

$$y_t = \phi_1 y_{t-1} + u_t - \theta_1 u_{t-1} \tag{4.48}$$

显然，ARMA（0，q）= MA（q），ARMA（p，0）= AR（p），因此，MA（q）和 AR（p）分别看作 ARMA（p，q）当 $p=0$ 和 $q=0$ 时的特例。

ARMA（p，q）模型的优点是能以较少的参数描写单用 AR（p）或 MA（q）过程不能经济地描写的数据生成过程。在实际应用中，用 ARMA（p，q）拟合实际数据时所需阶数较低，p 和 q 的数值很少超过 2。因此，ARMA 模型在预测中具有很大的实用价值。

4.4.2 ARMA 模型的相关分析

1. 自相关分析

首先我们考察 ARMA（p，q）中最简单的模型 ARMA（1，1）：

$$y_t = \phi_1 y_{t-1} + u_t - \theta_1 u_{t-1} \tag{4.49}$$

$$r_0 = \mathrm{E}(y_t^2) = \mathrm{E}(\phi_1 y_{t-1} + u_t - \theta_1 u_{t-1})^2$$

$$= \phi_1^2 r_0 + \sigma_u^2 + \theta_1^2 \sigma_u^2 - 2\phi_1\theta_1\sigma_u^2$$

$$r_0(1 - \phi_1^2) = \sigma_u^2(1 + \theta_1^2 - 2\phi_1\theta_1)$$

$$r_0=\frac{1+\theta_1^2-2\phi_1\theta_1}{1-\phi_1^2}\sigma_u^2$$

$$\begin{aligned}r_1&=\mathrm{E}(y_{t-1}y_t)=\mathrm{E}[y_{t-1}(\phi_1y_{t-1}+u_t-\theta_1u_{t-1})]\\&=\phi_1r_0-\theta_1\sigma_u^2\\&=\frac{(\phi_1-\theta_1)(1-\phi_1\theta_1)}{1-\phi_1^2}\sigma_u^2\end{aligned}$$

$$\begin{aligned}r_2&=\mathrm{E}[y_{t-2}y_t]\\&=\mathrm{E}[y_{t-2}(\phi_1y_{t-1}+u_t-\theta_1u_{t-1})]\\&=\phi_1r_1\end{aligned}$$

同样有：

$$r_3=\phi_1r_2$$

……

$$r_k=\phi_1r_{k-1}$$

于是有自相关函数：

$$\rho_1=\frac{r_1}{r_0}=\frac{(\phi_1-\theta_1)\ (1-\phi_1\theta_1)}{1+\theta_1^2-2\phi_1\theta_1}$$

$$\rho_k=\phi_1\rho_{k-1}\qquad(k\geqslant2)\tag{4.50}$$

2. 偏自相关分析

主要考虑一下 ARMA (1, 1)的偏自相关系数。

将 AR (1)式推迟一期乘以 θ_1，推迟二期乘以 θ_1^2，……得到：

$$y_t=\phi_1y_{t-1}+u_t-\theta_1u_{t-1}$$

$$\theta_1y_{t-1}=\theta_1\phi_1y_{t-2}+\theta_1u_{t-1}-\theta_1^2u_{t-2}$$

$$\theta_1^2y_{t-2}=\theta_1^2\phi_1y_{t-3}+\theta_1^2u_{t-2}-\theta_1^3u_{t-3}$$

……

将以上各式两边对应相加：

$$y_t+\theta_1y_{t-1}+\theta_1^2y_{t-2}+\cdots=\phi_1y_{t-1}+\theta_1\phi_1y_{t-2}+\theta_1^2\phi_1y_{t-3}+\cdots+u_t$$

整理得无限自回归模型：

$$y_t=(\phi_1-\theta_1)(y_{t-1}+\theta_1y_{t-2}+\theta_1^2y_{t-3}+\cdots)+u_t$$

该模型与 ARMA (1, 1)等价。

记 $\psi_1=\phi_1-\theta_1$，$\psi_2=(\phi_1-\theta_1)\theta_1$，$\psi_3=(\phi_1-\theta_1)\theta_1^2$，…显然，$\psi$ 就是模型 ARMA (1, 1)的偏相关系数。由于 $|\theta_1|<1$，$|\phi_1|<1$，知 ψ_k 的绝对值随 k 的增加而减少，其符号由乘积$(\phi_1-\theta_1)\theta_1^{k-1}$ $(k=1, 2, \cdots)$来决定。关于零阶偏相关系数定义为$\psi_0=1$。

结合以上的讨论，我们可以根据自相关函数和偏自相关函数的变化规律，画出图形。下面给出了典型 ARMA (1, 1)过程的自相关函数 ACF 和偏自相关函数 PACF 的图形。

【例4-7】模拟研究。模型 ARMA (1, 1)估计的结果为 $y_t=0.8y_{t-1}+u_t-0.6u_{t-1}$。

```
set.seed(12345)
y4 = arima.sim(model = list(ar = 0.8, ma = 0.6), n = 100)
plot(y4, type = 'o')
```

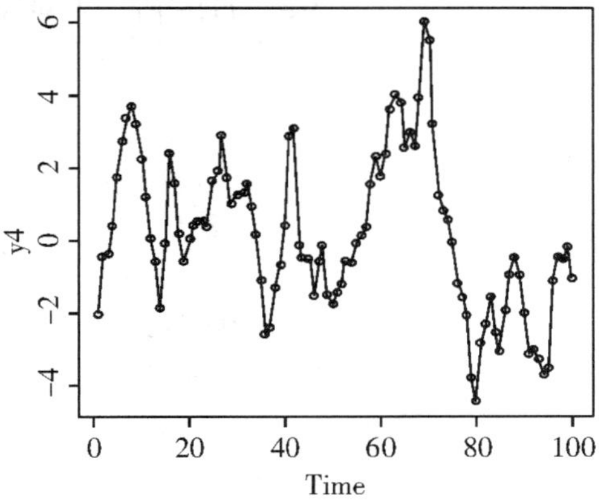


```
acf(y4)
```

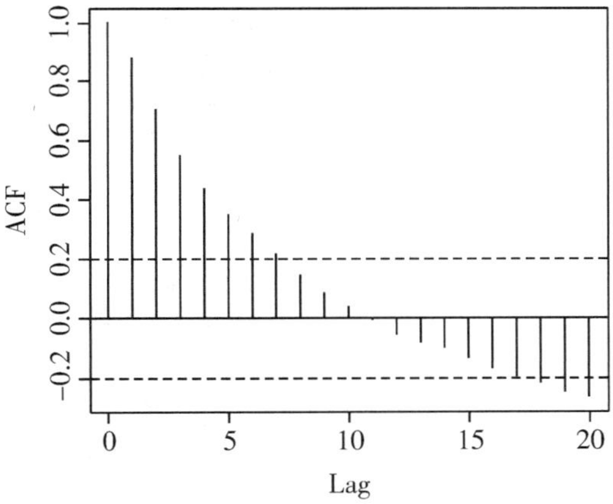


```
pacf(y4)
```

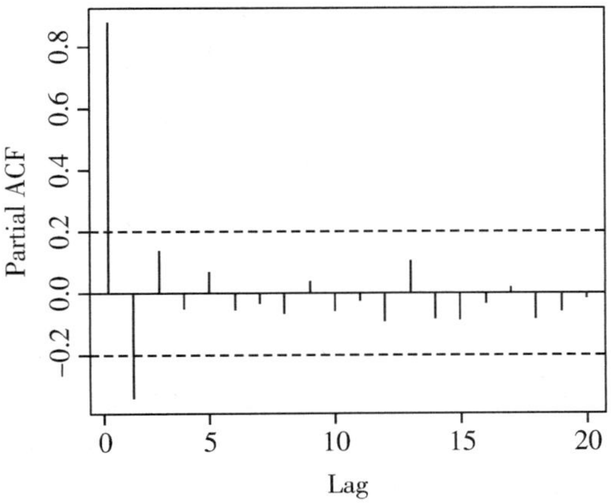

4.4.3 ARMA 模型的统计推断

一、ARMA 模型的参数估计

ARMA (p, q)的估计，需要用非线性估计法，要比 AR (p)或 MA (q)的估计困难得多。它的计算过程颇为复杂，但使用计算机则非常方便，在实际工作中，一般都是使用通用软件(如 TSP)利用计算机进行估计。

我们仅对 ARMA (p, q)的一种估计方法作简略介绍。

我们的问题是找出适当的 p 和 q 的值使 ϕ、θ 误差

$$S(\phi、\theta)=\sum_{t=1}^{n}u_t^2=\sum_{t=1}^{n}(u_t \mid \phi, \theta, \omega)^2$$

达到最小。其中 ω 是 n 个观测值的向量，θ 是 q 个系数 θ_1，θ_2，…，θ_q 的向量，ϕ 是 p 个系数 ϕ_1，ϕ_2，…，ϕ_p 的向量。$u_t \mid \phi, \theta, \omega$ 表示 u_t 值的大小由条件 ϕ，θ 及 ω 而定。

现在以向量 β 代表向量 ϕ 和 θ，即 $\beta=(\phi_1, \phi_2, \cdots, \phi_p, \theta_1, \theta_2, \cdots, \theta_q)$。则 $S(\phi, \theta)$ 可写成：

$$S(\beta)=\sum_{t=1}^{n}(u_t \mid \omega, \beta)^2=\sum_{t=1}^{n}u_t^2$$

我们将 u_t 在 β_0 处 Taylor 展开：

$$u_t=(u_t \mid \omega, \beta_0)+\sum_{i=1}^{p+q}(\beta_i-\beta_{i,0})\frac{\partial u_t}{\partial \beta_i}\Big|_{\beta=\beta_0}+\frac{1}{2}\sum_{i=1}^{p+q}\sum_{j=1}^{p+q}(\beta_i-\beta_{i,0})(\beta_j-\beta_{j,0})\frac{\partial^2 u_t}{\partial \beta_i \partial \beta_j}\Big|_{\beta=\beta_0}+\cdots$$

记 $x_{i,t}=\dfrac{-\partial u_t}{\partial \beta_i}\Big|_{\beta=\beta_0}$，上式右边取前二项作为近似值，于是有：

$$u_t=(u_t \mid \omega, \beta_0)-\sum_{i=1}^{p+q}(\beta_i-\beta_{i,0})x_{i,t}$$

或

$$(u_t \mid \omega, \beta_0)+\sum_{i=1}^{p+q}\beta_{i,0}x_{i,t}=\sum_{i=1}^{p+q}\beta_i x_{i,t}+u_t$$

将上式左端视为因变量，右端视为自变量和误差项。记：

$$Y=\begin{bmatrix}[u_1 \mid \omega, \beta_0]+\sum_{i=1}^{p+q}\beta_{i,0}x_{i,1}\\ [u_2 \mid \omega, \beta_0]+\sum_{i=1}^{p+q}\beta_{i,0}x_{i,2}\\ \cdots\cdots \\ [u_n \mid \omega, \beta_0]+\sum_{i=1}^{p+q}\beta_{i,0}x_{i,n}\end{bmatrix}$$

$$X=\begin{bmatrix}x_{1,1} & x_{2,1} & \cdots & x_{p+q,1}\\ x_{1,2} & x_{2,2} & \cdots & x_{p+q,2}\\ \vdots & \vdots & & \vdots \\ x_{1,n} & x_{2,n} & \cdots & x_{p+q,n}\end{bmatrix},\ \beta=\begin{bmatrix}\beta_1\\ \beta_2\\ \vdots \\ \beta_{p+q}\end{bmatrix},\ U=\begin{bmatrix}u_1\\ u_2\\ \vdots \\ u_n\end{bmatrix}$$

其中 Y 为 $n\times 1$ 向量，X 为 $n\times(p+q)$矩阵，β 为$(p+q)\times 1$ 向量，U 为 $n\times 1$ 向量。则有：

$$Y=X\beta+U \tag{4.51}$$

对模型应用 OLS 法，便可得到 β 的最小二乘估计量：

$$\hat{\beta}=(X'X)^{-1}X'Y \tag{4.52}$$

从原始向量估计值 $\hat{\beta}_0$ 开始，如此反复进行计算可依次得到 $\hat{\beta}_1$，…，$\hat{\beta}_k$ 直至差 $|\beta_k-\hat{\beta}_k|$

小于预先指定的精度为止。

```
a11.y4 = arima(y4, order = c(1, 0, 1), include.mean = F)
arima.test(a11.y4)
```

```
arima( x = y4 , order = c( 1 ,0 ,1 ) , include. mean = F )


Coefficients:
      Estimate   Std. Error    t value    Pr( > |t| )
ar1    0.8296     0.05768      14.382    6.675e-47
ma1    0.6249     0.11073       5.644    1.661e-08


sigma^2 estimated as 1.384: log likelihood = -159.4,   aic = 324.8
```

```
a21.y4 = arima(y4, order = c(2, 0, 1), include.mean = F)
arima.test(a21.y4)
```

```
arima( x = y4 , order = c( 2 ,0 ,1 ) , include. mean = F )


Coefficients:
      Estimate   Std. Error    t value    Pr( > |t| )
ar1    0.5479     0.1676       3.269      1.080e-03
ar2    0.2767     0.1643       1.684      9.226e-02
ma1    0.8762     0.1203       7.282      3.281e-13


sigma^2 estimated as 1.36: log likelihood = -158.7,   aic = 325.5
```

```
a22.y4 = arima(y4, order = c(2, 0, 2), include.mean = F)
arima.test(a22.y4)
```

```
arima( x = y4 , order = c( 2 ,0 ,2 ) , include. mean = F )


Coefficients:
      Estimate     Std. Error    t value    Pr( > |t| )
ar1    0.04147      0.1397      0.2969     7.666e-01
ar2    0.67794      0.1049      6.4602     1.046e-10
ma1    1.44207      0.1739      8.2938     1.097e-16
ma2    0.44207      0.1674      2.6412     8.260e-03


sigma^2 estimated as 1.294: log likelihood = -157.3,   aic = 324.6
```

从上面的建模过程可以看到，ARMA（p，q）模型的阶数 p 和 q 的识别是拟合 ARMA 模型首先遇到的问题，即 p 和 q 到底取多大合适。

二、模型的识别

模型的识别是根据时间序列的样本自相关函数、偏自相关函数的特点来选择模型的类型，并初步判定时间序列所适合的阶数。

（1）AR（p）序列的识别：如果序列$\{y_t\}$的偏自相关函数在 p 步后截尾，则可判定该序列为 AR（p）序列。

（2）MA（q）序列的识别：如果序列$\{y_t\}$的自相关函数在 q 步后截尾，则可判定该序列为 MA（q）序列。

（3）ARMA 序列的识别：如果序列$\{y_t\}$的自相关函数和偏自相关函数皆无截断点，也即它们均是拖尾的，则可判定该序列为 ARMA 序列，如下表所示。

ARMA (p, q)模型的 ACF 和 PACF 理论模式

模型	ACF	PACF
AR (p)	衰减趋于 0 或振荡	p 阶截尾
MA (q)	q 阶截尾	衰减趋于 0 或振荡
ARMA (p, q)	q 阶后衰减趋于 0 或振荡	p 阶后衰减趋于 0 或振荡

自相关函数和偏自相关函数只能初步断定序列$\{y_t\}$为 ARMA 模型（因为自相关函数和偏自相关函数都是拖尾的），但是不能确定其阶数，这时需要采用一定的定阶准则，常用的定阶准则是 AIC 准则，也即赤池信息准则（Akaike information criterion）。

对于序列$\{y_t\}$，取$\hat{\sigma}_e^2$为模型拟合残差的方差：

$$AIC(p, q) = \ln\hat{\sigma}_e^2 + 2(p+q)/T \tag{4.53}$$

对于由低阶到高阶不同的 p、q 取值分别建立模型并进行参数估计，比较各模型的 AIC 值，使其达到最小的 p_0 和 q_0，这时的(p_0, q_0)为最佳模型阶数，有：

$$AIC(p_0, q_0) = \min_{o \leqslant n \leqslant N_0} AIC(p, q) \tag{4.54}$$

除了赤池信息准则（AIC），还有 Schwarz 信息准则（SIC），即选择最佳的(p, q)使 SIC 达到最小。

ARMA 模型的阶数确定是一件困难的事，目前还没有最好的方法，以下有两种 R 语言方法可供大家使用。

（1）扩展的自相关函数法（Extended Autocorrelation Function，EACF）。

EACF 函数包含在 TSA 包中，需安装 TSA 包。

（2）自动 ARIMA 模型确定法（Auto ARIMA）。

auto. arima 函数包含在 forecast 包中，需安装 forecast 包。

从使用效果看，EACF 函数不如 auto. arima 函数，因为 EACF 函数是一种直观方法，还需人为去判断，而 auto. arima 函数可自动给出 ARMA (p, q)的 p 和 q 值。所以本书主张使用 auto. arima 函数来确定 ARMA (p, q)的 p 和 q。

```
library(forecast)               #需先安装 forecast 包
aa.y4 = auto.arima(y4);
aa.y4
```

```
Series: y4
ARIMA(1,0,1) with non-zero mean


Coefficients:
          ar1      ma1    intercept
        0.741    0.653      1.881
s. e.   0.074    0.111      0.714


sigma^2 estimated as 1.33:log likelihood = -157.2
AIC = 322.4    AICc = 322.8    BIC = 332.8
```

auto. arima 函数自动给出了模型的参数 $p=1$，$q=1$，符合我们模拟的模型。

【例4-8】股票收益率数据的 ARMA 模型建立。

```
library(forecast)
aa.Rt = auto.arima(Rt);aa.Rt
```

```
Series: Rt
ARIMA(4,0,4) with zero mean

Coefficients:
        ar1     ar2    ar3    ar4     ma1    ma2     ma3     ma4
      0.122  -0.256  0.423  0.681  -0.088  0.235  -0.381  -0.694
s.e.  0.190   0.156  0.154  0.190   0.180  0.147   0.146   0.177

sigma^2 estimated as 3.88;log likelihood = -3701
AIC = 7421   AICc = 7421   BIC = 7470
```

auto. arima 函数自动选出的模型为不包含常数项的 ARMA（4，4）模型。

```
a44.Rt = arima(Rt, order = c(4, 0, 4), include.mean = F)
arima.test(a44.Rt)
```

```
arima(x = Rt,order = c(4,0,4),include.mean = F)

Coefficients:
      Estimate  Std. Error  t value  Pr(>|t|)
ar1     0.1220      0.1899   0.6426    0.5205
ar2    -0.2561      0.1559  -1.6426    0.1005
ar3     0.4234      0.1544   2.7418    0.0061
ar4     0.6807      0.1899   3.5848    0.0003
ma1    -0.0877      0.1803  -0.4863    0.6268
ma2     0.2349      0.1468   1.5994    0.1097
ma3    -0.3810      0.1458  -2.6132    0.0090
ma4    -0.6939      0.1768  -3.9256    0.0001

sigma^2 estimated as 3.88;log likelihood = -3701,  aic = 7421
```

比较前面建立的 AR（4）和 MA（4）模型，可以看出，ARMA（4，4）模型是一个较为理想的模型：

$$(1-0.1220L+0.2561L^2-0.4234L^3-0.6807L^4)R_t=(1-0.0877L+0.2349L^2-0.3810L^3-0.6939L^4)u_t$$

或

$$R_t=0.1220R_{t-1}-0.2561R_{t-2}+0.4234R_{t-3}+0.6807R_{t-4}+u_t-0.0877u_{t-1}+0.2349u_{t-2}-0.3810u_{t-3}-0.6939u_{t-4}$$

$$\sigma_u^2=3.88$$

从 AIC 的值看，ARMA（4，4）模型的也较小。

三、ARMA 模型的预测

若实际的数据生成过程是已知的，并且$\{y_t\}$和$\{u_t\}$的现在和过去各期的数值也已知，则可以以现在为原点，根据已掌握的信息，使用条件期望的方法对序列 $\{y_t\}$ 未来各期数值进行预测。预测式为：

$$E_t y_{t+j} = \mathrm{E}(y_{t+j} \mid y_t, y_{t-1}, y_{t-2}, \cdots, u_t, u_{t-1}, u_{t-2}, \cdots) \quad (4.55)$$

现在以 ARMA（2，1）为例详述 ARMA 模型的预测。

对于参数都已知的 ARMA（2，1）模型：

$$y_t = \phi_1 y_{t-1} + \phi_2 y_{t-2} + u_t + \theta u_{t-1}$$

前推 j 期，有：

$$y_{t+j} = \phi_1 y_{t+j-1} + \phi_2 y_{t+j-2} + u_{t+j} + \theta u_{t+j-1}$$

在 t 是已知信息条件下，求期望，得：

向前 j 步预测：

$$E_t y_{t+j} = \phi_1 E_t y_{t+j-1} + \phi_2 E_t y_{t+j-2} \qquad j \geqslant 2$$

j 步预测误差：

$$e_{t(j)} = y_{t+j} - E_t y_{t+j} = \phi_1 e_{t(j-1)} + \phi_2 e_{t(j-2)} y_{t+j} + u_{t+j} + \theta u_{t+j-1}$$

在 $\{\varepsilon_t\}$ 服从正态分布的假设下，对于给定的置信水平 $1-\alpha$，可建立 y_{t+j} 的预测区间为：

$$E_t y_{t+j} \pm Z_{\alpha/2}\left[\mathrm{var}(e_{t(j)})\right]^{1/2}$$

```
predict(a44.Rt, n.ahead = 5)    #向前预测五期
```

```
$ pred
Time Series:
Start = 1766
End = 1770
Frequency = 1
[1]  0.08948  -0.17490  -0.11923  0.25351  0.04832

$ se
Time Series:
Start = 1766
End = 1770
Frequency = 1
[1]  1.970  1.971  1.971  1.972  1.972
```

也就是说，未来五天的预期对数收益率分别为 0.089 48，－0.174 90，－0.119 23，0.253 51，0.048 32。

四、ARMA 模型的计算步骤

1. 预处理

运用 Box-Jenkins 法的前提条件是：作为分析对象的时间序列是一组零均值的平稳随机序列。平稳随机序列的统计特性不随时间的推移而变化，直观地说，平稳随机序列的折线图无明显的上升或下降的趋势。但是，大量的社会经济现象随时间的推移，总表现出某种上升或下降的趋势，构成非零均值的非平稳时间序列。对此的解决方法是在应用模型之前，对时间序列先进行零均值化和差分平稳化处理。

2. 模型的选择

首先，作出相应的时间序列图，判断时间序列有无趋势、异常点、缺失点和结构变

化。如存在趋势，则需进行差分，如存在异常点，则需要修正或者去除等。然后作样本自相关函数 ACF 图和偏自相关函数 PACF 图，并与理论 ARMA 模型的自相关函数 ACF 图和偏自相关函数 PACF 图进行比较，选择可能合适的模型，进而对模型进行估计和筛选。首先，用 OLS、MLE 等方法估计各模型参数，然后按照吝啬原则（principle of parsimony）在所估计出的模型中选出最终使用的模型，其中模型选择的准则可以采用 AIC 准则和 BIC 准则（Bayesian information criterion）。

3. 模型的定阶

Box-Jenkins 法以时间序列的自相关分析为基础，以便识别时间序列的模式，实现建模的任务。自相关分析就是对时间序列求其本期与不同滞后期的一系列自相关系数和偏自相关系数，据以识别时间序列的特性。偏自相关系数被用来配合自相关系数，共同辨认适当的 ARIMA 模型。在自回归模型的识别中，我们可以使用偏自相关系数来初步判定模型的阶数；在移动平均模型中，我们可以用自相关系数来识别移动平均模型。

4. 模型参数的估计

（1）p 阶自回归模型 AR（p）参数估计：可以使用 Yule-Walker 法、OLS 法或 MLE 法来估计，其中 AR（p）的 OLS 和 MLE 估计是相同的。在 R 语言软件中，已有基于（条件）OLS 和 MLE 的函数 ARIMA。

（2）q 阶移动平均模型 MA（q）可用矩估计法，由方程组

$$r_k = \sigma^2(\theta_0 \cdot \theta_k + \theta_1 \cdot \theta_{k+1} + \cdots + \theta_q \cdot \theta_q), \quad 0 \leqslant k \leqslant q$$

求得参数 θ_1，θ_2，…，θ_q 的估计值。R 语言软件的函数 ARIMA 可以实现 MA（q）模型的估计。

（3）ARMA（p，q）模型可用极大似然法或者条件最小平方和法估计。R 语言软件的函数 ARIMA 同样可以解决 ARMA（p，q）模型的估计问题。

5. 模型检验

对所建立的 ARMA 模型优劣的检验，是通过对原始时间序列与所建立的 ARMA 模型之间的误差序列 e_t 进行检验来实现的。若误差序列 e_t 具有随机性，就意味着所建立的模型已包含了原始时间序列的所有趋势（包括周期性变动），从而说明所建立的模型是对原始时间序列的合适的描述。反之，若误差序列 e_t 不具有随机性，则说明所建立的模型还有改善的余地，应对模型进行修正或重新建立新的模型。误差序列的这种随机性可利用 Box-Pierce 的 Q 统计量来进行检验。Q 统计量为：

$$Q = m\sum_{k=1}^{n} r_k^2$$

式中 m 为 ARMA 模型中所含的最大时滞；n 为时间序列观测值的个数，且 $Q \sim \chi^2(m)$。对于给定的置信度 $1-\alpha$，将计算的 Q 值与 $\chi^2(m)$ 比较：若 $Q \leqslant \chi^2(m)$，则判定所选用的 ARMA 模型是合适的；若 $Q > \chi^2(m)$，则判定选用的 ARMA 模型是不适合的。本书在 R 语言软件的基础上给出了相关的函数 arima. test( )。

4.5 分布滞后与自回归模型

在现实经济活动中，滞后现象是普遍存在的。比如货币供给的变化对经济影响很大，货币政策总是备受关注，货币政策的影响效应存在着时间上的滞后。在货币政策的传导过程中，货币扩张会促使利率的降低，或者一般价格水平的上升，这些影响需要一段时

间才能显示出来。这些因素对以国内生产总值为代表的经济增长的影响，更是需要一段时间才能显示出来。只有经过一段时间以后，支出对利率的反应增强，投资、进出口和消费才会不断上升，货币政策才最终促使国内生产总值增加。通常，货币扩张对国内生产总值影响的最高点可能是在政策实施以后的一到两年间达到。这就要求我们在作经济分析时应该考虑时滞的影响。怎样才能把这类时间上滞后的经济关系纳入计量经济学模型呢？

4.5.1 滞后效应与滞后变量模型

一、经济活动中的滞后现象

解释变量与被解释变量的因果联系不可能在短时间内完成，在这一过程中通常都存在时间滞后，也就是说解释变量需要经过一段时间才能完全作用于被解释变量。

此外，由于经济活动的惯性，一个经济指标以前的变化态势往往会延续到本期，从而形成被解释变量的当期变化同自身过去取值水平相关的情形。

这种被解释变量受自身或其他经济变量过去值影响的现象称为滞后效应。

【例 4－9】消费滞后。

消费者的消费水平不仅依赖于当年的收入，还同以前的收入有关。一般来说，消费者不会把当年的收入全部花完。假定消费者将每一年收入的 40% 用于当年的花费，30% 用于第二年的花费，20% 用于第三年的花费，其余用作长期储蓄，则该消费者的消费函数就可以表示成：

$$Y_t = \alpha + 0.4 X_t + 0.3 X_{t-1} + 0.2 X_{t-2} + u_t \tag{4.56}$$

其中，Y_t、X_t 分别为第 t 年的消费和收入，α 为常数。

产生滞后效应的原因：

（1）心理因素：人们的心理定式、行为方式滞后于经济形势的变化，如中彩票的人不可能很快改变其生活方式；

（2）技术原因：如当年的产出在某种程度上依赖于过去若干期内投资形成的固定资产；

（3）制度原因：如定期存款到期才能提取，造成了它对社会购买力的影响具有滞后性。

二、滞后变量模型

滞后变量是指过去时期的、对当前被解释变量产生影响的变量。滞后变量分为滞后解释变量与滞后被解释变量。

把滞后变量引入回归模型，这种回归模型称为滞后变量模型。

滞后变量模型的一般形式为：

$$Y_t = \alpha + \beta_0 X_t + \beta_1 X_{t-1} + \beta_2 X_{t-2} + \cdots + \beta_s X_{t-s} + \gamma_1 Y_{t-1} + \gamma_2 Y_{t-2} + \cdots + \gamma_q Y_{t-q} + u_t \tag{4.57}$$

其中 s、q 分别为滞后解释变量和滞后被解释变量的滞后期长度。

滞后变量模型考虑了时间因素的作用，使静态分析的问题有可能成为动态分析。含有滞后解释变量的模型，又称动态模型（Dynamical Model）。

1. 分布滞后模型

模型中没有滞后被解释变量，仅有解释变量 X 的当期值及其若干期的滞后值，被解释变量受解释变量的影响分布在解释变量不同时期的滞后值上，即模型形如：

$$Y_t = \alpha + \beta_0 X_t + \beta_1 X_{t-1} + \beta_2 X_{t-2} + \cdots + \beta_s X_{t-s} + u_t \tag{4.58}$$

具有这种滞后分布结构的模型称为分布滞后模型，其中 s 为滞后期长度。根据滞后期长度 s 取值为有限或无限，模型分别称为有限分布滞后模型或无限分布滞后模型。

在分布滞后模型中，各系数体现了解释变量的各个滞后值对被解释变量的不同影响程度，即通常所说的乘数效应：

β_0 称为短期乘数（short-run）或即期乘数（impact multiplier），表示本期 X 变动一个单位对 Y 值的平均影响大小。

β_i（$i=1, 2, \cdots, s$）称为延迟乘数或动态乘数，表示过去各时期 X 变动一个单位对 Y 值的平均影响大小。

$\sum_{i=0}^{s}\beta_i$ 称为长期乘数（long-run）或总分布乘数（total distributed-lag multiplier），表示 X 变动一个单位时，由于滞后效应而形成的对 Y 总的影响大小。

2. 自回归分布滞后模型

如果滞后变量模型的解释变量仅包括自变量 X 的当期值和被解释变量的若干期滞后值，即模型形如：

$$Y_t = \alpha + \beta_0 X_t + \gamma_1 Y_{t-1} + \gamma_2 Y_{t-2} + \cdots + \gamma_q Y_{t-q} + u_t \tag{4.59}$$

则称这类模型为自回归分布滞后模型（autoregressive distributed lag model，ADL）：既含有 Y 对自身滞后变量的回归，还包括 X 分布在不同时期的滞后变量，其中 q 称为自回归模型的阶数。

（1）有限自回归分布滞后模型：滞后期长度有限；

（2）无限自回归分布滞后模型：滞后期长度无限。

模型

$$Y_t = \alpha_0 + \alpha_1 X_t + \alpha_2 Y_{t-1} + u_t \tag{4.60}$$

称为一阶自回归分布滞后模型。

4.5.2 分布滞后模型的参数估计

1. 分布滞后模型估计的困难

（1）无限期的分布滞后模型，由于样本观测值的有限性，使得无法直接对其进行估计。

（2）有限期的分布滞后模型，使用 OLS 法会遇到如下问题：①没有先验准则确定滞后期长度，即滞后期长度难以确定的问题；②如果滞后期较长，将缺乏足够的自由度进行估计和检验，即自由度问题；④同名变量滞后值之间可能存在高度线性相关，即模型存在多重共线性。

对于以上困难，人们提出了一系列的修正估计方法，但并不完善。各种方法的基本思想大致相同，都是通过对各滞后变量加权，组成线性合成变量而有目的地减少滞后变量的数目，以缓解多重共线性，保证自由度。对于有限分布滞后模型，其基本思想是设法有目的地减少需要直接估计的模型参数个数，以缓解多重共线性，保证自由度。对于无限分布滞后模型，主要是通过适当的模型变换，使其转化为只需估计有限个参数的自回归模型。

2. 经验加权估计法

所谓经验加权估计法，是根据实际经济问题的特点及经验判断，对滞后变量赋予一定的权数，利用这些权数构成各滞后变量的线性组合，以形成新的变量，再应用最小二乘法进行估计。

常见的滞后结构类型包括：递减滞后结构；Λ 型滞后结构；不变滞后结构。

例如下面三组权数分别代表了递减滞后结构、Λ 型滞后结构和不变滞后结构：

①1，1/2，1/4，1/8；

②1/4，1/2，2/3，1/4；

③1/4，1/4，1/4，1/4。

经验加权估计法的优点包括：简单易行、不损失自由度、避免多重共线性干扰及参数估计具有一致性。

经验加权估计法的缺点包括：设置权数的主观随意性较大，要求分析者对实际问题的特征有比较透彻的了解。通常的做法是，依据先验信息，多选几组权数分别估计多个模型，然后根据可决系数、F 检验值、t 检验值、估计标准误差以及 R^2 值，从中选出最佳估计方程。

由于权重设置较难，所以实际操作中有一定的难度。

【例 4－10】经验加权估计法：我们知道 *GDP*（国内生产总值）与 *INV*（全社会固定资产投资总额）有关，而且 *INV* 对 *GDP* 有明显的滞后效应。为表述方便，记 $X_t = \log(GDP)$，$Y_t = \log(INV)$。

设定有限分布滞后模型为：

$$Y_t = \alpha + \beta_0 X_t + \beta_1 X_{t-1} + \beta_2 X_{t-2} + \beta_3 X_{t-3} + u_t$$

首先我们用传统的最小二乘法进行分布滞后模型的估计。

```
Xt = log(GDP);Yt = log(INV)
summary(lm(Yt ~ Xt))
```

```
Call:lm(formula = Yt ~ Xt)


Residuals:
      Min          1Q       Median        3Q        Max
 -0.18368    -0.09528    -0.00944    0.11965    0.19451


Coefficients:
              Estimate  Std. Error  t value   Pr(>|t|)
(Intercept)    2.0167     0.0551     36.6     <2e-16 ***
Xt             0.8143     0.0101     80.7     <2e-16 ***
---
Signif. codes: 0 '***' 0.001 '**' 0.01 '*' 0.05 '.' 0.1 ' ' 1

Residual standard error: 0.117 on 34 degrees of freedom
Multiple R-squared:0.995,     Adjusted R-squared:0.995
F-statistic: 6.51e+03 on 1 and 34 DF,  p-value: <2e-16
```

```
summary(lm(Yt ~ Xt + L_(Xt)))
```

```
Call: lm(formula = Yt ~ Xt + L_(Xt))

Residuals:
     Min        1Q    Median        3Q       Max
-0.19229  -0.08511   0.00052   0.09734   0.14423
Coefficients:
            Estimate  Std. Error  t value  Pr(>|t|)
(Intercept)  2.1027    0.0579     36.31    <2e-16 ***
Xt           0.3316    0.1753      1.89     0.068 .
L_(Xt)       0.4836    0.1765      2.74     0.010 **
---
Signif. codes: 0 '***' 0.001 '**' 0.01 '*' 0.05 '.' 0.1 ' ' 1

Residual standard error: 0.106 on 32 degrees of freedom
(1 observation deleted due to missingness)
Multiple R-squared: 0.996,    Adjusted R-squared: 0.995
F-statistic: 3.63e+03 on 2 and 32 DF,  p-value: <2e-16
```

从模型 $Y_t \sim X_t + X_{t-1}$ 可知，模型 $Y_t \sim X_t$ 有可能是一个伪回归（实际中也许的确如此）。进一步从三阶滞后回归也可以看出，模型 $Y_t \sim X_t$ 有可能是一个伪回归。

```
summary(lm(Yt ~ Xt + L_(Xt,1) + L_(Xt, 2)))
```

```
Call: lm(formula = Yt ~ Xt + L_(Xt, 1) + L_(Xt, 2))

Residuals:
     Min        1Q    Median        3Q       Max
-0.19268  -0.07633   0.00325   0.08862   0.14209

Coefficients:
            Estimate  Std. Error  t value  Pr(>|t|)
(Intercept)  2.1427    0.0605     35.40    <2e-16 ***
Xt           0.4649    0.1980      2.35     0.026 *
L_(Xt, 1)    0.0158    0.3403      0.05     0.963 .
L_(Xt, 2)    0.3344    0.1968      1.70     0.100
---
Signif. codes: 0 '***' 0.001 '**' 0.01 '*' 0.05 '.' 0.1 ' ' 1

Residual standard error: 0.103 on 30 degrees of freedom
(2 observations deleted due to missingness)
Multiple R-squared: 0.996,    Adjusted R-squared: 0.995
F-statistic: 2.38e+03 on 3 and 30 DF,  p-value: <2e-16
```

```
summary(lm(Yt ~ Xt + L_(Xt, 1) + L_(Xt, 2) + L_(Xt, 3)))
--------------------------------------------------------------------
Call:lm(formula = Yt ~ Xt + L_(Xt,1,T) + L_(Xt,2,T) + L_(Xt,3,T))


Residuals:
     Min        1Q    Median      3Q      Max
 -0.1882   -0.0795    0.0120   0.0824   0.1588
Coefficients:
               Estimate  Std. Error   t value  Pr(>|t|)
(Intercept)     2.1701     0.0684      31.75    <2e-16 ***
Xt              0.4153     0.2096       1.98     0.057 .
L_(Xt, 1, T)    0.1246     0.3880       0.32     0.751
L_(Xt, 2, T)    0.1578     0.3861       0.41     0.686
L_(Xt, 3, T)    0.1162     0.2062       0.56     0.578
---
Signif. codes: 0 '***' 0.001 '**' 0.01 '*' 0.05 '.' 0.1 ' ' 1


Residual standard error: 0.105 on 28 degrees of freedom
(3 observations deleted due to missingness)
Multiple R-squared:0.996,     Adjusted R-squared:0.995
F-statistic: 1.57e+03 on 4 and 28 DF,   p-value: <2e-16
```

从结果可以看出，虽然模型的 F 值检验非常显著($p<0.001$)，可决系数 R^2 也很大(0.996)，但所有变量，包括滞后变量都不显著。

下面我们运用经验加权法，选择下列三组权数：

(1) 1, 1/2, 1/4, 1/8

(2) 1/4, 1/2, 2/3, 1/4 (4.61)

(3) 1/4, 1/4, 1/4, 1/4

分别估计上述模型，并从中选择最佳的方程。

记新的线性组合变量分别为：

$$\begin{aligned} Z_1 &= X_t + 1/2\ X_{t-1} + 1/4\ X_{t-2} + 1/8\ X_{t-3} \\ Z_2 &= 1/4\ X_t + 1/2\ X_{t-1} + 2/3\ X_{t-2} + 1/4\ X_{t-3} \\ Z_3 &= 1/4\ X_t + 1/4\ X_{t-1} + 1/4\ X_{t-2} + 1/4\ X_{t-3} \end{aligned} \tag{4.62}$$

由上述公式生成线性组合变量 Z_1、Z_2、Z_3 的数据，然后分别估计如下经验加权模型：

$$Y = \alpha + \beta Z_k + u \quad (k = 1,\ 2,\ 3)$$

回归分析结果整理如下：

```
Z1 = Xt + 1/2*L_(Xt, 1) + 1/4*L_(Xt, 2) + 1/8*L_(Xt, 3)
Z2 = 1/4*Xt + 1/2*L_(Xt, 1) + 2/3*L_(Xt, 2) + 1/4*L_(Xt, 3)
Z3 = 1/4*Xt + 1/4*L_(Xt, 1) + 1/4*L_(Xt, 2) + 1/4*L_(Xt, 3)
lmZ1 = lm(Yt ~ Z1);summary(lmZ1)
```

```
Call:lm(formula = Yt ~ Z1)

Residuals:
     Min        1Q    Median       3Q      Max
-0.18546  -0.09068  0.00824  0.08840  0.14311

Coefficients:
            Estimate  Std. Error  t value  Pr(>|t|)
(Intercept) 2.14275   0.05473     39.1     <2e-16 ***
Z1          0.43327   0.00527     82.2     <2e-16 ***
---
Signif. codes: 0 '***' 0.001 '**' 0.01 '*' 0.05 '.' 0.1 ' ' 1

Residual standard error: 0.101 on 31 degrees of freedom
(3 observations deleted due to missingness)
Multiple R-squared:0.995,    Adjusted R-squared:0.995
F-statistic: 6.75e+03 on 1 and 31 DF,   p-value: <2e-16
```

```
lmZ2 = lm(Yt ~ Z2);summary(lmZ2)
```

```
Call:lm(formula = Yt ~ Z2)

Residuals:
    Min       1Q   Median      3Q     Max
-0.1933  -0.0838  0.0210  0.0655  0.2229

Coefficients:
            Estimate  Std. Error  t value  Pr(>|t|)
(Intercept) 2.25456   0.05742     39.3     <2e-16 ***
Z2          0.48876   0.00639     76.5     <2e-16 ***
---
Signif. codes: 0 '***' 0.001 '**' 0.01 '*' 0.05 '.' 0.1 ' ' 1

Residual standard error: 0.108 on 31 degrees of freedom
(3 observations deleted due to missingness)
Multiple R-squared:0.995,    Adjusted R-squared:0.995
F-statistic: 5.85e+03 on 1 and 31 DF,   p-value: <2e-16
```

```
lmZ3 = lm(Yt ~ Z3);summary(lmZ3)
----------------------------------------------------------------
Call:lm(formula = Yt ~ Z3)

Residuals:
     Min       1Q   Median      3Q     Max
-0.1922  -0.0839   0.0210  0.0623  0.2201

Coefficients:
            Estimate Std. Error t value Pr(>|t|)
(Intercept)  2.2424    0.0560    40.0   <2e-16 ***
Z3           0.8154    0.0104    78.5   <2e-16 ***
---
Signif. codes: 0 '***' 0.001 '**' 0.01 '*' 0.05 '.' 0.1 ' ' 1

Residual standard error: 0.106 on 31 degrees of freedom
(3 observations deleted due to missingness)
Multiple R-squared:0.995,     Adjusted R-squared:0.995
F-statistic: 6.17e+03 on 1 and 31 DF,  p-value: <2e-16
```

从上述回归分析结果可以看出，综合判断 t 检验值、剩余标准误差、可决系数、F 检验值，可以认为：最佳的方程是模型一（Z_1），即权数为(1，1/2，1/4，1/8)的分布滞后模型。

4.5.3 自回归模型及其估计

解释变量与被解释变量的因果联系不可能在短时间内完成，在这一过程中通常都存在时间滞后。由于经济活动的惯性，一个经济指标以前的变化态势往往会延续到本期，从而形成被解释变量的当期变化同自身过去取值水平相关的情形。

在实际问题中，有时需要对解释变量使用自回归模型进行分析。

一、库伊克模型

无限分布滞后模型中滞后项无限多，而样本观测总是有限的，因此不可能对其直接进行估计。要使模型估计能够顺利进行，必须施加一些约束或假定条件，将模型的结构作某种转化。库伊克变换（Koyck transformatiom）就是其中较具代表性的方法。

对于如下无限分布滞后模型：

$$Y_t=\alpha+\beta_0X_t+\beta_1X_{t-1}+\beta_2X_{t-2}+\cdots+u_t \tag{4.63}$$

可以假定滞后解释变量 X_{t-i} 对被解释变量 Y_t 的影响随着滞后期 i（$i=0$，1，2，…）的增加而按几何级数衰减。即滞后系数的衰减服从某种公比小于 1 的几何级数：

$$\beta_i=\beta_0\lambda^i \quad (0<\lambda<1,\ i=0,\ 1,\ 2,\ \cdots) \tag{4.64}$$

其中 β_0 为常数，公比 λ 为待估参数，通常称为分布滞后衰减率，λ 值越接近零，衰减速度越快。

将库伊克假定（4.64）式代入（4.63）式，得：

$$Y_t=\alpha+\beta_0\sum_{i=0}^{\infty}\lambda^iX_{t-i}+u_t \tag{4.65}$$

将（4.65）式滞后一期，有：

$$Y_{t-1}=\alpha+\beta_0\sum_{i=1}^{\infty}\lambda^{i-1}X_{t-i}+u_{t-1} \tag{4.66}$$

对（4.66）式两边同乘 λ 并与（4.65）式相减得：

$$Y_t-\lambda Y_{t-1}=(\alpha+\beta_0\sum_{i=0}^{\infty}\lambda^{i}X_{t-i}+u_t)-(\lambda\alpha+\beta_0\sum_{i=1}^{\infty}\lambda^{i}X_{t-i}+\lambda u_{t-1})$$

即

$$Y_t=\alpha(1-\lambda)+\beta_0X_t+\lambda Y_{t-1}+(u_t-\lambda u_{t-1}) \tag{4.67}$$

这就是库伊克模型，上述变换过程也叫库伊克变换。令

$$\alpha^*=\alpha(1-\lambda),\ \beta_0^*=\beta_0$$

$$\beta_1^*=\lambda,\ u_t^*=u_t-\lambda u_{t-1}$$

则库伊克模型（4.67）式变为：

$$Y_t=\alpha^*+\beta_0^*X_t+\beta_1^*Y_{t-1}+u_t^* \tag{4.68}$$

这是一个一阶自回归模型。

库伊克变换的优点：

（1）以一个滞后被解释变量代替了大量的滞后解释变量，使模型结构得到极大简化，最大限度地保证了自由度，解决了滞后期长度难以确定的问题；

（2）滞后一期的被解释变量 Y_{t-1} 与 X_t 的线性相关程度将低于 X 的各滞后值之间的相关程度，从而在很大程度上缓解了多重共线性。

库伊克变换的缺陷：

（1）它假定无限滞后分布呈几何递减滞后结构。这种假定对某些经济变量可能不适用，如固定资产投资对总产出影响的滞后结构就不是这种类型；

（2）库伊克模型的随机扰动项形如：

$$u_t^*=u_t-\lambda u_{t-1}$$

说明新模型的随机扰动项存在一阶自相关性，且与解释变量相关；

（3）将随机变量作为解释变量引入模型，不一定符合基本假定；

（4）库伊克变换是纯粹的数学运算结果，缺乏经济理论依据。

这些缺陷，特别是第二个缺陷，将给模型的参数估计带来一定困难。

一个无限分布滞后模型可以通过库伊克变换转化为自回归模型。事实上，许多滞后变量模型都可以转化为自回归模型，自回归模型是经济生活中更常见的模型。下面以自适应预期模型以及局部调整模型为例进行说明。

二、自适应预期模型

某些经济变量的变化会或多或少地受到另一些经济变量预期值的影响，为了处理这种经济现象，可以将解释变量预期值引入模型，建立“期望模型”。

自适应预期假定：经济活动主体对某经济变量的预期，是通过一种简单的学习过程形成的。其机理是，经济活动主体会根据自己过去在作预期时所犯错误的程度，来修正他们以后每一时期的预期，即按照过去预测偏差的某一比例对当前期望进行修正，使其适应新的经济环境。

在某些实际问题中，因变量 Y_t 并不取决于解释变量的当前实际值 X_t，而取决于 X_t 的“预期水平”或“长期均衡水平” X_t^e。

例如，家庭本期消费水平取决于本期收入的预期值，市场上某种商品供求量取决于本期该商品价格的均衡值。因此，自适应预期模型最初表现形式是：

$$Y_t=\beta_0+\beta_1X_t^e+u_t \tag{4.69}$$

其中，Y_t 为被解释变量，X_t^e 为解释变量预期值，u_t 为随机扰动项。

由于预期变量是不可实际观测的，往往作如下自适应预期假定：

$$X_t^e - X_{t-1}^e = r(X_t - X_{t-1}^e) \tag{4.70}$$

其中，r 为预期系数(coefficient of expectation)，$0 \leqslant r \leqslant 1$。

该式的经济含义为“经济行为者将根据过去的经验修改他们的预期”，即本期预期值的形成是一个逐步调整过程，本期预期值的增量是本期实际值与前一期预期值之差的一部分，其比例为 r。这个假定还可写成：

$$X_t^e = rX_t + (1-r)X_{t-1}^e \tag{4.71}$$

代入整理得：

$$Y_t = \beta_0 r + \beta_1 r X_t + (1-r)Y_{t-1} + v_t \tag{4.72}$$

其中，$v_t = u_t - (1-r)u_{t-1}$。

可见，自适应预期模型可转化为一阶自回归模型。

三、局部调整模型

在经济活动中，会遇到为了适应解释变量的变化，被解释变量有一个预期的最佳值与之对应的现象。

例如，企业为了确保生产或供应，必须保持一定的原材料储备，对应于一定的产量或销售量，存在着预期最佳库存量；中央银行为了确保国家经济健康发展，必须保持一定的货币供应，对应于一定的经济总量，存在着预期最佳货币供应量。

局部调整模型的最初形式为：

$$Y_t^e = \beta_0 + \beta_1 X_t + u_t \tag{4.73}$$

这里，Y_t^e 不可观测。

例如，企业为了保证生产和销售，必须保持一定的原材料储备，对应于一定的产量或销售量 X_t，存在着预期最佳库存量 Y_t^e。由于生产条件的波动以及生产管理方面的原因，库存储备 Y_t 的实际变化量只是预期变化的一部分。

由于技术、制度、市场以及管理等各方面的限制，被解释变量的预期水平在单一周期内一般不会完全实现，而只能得到部分的调整。局部调整假设认为，被解释变量的实际变化仅仅是预期变化的一部分，即储备按预定水平逐步进行调整，故有如下局部调整假设：

$$Y_t - Y_{t-1} = \delta(Y_t^e - Y_{t-1}) \text{ 或 } Y_t = \delta Y_t^e + (1-\delta)Y_{t-1}$$

其中，δ 为调整系数，$0 \leqslant \delta \leqslant 1$，它代表调整速度。越接近 1，表明调整到预期最佳水平的速度越快。将上式代入 $Y_t^e = \beta_0 + \beta_1 X_t + u_t$ 得：

$$Y_t = \delta\beta_0 + \delta\beta_1 X_t + (1-\delta)Y_{t-1} + \delta u_t \tag{4.74}$$

满足局部调整假设的模型称为局部调整模型（partial adjustment model）。在局部调整假设下，经过变形，局部调整模型可转化为一阶自回归模型。

四、三种模型的评价

1. 相同点

库伊克模型、自适应预期模型与局部调整模型的最终形式都是一阶自回归模型，这样，对这三类模型的估计就转化为对相应一阶自回归模型的估计。

2. 区别

(1) 导出模型的经济背景与思想不同。库伊克模型是在无限分布滞后模型的基础上根据库伊克几何分布滞后假定而得到的；自适应预期模型是由解释变量的自适应过程而得到的；局部调整模型则是对被解释变量的局部调整而得到的。

（2）由于模型的形成机理不同而导致随机误差项的结构有所不同，这一区别将对模型的估计带来一定影响。

五、自回归模型的估计

对于自回归模型：

$$Y_t = \alpha + \beta_0 X_t + \beta_1 X_{t-1} + \beta_2 X_{t-2} + \cdots + \beta_q X_{t-q} + u_t \tag{4.75}$$

估计时的主要问题是滞后被解释变量的存在可能导致它与随机扰动项相关，以及随机扰动项会出现序列相关性。因此，对自回归模型的估计须视滞后被解释变量与随机扰动项的不同关系进行估计。

1. 自回归模型估计的困难

库伊克模型、自适应预期模型与局部调整模型，在模型结构上最终都可表示为一阶自回归模型。因此，对这三个模型的估计就转化为对一阶自回归模型的估计。

但是，上述一阶自回归模型的解释变量中含有滞后被解释变量 Y_{t-1}，而 Y_{t-1} 是随机变量，它可能与随机扰动项相关，而且随机扰动项还可能自相关。模型可能违背古典假定，从而给模型的估计带来一定困难。

如果用最小二乘法直接估计自回归模型，则估计可能是有偏差的，而且不是一致估计。估计自回归模型需要解决两个问题：

（1）设法消除 Y_{t-1} 与 u_t 的相关性；

（2）检验 u_t 是否存在自相关。

2. 工具变量法

所谓工具变量法，就是在进行参数估计的过程中选择适当的工具变量，代替回归模型中同随机扰动项存在相关性的解释变量。工具变量的选择应满足如下条件：

（1）与所代替的解释变量高度相关；

（2）与随机扰动项不相关；

（3）与其他解释变量不相关，以免出现多重共线性。

对于一阶自回归模型：

$$Y_t = \alpha + \beta_0 X_t + \beta_1 Y_{t-1} + u_t$$

若 Y_{t-1} 与 u_t 同期相关，则 OLS 估计是有偏误的，并且不是一致估计。

因此，对上述模型，通常采用工具变量法，即寻找一个新的经济变量 Z_t 用来代替 Y_{t-1}，参数估计量具有一致性。

在实际估计中，一般用 X 的若干滞后的线性组合作为 Y_{t-1} 的工具变量：

$$\hat{Y}_{t-1} = \alpha_0 + \alpha_1 X_{t-1} + \alpha_2 X_{t-2} + \cdots + \alpha_s X_{t-s}$$

由于原模型已假设随机扰动项 u_t 与解释变量 X 及其滞后项不存在相关性，因此上述工具变量与 u_t 不再线性相关。一个更简单的情形是直接用 X_{t-1} 作为 Y_{t-1} 的工具变量。

若滞后被解释变量 Y_{t-1} 与随机扰动项 u_t 同期无关（如局部调整模型），可直接使用 OLS 法进行估计，得到一致估计量。

上述工具变量法只解决了解释变量与 u_t 相关对参数估计所造成的影响，但没有解决 u_t 的自相关问题。

【例 4－11】工具变量法求解自回归分布滞后模型。

```
Yt = log(TAX);Xt = log(GDP)
summary(lm(Yt ~ Xt + L_(Xt)))
```

```
Call:lm(formula = Yt ~ Xt + L_(Xt))

Residuals:
     Min        1Q      Median       3Q      Max
 -0.4314   -0.0975   -0.0065   0.1368   0.5348

Coefficients:
              Estimate   Std. Error    t value    Pr(>|t|)
(Intercept)   -2.161       0.188       -11.51     6.5e-13 ***
Xt             0.882       0.653         1.35        0.19
L_(Xt)         0.155       0.651         0.24        0.81
---
Signif. codes: 0 '***' 0.001 '**' 0.01 '*' 0.05 '.' 0.1 ' ' 1

Residual standard error: 0.22 on 32 degrees of freedom
(1 observation deleted due to missingness)
Multiple R-squared:0.983,     Adjusted R-squared:0.982
F-statistic:911 on 2 and 32 DF,   p-value: <2e-16
```

滞后一期后 X 不显著，下面用工具变量法来局部调整模型。

```
summary(lm(Yt ~ Xt + L_(Yt)))
```

```
Call:lm(formula = Yt ~ Xt + L_(Yt))

Residuals:
     Min        1Q      Median       3Q      Max
 -0.0944   -0.0508   -0.0281   0.0244   0.6085

Coefficients:
              Estimate   Std. Error    t value    Pr(>|t|)
Intercept     -0.2996     0.2339       -1.28      0.209
Xt             0.1905     0.0986        1.93      0.062 .
L_(Yt)         0.8219     0.0948        8.67    6.6e-10 ***
---
Signif. codes: 0 '***' 0.001 '**' 0.01 '*' 0.05 '.' 0.1 ' ' 1

Residual standard error: 0.12 on 32 degrees of freedom
(1 observation deleted due to missingness)
Multiple R-squared:0.995,     Adjusted R-squared:0.995
F-statistic: 3.08e+03 on 2 and 32 DF,   p-value: <2e-16
```

事实上，对于自回归模型，u_t 项的自相关问题始终存在，对于此问题，至今没有完全有效的解决方法。唯一可做的，就是尽可能地建立“正确”的模型，以使序列相关性的程度减轻。

通过研究发现，可通过 ARMA 模型来解决这类问题。

```
a.Yt = arima(Yt, order = c(1, 0, 0), xreg = Xt)
arima.test(a.Yt)
-------------------------------------------------------------
arima( x = Yt, order = c( 1, 0, 0 ), xreg = Xt)


Coefficients:
            Estimate   Std. Error   t value     Pr( > |t| )
ar1           0.8392     0.08309     10.101     5.484e-24
intercept    -2.1467     0.32861     -6.533     6.459e-11
Xt            1.0369     0.05059     20.497     2.278e-93

sigma^2 estimated as 0.0122: log likelihood = 27.62,   aic = -47.24
```

显然，该模型要比上面的模型好。

练习题

一、手工解答题（纸质作业）

1. 举例说明经济现象中的自相关性的存在。说明什么是一阶自相关和高阶自相关。
2. 自相关与偏自相关有何不同？
3. 序列自相关图示法的判断依据是什么？
4. 产生分布滞后效应的原因有哪些？分布滞后模型的参数估计有哪些困难？
5. AR 模型的平稳性条件是什么？
6. 伊库克模型、自适应预期模型和局部调整模型的相同点与不同点有哪些？
7. 如何根据自相关函数和偏自相关函数初步判断某个平稳随机过程为 AR 模型、MA 模型还是 ARMA 模型？
8. ARMA 模型的分析步骤有哪些？

二、软件计算题（电子作业）

1. 下表数据是 1970—1991 年美国制造业固定厂房设备投资额 Y 和销售量 X，以 10 亿美元计价，且经过季节调整，根据该数据，判断厂房开支和销售量序列是否平稳。

年份	Y	X	年份	Y	X
1970	36.99	52.805	1981	128.68	168.129
1971	33.60	55.906	1982	123.97	163.351
1972	35.42	63.027	1983	117.35	172.547
1973	42.35	72.027	1984	139.61	190.682
1974	52.48	84.790	1985	182.88	194.538
1975	53.66	86.589	1986	137.95	194.657

（续上表）

年份	Y	X	年份	Y	X
1976	58.53	98.797	1987	141.06	206.326
1977	67.48	113.201	1988	163.45	223.541
1978	78.13	126.905	1989	183.80	232.724
1979	95.13	143.936	1990	192.61	239.459
1980	112.60	154.390	1991	182.81	235.142

2. 下表中给出了某地区 1980—2001 年固定资产投资额 Y 与销售额 X 的资料（单位：亿元）：

年份	Y	X	年份	Y	X
1980	36.99	52.805	1991	128.68	168.129
1981	33.60	55.906	1992	123.97	163.351
1982	35.42	63.027	1993	117.35	172.547
1983	42.35	72.931	1994	139.61	190.682
1984	52.48	84.790	1995	152.88	194.538
1985	53.66	86.589	1996	137.95	194.657
1986	58.53	98.797	1997	141.06	206.326
1987	67.48	113.201	1998	163.45	223.541
1988	78.13	126.905	1999	183.80	232.724
1989	95.13	143.936	2000	192.61	239.459
1990	112.60	154.391	2001	182.81	235.142

试就下列模型，按照一定的处理方法估计模型参数，并解释模型的经济意义，探究模型扰动项的一阶自相关性。

（1）设定模型 $Y_t^* = \alpha + \beta X_t + u_t$，运用局部调整假定；

（2）设定模型 $Y_t^* = \alpha X_t^{\beta} e^{u_t}$，运用局部调整假定；

（3）设定模型 $Y_t = \alpha + \beta X_t^* + u_t$，运用自适应预期假定；

（4）运用阿尔蒙多项式变换法，估计分布滞后模型：

$$Y_t = \alpha + \beta_0 X_t + \beta_1 X_{t-1} + \cdots + \beta_4 X_{t-4} + u_t$$

3. 下表中给出了某地区 1975—2004 年消费总额 Y（亿元）和货币收入总额 X（亿元）的年度资料：

年份	X	Y	年份	X	Y
1975	103.169	91.158	1990	215.539	204.750
1976	115.070	109.100	1991	220.391	218.666
1977	132.210	119.187	1992	235.483	227.425
1978	156.574	143.908	1993	280.975	229.860

（续上表）

年份	Y	X	年份	Y	X
1979	166.091	155.192	1994	292.339	244.230
1980	155.099	148.673	1995	278.116	258.363
1981	138.175	151.288	1996	292.654	275.248
1982	146.936	148.100	1997	341.442	299.277
1983	157.700	156.777	1998	401.141	345.470
1984	179.797	168.475	1999	458.567	406.119
1985	195.779	174.737	2000	500.915	462.223
1986	194.858	182.802	2001	450.939	492.662
1987	189.179	180.130	2002	626.709	539.046
1988	199.963	190.444	2003	783.953	617.568
1989	205.717	196.900	2004	890.637	727.397

分析该地区消费与收入的关系。

（1）做 Y 关于 X 的回归，对回归结果进行分析判断；

（2）建立分布滞后模型，用库伊克变换转换为库伊克模型后进行估计，并对估计结果进行分析判断；

（3）建立局部调整—自适应预期综合模型进行分析。

4. 对全国居民消费价格指数进行分析。请读者选取1999年1月至2013年12月的全国居民消费价格指数CPI（月度数据，上年同月 =100）作为样本数据，用R语言软件建立相应的AR模型、MA模型和ARMA模型，并从中选一个合适的模型。

5. 股票收益率的研究。请读者选取2005年1月1日至2014年12月31日的沪深300指数作为样本数据，对我国证券市场沪深300指数股票收益率的变动进行分析，用R语言软件建立相应的AR模型、MA模型和ARMA模型，并从中选一个合适的模型。

5 扩展时间序列模型

5.1 非平稳时间序列模型

经典时间序列分析和回归分析有许多假定前提，如序列的平稳性、正态性等。直接将经济变量的时间序列数据用于建模分析，实际上隐含了上述假定，在这些假定成立的条件下，据此而进行的 t 检验、F 检验等才具有较高的可靠度。

5.1.1 时间序列的非平稳性

1．平稳性回顾

所谓时间序列的平稳性，是指时间序列的统计规律不会随着时间的推移而发生变化。直观上，一个平稳的时间序列可以看作一条围绕其均值上下波动的曲线。

在第 4 章，我们已介绍了时间序列的平稳性，并知道白噪声是最简单的随机时间序列：

$$X_t = u_t,\ u_t \sim N(0,\ \sigma^2) \tag{5.1}$$

由于 X_t 是一个具有相同的均值和方差的序列，由平稳性的定义知白噪声序列是平稳的。

【例 5－1】模拟数据——平稳时间序列。

设 $y_t \sim N(\mu,\ \sigma^2)$，令 $\mu = 0$，$\sigma^2 = 1.5^2$，下面将产生 50 个平稳随机过程序列。

```
set.seed(12345)                    #设置随机种子数
yt = rnorm(50, 0, 1.5)
plot(yt, type = 'b');abline(h = 0)
```

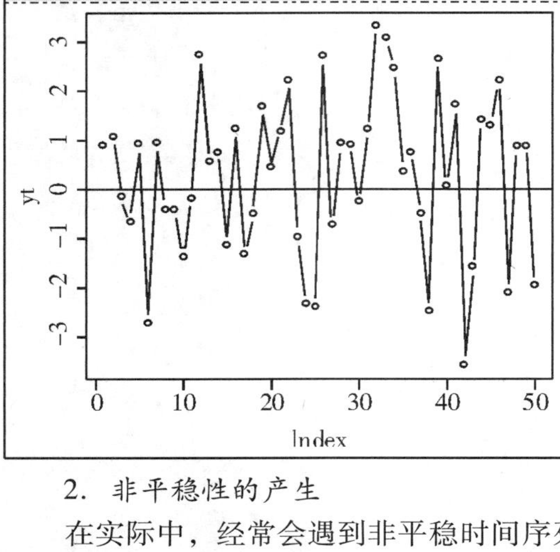

2．非平稳性的产生

在实际中，经常会遇到非平稳时间序列，例如，我们前面介绍的宏观经济指标大都是非平稳的，有的还带有明显的时间趋势。

时间序列的非平稳性是指时间序列的统计规律随着时间而发生变化，即生成变量时间序列数据的随机过程的特征随时间而变化。

最简单的非平稳随机时间序列是随机游走过程（Random Walk Process）。

该序列由下面的随机过程生成：

$$X_t = X_{t-1} + u_t,\quad u_t \sim N(0,\ \sigma^2) \tag{5.2}$$

这里 u_t 是一个白噪声。

容易知道该序列有相同的均值：$E(X_t) = E(X_{t-1})$

为了检验该序列是否具有相同的方差，可假设 X_t 的初值为 X_0，则易知：

$$X_1 = X_0 + u_1$$

$$X_2 = X_1 + u_2 = X_0 + u_1 + u_2$$

……

$$X_t = X_0 + u_1 + u_2 + \cdots + u_t$$

由于 X_0 为常数，t 是一个白噪声，因此 $var(X_t) = t\sigma^2$，即 X_t 的方差与时间 t 有关而非常数，它是一个非平稳序列。

【例 5－2】模拟数据——非平稳时间序列。

设 $y_t \sim N(\mu,\ \sigma^2)$，令 $\mu = 0$，$\sigma^2 = 1.5^2$，而一个累积正态分布随机变量就是一个非平稳的时间序列，下面将产生 50 个非平稳随机过程序列。

```
set.seed(12345)
ut = rnorm(50, 0, 1. 5)
xt = cumsum(ut)
plot(xt, type = 'b');abline(h = 0)
```

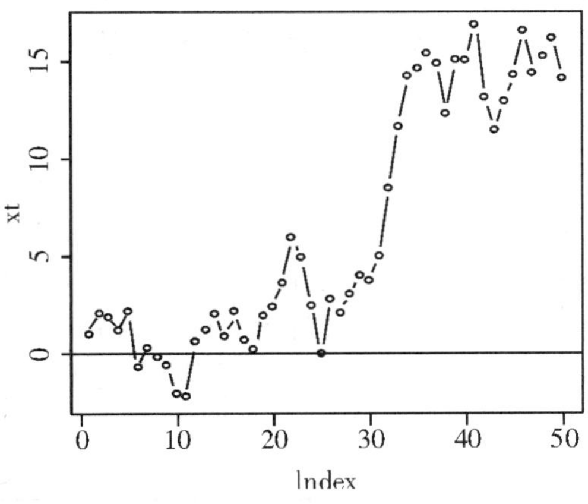

越来越多的经验证据表明，经济分析中所涉及的大多数时间序列是非平稳的。

【例 5－3】宏观经济数据——非平稳时间序列。

```
GDP = ts(MEdata $ GDP, start = 1978)
plot(GDP, type = 'b')
```

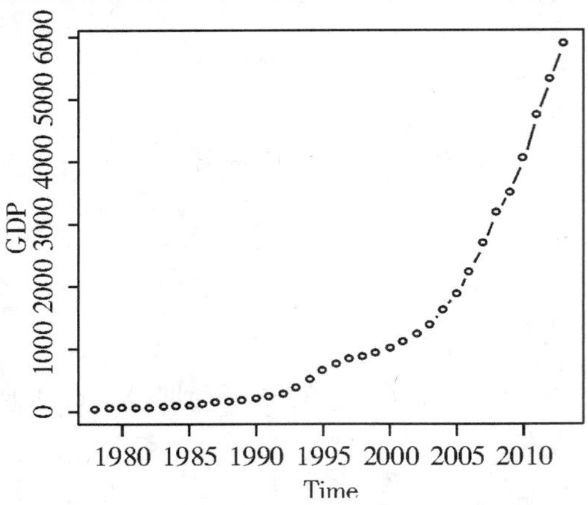

显然 *GDP* 序列是一个非平稳时间序列。

5.1.2 时间序列的差分技术

从(5.2)式可以看出，对 X_t 取一阶差分（first difference）：

$$\Delta X_t = X_t - X_{t-1} = u_t \tag{5.3}$$

由于 u_t 是一个白噪声，则序列$\{\Delta X_t\}$是平稳的。

后面将会看到，如果一个时间序列是非平稳的，它常常可通过取差分的方法来形成平稳序列。

d 阶差分定义为：

$$\Delta^d X_t = X_t - \Delta X_{t-d} \tag{5.4}$$

$\Delta^d X_t$ 度量了 X_t 与其滞后 X_{t-d} 之间的差值，R 语言软件中定义了一个差分函数 diff，该函数的使用方法是：diff(*x*, differences = 1, lag = 1, …)，其中 differences 表示差分阶数（可简记为 *d*，缺省为一阶），lag 表示滞后阶数（可简记为 *l*，缺省为一阶），即 diff(*x*, *d* = 1, *l* = 1)表示 *x* 的一阶滞后差分。注意差分函数 diff( )长度将与 *x* 不同，建模时需补齐。

【例 5－4】差分函数。

```
x = 1: 9;x
diff(x)     # diff(x, 1)
[1]  1  2  3  4  5  6  7  8  9
[1]  1  1  1  1  1  1  1  1
diff(x, d = 2)
[1]  0  0  0  0  0  0  0
diff(x, d = 1, l = 1)    # diff(x, diff = 1, lag = 2)
[1] 2 2 2 2 2 2 2 2
```

后面将会看到，如果一个时间序列是非平稳的，它常常可通过取差分的方法来形成平稳序列。显然随机游走序列是非平稳的，下面是它的一阶差分图，基本上可以认为是平稳序列。

```
plot(diff(xt), type = 'b')   #随机游走序列 Xt 的差分图
abline(h = 0)
```

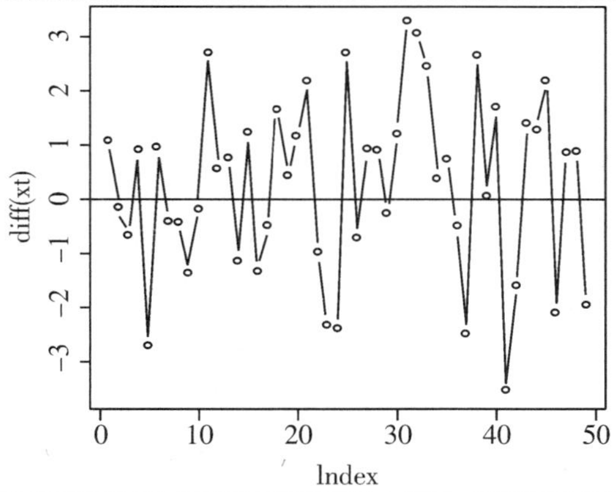

事实上，随机游走过程是下面一阶自回归 AR (1)过程的特例：

$$X_t = \phi X_{t-1} + u_t$$

由上式可知：

(1) $|\phi| > 1$ 时，该随机过程生成的时间序列是发散的，表现为持续上升($\phi > 1$)或持续下降($\phi < -1$)，因此是非平稳的；

(2) $\phi = 1$ 时，是一个随机游走过程，也是非平稳的；

(3) 只有当 $|\phi| < 1$ 时，该随机过程才是平稳的。

【例 5－5】*GDP* 序列的差分及对数序列的差分。

```
plot(diff(GDP))
```

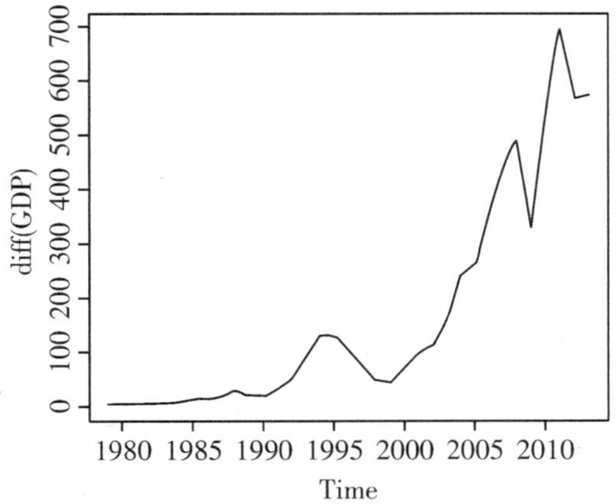

```
lnGDP = log(GDP)
plot(lnGDP)
```

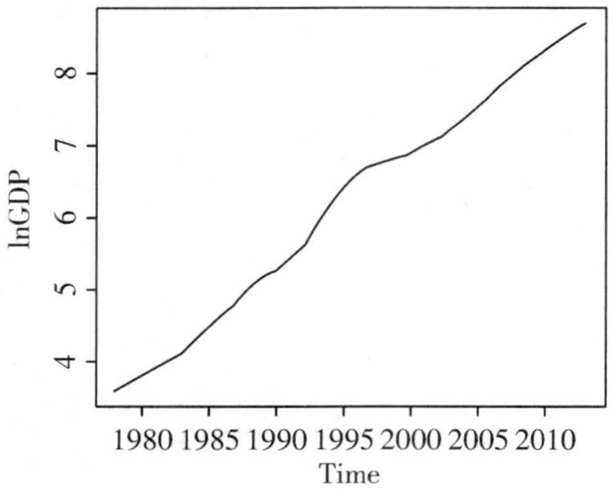


```
plot(diff(lnGDP))
```

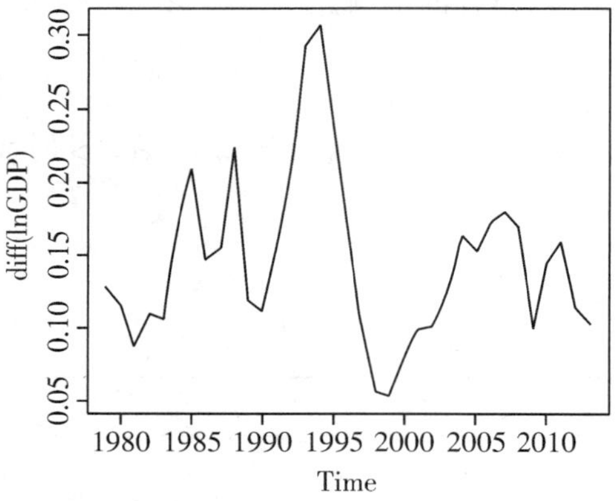

从中可以看出，*GDP* 的一阶差分并不是平稳序列，而 *GDP* 的对数序列的一阶差分具有平稳性，这就是为何我们在进行宏观经济数据分析时，通常要对数据进行对数变换的原因。

5.1.3 时间序列的非平稳性检验

在实际中遇到的时间序列数据很可能是非平稳序列，而平稳性在计量经济学建模中又具有重要地位，因此，有必要对观测值的时间序列数据进行平稳性检验。

对时间序列的平稳性检验除了通过散点图进行直观判断外，运用统计量进行统计检验是更为准确与重要的。单位根检验(unit root test)是统计检验中普遍应用的一种检验方法。

单位根检验是建立 ARMA 模型、ARIMA 模型、变量间的协整分析、因果关系检验等的基础。自内尔森和普罗索(Charles Plosser)利用 ADF 检验研究了美国名义国民生产总值等 14 个历史经济和金融时间序列的平稳性以后，单位根检验也已成为分析经济和金融时间序列变化规律和预测的重要组成部分。因此，单位根检验作为一种特殊的假设检验，其可靠性的研究以及如何寻求可靠性较高的检验方法或统计量成为多年来时间序列分析的重要课题。

1. 单位根过程

单位根就是指单位根过程，可以证明，序列中存在单位根过程就不平稳，会使回归分析中存在伪回归。单位根检验是指检验序列中是否存在单位根，因为存在单位根就是非平稳时间序列了。

如果一个序列是随机游动过程，则称这个序列是一个单位根过程。为什么称为“单位根过程”？将一阶自回归模型表示成如下形式：

$$Y_t - \phi Y_{t-1} = \varepsilon_t \text{或} (1-\phi L) Y_t = \varepsilon_t$$

其中，L 是滞后算子，即 $LY_t = Y_{t-1}$。

根据模型的滞后多项式 $1-\phi L$，可以写出对应的线性方程：$1-\phi Z=0$（通常称为特征方程）。该方程的根为：$Z=1/\phi$。当 $|\phi|<1$ 时序列是平稳的，特征方程的根满足条件 $|Z|>1$；当 $\phi=1$ 时，序列的生成过程变为随机游动过程，对应特征方程的根 $Z=1$，所以通常称序列含有单位根，或者说序列的生成过程为“单位根过程”。于是，随机游动过程是非平稳的。因此，检验序列的非平稳性就变为检验特征方程是否有单位根，这就是单位根检验方法的由来。

2. DF 检验

我们已知道，随机游走序列 $Y_t = Y_{t-1} + u_t$ 是非平稳的，其中 u_t 是白噪声。而该序列可看成是一阶自回归 AR(1) 过程 $Y_t = \rho Y_{t-1} + u_t$ 中参数 $\rho=1$ 时的特例。也就是说，我们对式

$$Y_t = \rho Y_{t-1} + u_t \tag{5.5}$$

做回归，如果确实发现 $\rho=1$，就说随机变量 Y_t 有一个单位根。（5.5）式可变成差分形式：

$$\Delta Y_t = (1-\rho) Y_{t-1} + u_t = \delta Y_{t-1} + u_t \tag{5.6}$$

检验（5.5）式是否存在单位根 $\rho=1$，也可通过（5.6）式判断是否有 $\delta=0$。

一般地，检验一个时间序列 Y_t 的平稳性，可通过检验带有截距项的一阶自回归模型

$$Y_t = \alpha + \rho Y_{t-1} + u_t \tag{5.7}$$

中的参数 ρ 是否小于 1。或者检验其等价变形式

$$\Delta X_t = \alpha + \delta X_{t-1} + u_t \tag{5.8}$$

中的参数 δ 是否小于 0 。

可以证明，(5.7) 式中的参数 $\rho>1$ 或 $\rho=1$ 时，时间序列是非平稳的；对应于（5.7）式，则是 $\delta>0$ 或 $\delta=0$。因此，针对（5.8）式，我们关心的检验为：

零假设 H_0：$\delta=0$；

备择假设 H_1：$\delta<0$。

上述检验可通过 OLS 法下的 t 检验完成。

然而，在零假设（序列非平稳）情形下，即使在大样本下 t 统计量也是有偏误的（向下偏倚），通常的 t 检验无法使用。

迪基（David Dicky）和富勒（Wayne Fuller）于 1976 年提出了这一情形下 t 统计量服从的分布（这时的 t 统计量称为 τ 统计量），即 DF 分布（见表 5－1）。由于 t 统计量的向下偏倚性，它呈现围绕小于零值的偏态分布。

表 5－1 DF 分布临界值

显著性水平	样本容量					t 分布临界值（n = ∝）
	25	50	100	500	∝	
0.01	－3.75	－3.58	－3.51	－3.44	－3.43	－2.33
0.05	－3.00	－2.93	－2.89	－2.87	－2.86	－1.65
0.10	－2.63	－2.60	－2.58	－2.57	－2.57	－1.28

因此，可通过 OLS 法估计 $\Delta Y_t = \alpha + \delta Y_{t-1} + u_t$ 的参数，并计算 t 统计量的值，与 DF 分布表中给定显著性水平下的临界值比较，如果 $t <$ 临界值，则拒绝零假设 H_0：$\delta = 0$，认为时间序列不存在单位根，是平稳的。即 DF 检验的具体做法是用传统方法计算出参数的 t 统计量，不与 t 分布临界值比较，而是改换成 DF 分布临界值表。

迪基、富勒得到 DF 检验的临界值，并编制了 DF 检验临界值表供查。在进行 DF 检验时，比较 t 统计量值与 DF 检验临界值，就可在某个显著性水平上拒绝或接受原假设。

3. ADF 检验

DF 检验存在的问题是，在检验所设定的模型时，假设随机扰动项不存在自相关。但大多数的经济数据序列是不能满足此项假设的，当随机扰动项存在自相关时，直接使用 DF 检验会出现偏误，为了保证单位根检验的有效性，人们对 DF 检验进行扩展，从而形成了扩展的 DF 检验（Augmented Dickey-Fuller Test），简称为 ADF 检验。

在上述使用 $\Delta Y_t = \alpha + \delta Y_{t-1} + u_t$ 对时间序列进行平稳性检验中，实际上假定了时间序列是由具有白噪声随机误差项的一阶自回归过程 AR（1）生成的。

但在实际检验中，时间序列可能由更高阶的自回归过程生成，或者随机误差项并非是白噪声，这样用 OLS 法进行估计会表现出随机误差项出现自相关，导致 DF 检验无效。

另外，如果时间序列包含有明显的随时间变化的某种趋势（如上升或下降），则也容易导致上述检验中的自相关随机误差项问题。

为了保证 DF 检验中随机误差项的白噪声特性，迪基和富勒对 DF 检验进行了扩展，形成了 ADF 检验。

ADF 检验的基本模型有如下三种类型：

$$
\begin{aligned}
&\text{模型 1：} Y_t = \gamma Y_{t-1} + \varepsilon_t \\
&\text{模型 2：} Y_t = \alpha + \gamma Y_{t-1} + \varepsilon_t \\
&\text{模型 3：} Y_t = \alpha + \beta t + \gamma Y_{t-1} + \varepsilon_t
\end{aligned}
\tag{5.9}
$$

其中 ε_t 为随机扰动项，为了借用 DF 检验的方法，ADF 检验是通过下面三个模型完成的：

$$
\begin{aligned}
&\text{模型 1：} Y_t = \gamma Y_{t-1} + \sum_{i=1}^{p} \alpha_i \Delta Y_{t-i} + \varepsilon_t \\
&\text{模型 2：} Y_t = \alpha + \gamma Y_{t-1} + \sum_{i=1}^{p} \alpha_i \Delta Y_{t-i} + u_t \\
&\text{模型 3：} Y_t = \alpha + \beta t + \gamma Y_{t-1} + \sum_{i=1}^{p} \alpha_i \Delta Y_{t-i} + u_t
\end{aligned}
\tag{5.10}
$$

模型 3 中的 t 是时间变量，代表了时间序列随时间变化的某种趋势（如果有的话）。检验的假设都是：针对 H_1：$\gamma < 0$，检验 H_0：$\gamma = 0$，即存在一单位根。模型 1 与另两个模型的差别在于是否包含有常数项和趋势项，实际检验时从模型 3 开始，然后到模型 2、

模型 1。何时检验拒绝零假设，即原序列不存在单位根，为平稳序列，何时检验停止。否则，就要继续检验，直到检验完模型 1 为止。检验原理与 DF 检验相同，只是在对模型 1、2、3 进行检验时，有各自相应的临界值。

一个简单的检验过程是：同时估计出上述三个模型的适当形式，然后通过 ADF 临界值表检验零假设 H_0：$\gamma=0$。

（1）只要其中有一个模型的检验结果拒绝了零假设，就可以认为时间序列是平稳的；

（2）当三个模型的检验结果都不能拒绝零假设时，则认为时间序列是非平稳的。

这里所谓模型适当的形式就是在每个模型中选取适当的滞后差分项，以使模型的残差项是一个白噪声（主要保证不存在自相关）。

【例 5-6】模拟数据：对模拟的随机游走序列 Y_t 进行单位根检验。

下面我们用 ADF 检验对 Y_t 进行单位根检验。

```
set.seed(123)
Yt = cumsum(rnorm(100))
ADF.test(Yt, type = "trend")      # library(EmRa)
```

```
ADF test statistic: -1.923
Citical Value:
   1%     5%    10%
 -4.04  -3.45  -3.15
```

```
ADF.test(Yt, type = "drift")
```

```
ADF test statistic: -1.168
Citical Value:
   1%     5%    10%
 -3.51  -2.89  -2.58
```

```
ADF.test(Yt, type = "none")
```

```
ADF test statistic: 0.01721
Citical Value:
   1%     5%    10%
 -2.60  -1.95  -1.61
```

表 5-2　Y_t 序列的 ADF 检验表

时间序列	检验方程	检验 t 值	1% 临界值	5% 临界值	10% 临界值	结 论
Y_t	3	-1.923	-4.04	-3.45	-3.15	不平稳
	2	-1.168	-3.51	-2.89	-2.58	
	1	0.017	-2.60	-1.95	-1.61	

从检验可知序列 Y_t 是非平稳的。

下面我们再用 ADF 检验对 Y_t 的一阶差分进行单位根检验。

```
ADF.test(diff(Yt), type = "trend")
------------------------------------
ADF test statistic: -7.779
Citical Value:
   1%     5%     10%
-4.04  -3.45  -3.15
```

```
ADF.test(diff(Yt), type = "drift")
------------------------------------
ADF test statistic: -7.703
Citical Value:
   1%     5%     10%
-3.51  -2.89  -2.58
```

```
ADF.test(diff(Yt), type = "none")
------------------------------------
ADF test statistic: -7.631
Citical Value:
   1%     5%     10%
-2.60  -1.95  -1.61
```

表 5-3　Y_t 的一阶差分序列的 ADF 检验表

时间序列	检验方程	检验 t 值	1%临界值	5%临界值	10%临界值	结 论
ΔY_t	3	-7.779	-4.04	-3.45	-3.15	平稳
	2	-7.703	-3.51	-2.89	-2.58	
	1	-7.631	-2.60	-1.95	-1.61	

从检验知 Y_t 的一阶差分序列是平稳的。

【例 5-7】检验 1978—2013 年我国 *GDP* 序列的平稳性。

由例 5-5 的 ln*GDP* 时序图可以看出，该序列可能存在趋势项，因此选择 ADF 检验的第三种模型进行检验。

（1）经试验，模型 3 中滞后项取一阶：

```
ADF.test(lnGDP, type = "trend")    #模型 3
------------------------------------
Augmented Dickey-Fuller Test Unit Root Test


Value of test statistic is: -2.895   4.824   4.374


Critical values for test statistics:
        1%      5%     10%
tau3  -4.15   -3.50   -3.18
phi2   7.02    5.13    4.31
phi3   9.31    6.73    5.61
```

从 γ 的系数看，检验统计量 > 临界值（-2.895 > -3.50），在 5% 显著性水平下不能拒绝存在单位根的零假设。时间 t 的统计量小于 ADF 分布表中的临界值，因此不能拒绝不存在趋势项的零假设，需进一步检验模型 2。

（2）经试验，模型 2 中滞后项取一阶。

```
ADF.test(lnGDP, type = "drift")   #模型 2
----------------------------------------------------------------
Augmented Dickey-Fuller Test Unit Root Test

Value of test statistic is: -0.7734   2.634

Critical values for test statistics:
        1%      5%      10%
tau2  -3.58   -2.93   -2.60
phi1   7.06    4.86    3.94
```

从 $\ln GDP_{t-1}$ 的参数值看，其 t 统计量为正值，大于临界值，不能拒绝存在单位根的零假设。常数项的 t 统计量大于 ADF 分布表中的临界值，不能拒绝不存在常数项的零假设，需进一步检验模型 1。

（3）经试验，模型 1 中滞后项取一阶。

```
ADF.test(lnGDP, type = "none")   #模型 1
----------------------------------------------------------------
Augmented Dickey Fuller Test Unit Root Test

Value of test statistic is: 1.34

Critical values for test statistics:
       1%     5%    10%
tau1  -2.62  -1.95  -1.61
```

从 GDP_{t-1} 的参数值看，其 t 统计量为正值，大于临界值，不能拒绝存在单位根的零假设，可断定我国 GDP 时间序列是非平稳的。

表 5－4　ln*GDP* 序列的 ADF 检验结果

时间序列	检验模型	检验 t 值	1%临界值	5%临界值	10%临界值	结 论
ln*GDP*	3	－2.895	－4.15	－3.50	－3.18	不平稳
	2	－0.773	－3.58	－2.93	－2.60	
	1	1.340	－2.62	－1.95	－1.61	

5.1.4　非平稳时间序列模型的建立

AR、MA 和 ARMA 模型所研究的对象是平稳随机过程，但是，实际的时间序列常常具有系统上升或系统下降的趋势，有时还会出现季节性波动，这样的时间序列就不可能用平稳随机过程来描述，必须把它看成是非平稳随机过程产生的数据。自回归与移动平均结合模型（ARIMA 模型）所研究的对象就是非平稳过程。这种非平稳过程，严格来讲应该是均匀非平稳过程或齐次非平稳过程。所谓均匀非平稳过程是指经过 d 阶差分后，可转为平稳过程。ARIMA 的基本思想是经过差分后，把非平稳过程转化为平稳过程，然后采用 ARMA 模型的处理方法，来解决问题。于是我们对什么是 ARIMA 过程给出以下描述：如果一个非平稳过程 y_t 经过 d 阶差分后成为：

$$(1-L)^d Y_t = \omega_t \tag{5.11}$$

而 ω_t 是一个 ARMA 过程，则称 Y_t 为(p, d, q)阶的自回归与移动平均结合过程或称自回归积分移动平均过程，记作 ARIMA (p, d, q)。

通常差分的阶数 d 很少超过 2。例如，设 $d=2$，便有：

$$(1-L)^2 Y_t = \omega_t$$

$$(1-2L+L^2) Y_t = \omega_t$$

$$Y_t - 2Y_{t-1} + Y_{t-2} = \omega_t$$

或

$$Y_t = \omega_t + 2Y_{t-1} - Y_{t-2} \tag{5.12}$$

则 y_t 可以用 ω_t 及其滞后变量表示，而 ω_t 是平稳过程。

时间序列呈现季节波动的情况也是一种常见的非平稳形式。对于月份数据或季度数据，常常出现这种形式的非平稳性。对月份数据利用差分：

$$(1-L^{12}) Y_t = \omega_t \tag{5.13}$$

对季度数据利用差分：

$$(1-L^4) Y_t = \omega_t$$

来消除非平稳性。在某些情况下，还会利用一次短期差分，一次长期差分：

$$(1-L)(1-L^{12}) = \omega_t$$

来消除非平稳性。

在实际经济生活中，某些事物是按百分比增长的，而不是按一定绝对量增长的。

例如，第一年国民收入为 1 000，以后每年按 8% 增长，以后各年国民收入分别为 $1\,000 \times (1+0.08) = 1\,080$，$1\,000 \times (1+0.08)^2 = 1\,166.4$，$1\,000 \times (1+0.08)^3 = 1\,259.712$，1 360.489 0，1 469.328 1，…如果绝对数差分一次，分别为 80，86.4，93.312，100.777，108.839 1，…仍不平稳，如果先将时间序列取对数：$\ln 1\,000 = 6.907\,8$，$\ln 1\,080 = 6.984\,7$，7.061 7，7.138 6，7.215 6，7.292 6，…再作一次差分：0.076 9，0.077 0，0.076 9，0.077 0，0.077 0，…于是变为平稳时间序列。可见，为了达到平稳化，有时将原始数据取对数是一种有效的方法。

差分自回归移动平均模型：

$$\Delta^d Y_t = c + \phi_1 \Delta^d Y_{t-1} + \phi_2 \Delta^d Y_{t-2} + \cdots + \phi_p \Delta^d Y_{t-p} + e_t + \theta_1 e_{t-1} + \theta_2 e_{t-2} + \cdots + \theta_q e_{t-q} \tag{5.14}$$

上式为(p, d, q)阶差分自回归移动平均模型，记为 ARIMA (p, d, q)。其中 c 是常数项，d 为差分次数，$\phi_1, \phi_2, \cdots, \phi_p$ 为自回归系数，$\theta_1, \theta_2, \cdots, \theta_q$ 为移动平均系数，都是模型的待估参数。

显然，ARIMA $(0, 0, q)$ = MA (q)，ARMA $(p, 0, 0)$ = AR (p)，ARMA $(p, 0, q)$ = ARMA (p, q)。

从上面的分析我们可以知道，实际中 ARIMA (p, d, q) 相当于 d 阶差分的 ARIMA (p, q)，而 R 语言软件将其建模都统一在函数 ARIMA 下。

【例 5-8】模拟数据——模拟 ARIMA (1, 1, 0) 模型：$\Delta Y_t = 0.8\Delta Y_{t-1} + u_t$。

```
## 模拟 ARIMA(1, 1, 0)
set.seed(123456)
A11 = arima.sim(n = 200, list(order = c(1, 1, 0), ar = 0.8))
plot(A11)
```

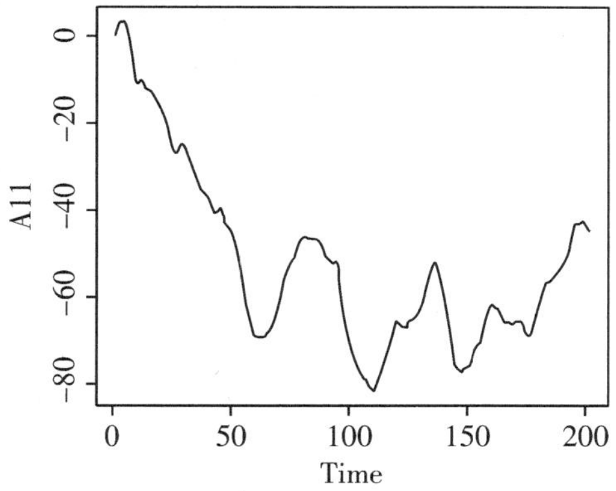


```
plot(diff(A11))
```

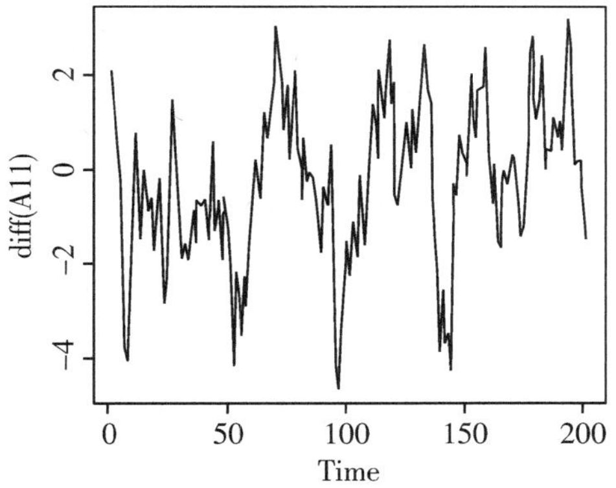

从模拟数据 A11 的散点图可以看出，序列非平稳，但其一阶差分图基本上是平稳的。

```
arima(A11, order = c(1, 1, 0))
```

```
Call:arima(x = A11,order = c(1,1,0))

Coefficients:
        ar1
      0.804
s.e.  0.042

sigma^2 estimated as 0.953;log likelihood = -279.5,   aic =563
```

拟合模型的参数估计值(0.804)跟理论参数值(0.8)基本一致。

【例 5-9】模拟数据——模拟 ARIMA（2，1，1）模型：$\Delta Y_t = 0.8\Delta Y_{t-1} - 0.5\Delta Y_{t-2} + u_t - 0.7 + u_{t-1}$。

```
## 模拟 ARIMA(2, 1, 1)
set.seed(123456)
A111 = arima.sim(n = 200, list(order = c(2, 1, 1), ar = c(0. 8, -0. 5), ma = 0. 7));
plot(A111)
```

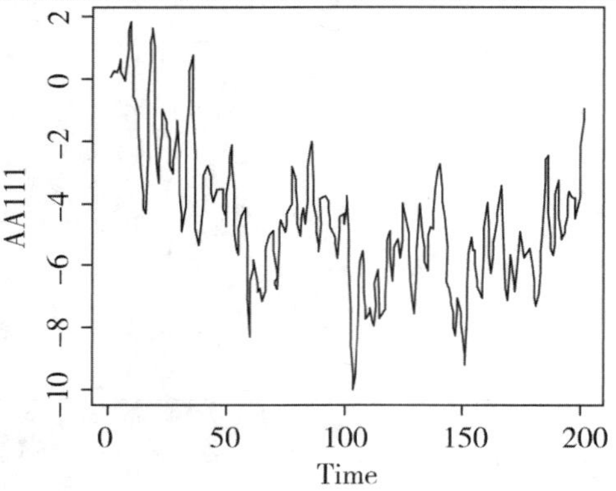


```
plot(diff(A111))
```

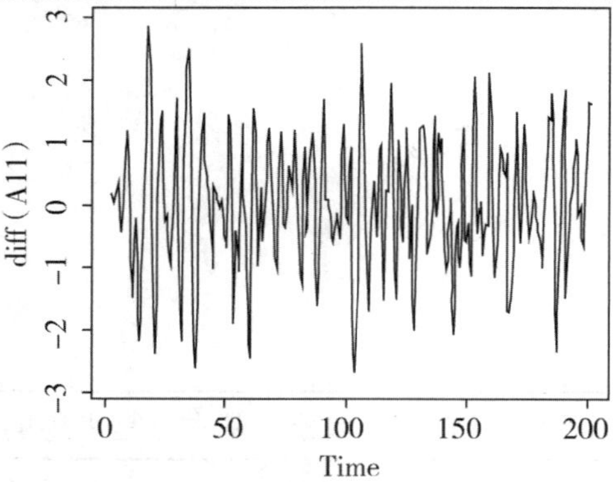

从模拟数据 A111 的散点图可以看出，序列非平稳，但其一阶差分图基本上是平稳的。

```
arima(A111, order = c(2, 1, 1))

Call:arima(x = A111, order = c(2, 1, 1))

Coefficients:
         ar1      ar2      ma1
       0. 810   -0. 522   -0. 668
s. e.  0. 085    0. 062    0. 088

sigma^2 estimated as 0. 929:log likelihood = -276. 8,   aic = 561. 7
```

拟合模型的参数估计值（0. 810，-0. 522，0. 668）跟理论参数值（0. 8，-0. 5，0. 7）基本一致。

【例 5 - 10】试建立 *GDP* 数据的 ARIMA 模型。

从前面的分析我们知道，*GDP* 的对数序列的一阶差分达到平稳。

```
A100.GDP = arima(lnGDP, order = c(1, 0, 0));
arima.test(A100.GDP)
tsdiag(A100.GDP)
```

```
arima( x = log( GDP) , order = c( 1 ,0 ,0) )

Coefficients:
           Estimate    Std. Error    t value    Pr( > |t| )
ar1          0. 998       0. 0028    358. 428      0. 0000
intercept    6. 134       2. 4514      2. 502      0. 0123

sigma^2 estimated as 0. 02444: log likelihood = 12. 96,   aic = - 19. 92
```

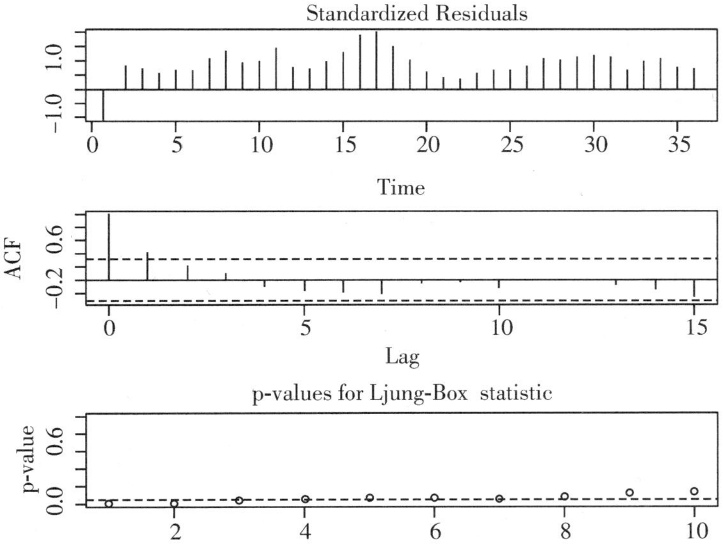

由于 ln*GDP* 本身是非平稳的，所以我们建立的 ARIMA（1，0，0）是不合适的（这点从残差图、自相关图和 Ljung-Box 上就可以看出），而 ARIMA（1，0，1）更是无法建立的。

```
A101.GDP = arima(log(GDP), order = c(1, 0, 1));A101.GDP
```

```
Call: arima( x = log( GDP) , order = c( 1 ,0 ,1) )

Coefficients:
        ar1     ma1    intercept
          1   0. 901      33. 57
s. e.   NaN   0. 077         NaN

sigma^2 estimated as 0. 0101: log likelihood  =  26. 26,   aic  =  - 44. 52
警告信息:
In sqrt( diag( x $ var. coef) ) : 产生了 NaNs
```

下面建立一个一阶差分 ARMA 模型。

```
A110 = arima(lnGDP, order = c(1, 1, 0))
arima.test(A110)
tsdiag(A110)
```

```
arima( x = log( GDP) , order = c( 1 , 1 , 0) )

Coefficients:
      Estimate    Std. Error    t value    Pr( > |t| )
ar1    0.9499       0.0406       23.39            0

sigma^2 estimated as 0.002014: log likelihood = 57.81,    aic = -111.6
```

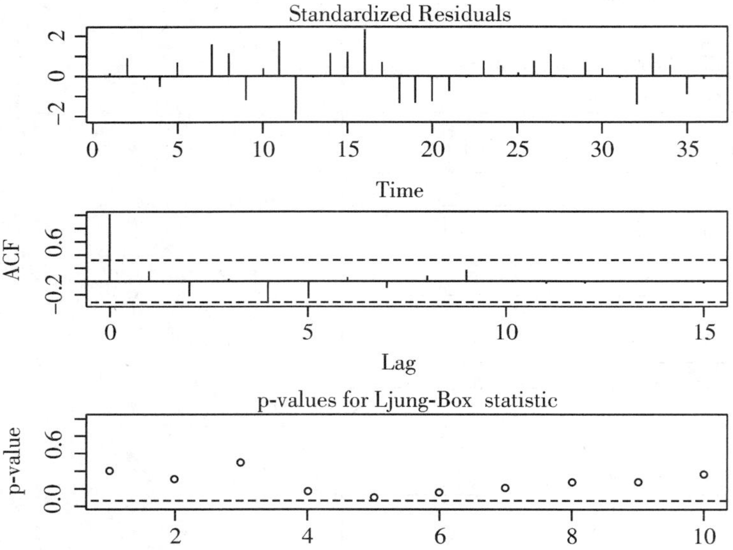

由于 ln*GDP* 差分是平稳的，所以我们考虑建立的模型 ARIMA（1，1，0），从残差图、自相关图和 Ljung-Box 上就可以看出其是合适的。

```
A111 = arima(lnGDP, order = c(1, 1, 1))
arima.test(A111)
```

```
arima( x = log( GDP) , order = c( 1 , 1 , 1) )

Coefficients:
      Estimate    Std. Error    t value    Pr( > |t| )
ar1    0.9214       0.0611      15.074      0.0000
ma1    0.3229       0.2601       1.241      0.2145

sigma^2 estimated as 0.001911: log likelihood = 58.63,    aic = -111.3
```

```
A210 = arima(lnGDP, order = c(2, 1, 0))
arima.test(A210)
---------------------------------------------------------------
arima( x = log( GDP) , order = c( 2, 1, 0) )

Coefficients:
        Estimate  Std. Error    t value   Pr( > | t | )
ar1      1. 1030     0. 1635    6. 7459      0. 0000
ar2     -0. 1592     0. 1651   -0. 9643      0. 3349

sigma^2 estimated as 0. 001957:log likelihood = 58. 27,   aic = -110. 5
```

可以看到，模型 ARIMA（1，1，1）和 ARIMA（2，1，0）对拟合效果改进不大（AR 2 的系数不显著），所以从模型的拟合效果来看，我们认为 ARIMA（1，1，0）是一个合适的模型。

5.2 协整与误差修正模型

在进行时间序列分析时，传统上要求所用的时间序列必须是平稳的，即没有随机性趋势或确定性趋势，否则，将会产生“伪回归”问题。但是，在现实经济生活中的时间序列大都是非平稳的，为了使回归有意义，可以对其进行平稳化，采用的方法是对时间序列进行差分，然后对差分序列进行回归。这种做法的缺点是忽略了原时间序列包含的有用信息，而这些信息对分析问题来说又是必要的。为了解决上述问题，近 10 年来发展了一种处理非平稳数据的新方法——协整理论。许多经济学家、经济计量学家和统计学家对这一新理论表现出极大的兴趣和热情，由于他们的系统研究使这一理论迅速进入当今世界经济学界的前沿研究领域。

社会经济时间序列大部分是不平稳的，所以在使用 ARMA 模型对这些序列进行分析时，必须进行差分变换，但是变换后的序列由于不具有直接的经济意义，使得化为平稳序列后所建立的时间序列模型不便于解释。1987 年，恩格尔和格兰杰提出了协整理论及方法，为非平稳序列的建模提供了另一种途径。他们指出：两个或两个以上的非平稳时间序列的线性组合可能是平稳的，假如存在这样平稳的线性组合，则这些非平稳时间序列之间具有协整关系。

5.2.1 协整的定义和检验

一、单整的概念

如果一个时间序列经过一次差分变成平稳的，就称原序列是一阶单整（integrated of 1）序列，记为 $I(1)$。

一般地，如果一个时间序列经过 d 次差分后变成平稳序列，则称原序列是 d 阶单整（integrated of d）序列，记为 $I(d)$。显然，$I(0)$代表一平稳时间序列。

在现实经济生活中，只有少数经济指标的时间序列表现为平稳的，如利率等；大多数指标的时间序列是非平稳的，如一些价格指数常常是二阶单整的，以不变价格表示的消费额、收入等常表现为一阶单整。

大多数非平稳的时间序列一般可通过一次或多次差分的形式变为平稳的。但也有一些时间序列，无论经过多少次差分，都不能变为平稳的，这种序列被称为非单整（non-integrated）序列。

定义：设 u_t 是一个平稳序列，而

$$x_t = \sum_{j=0} u_{t-j} \tag{5.15}$$

是由以前的 u_t 累积而成的一个单一整体，称为单整序列（Integrated series），即时间序列分析中的积分序列，记作 $x_t \sim I(1)$。$I(1)$的含义是 x_t 只需经过一次差分就可变成平稳序列。一般地，$x_t \sim I(d)$表示 x_t 只需经过 d 次差分就可变成平稳序列，显然，平稳序列可表示为 $I(0)$。

例如，随机游走序列 $X_t = X_{t-1} + u_t$，经差分后等价变形为 $\Delta X_t = u_t$，由于 u_t 是一个白噪声，因此差分后的序列$\{\Delta X_t\}$是平稳的。显然，白噪声序列就是 $I(0)$，而随机游走序列是 $I(1)$。

【例 5－11】模拟数据：下面模拟两个一阶单整序列，其中 X_t 是随机游走序列，Y_t 是线性组合序列。

```
set.seed(123)
n = 100
u1 = rnorm(n)
xt = cumsum(u1)    #随机游走
u2 = rnorm(n)
yt = 0.6* xt + u2
plot(xt, type = 'l', ylab = '');lines(yt, lty = 2)
legend("topleft", c("xt","yt"), lty = 1:2, bty = "n")
```

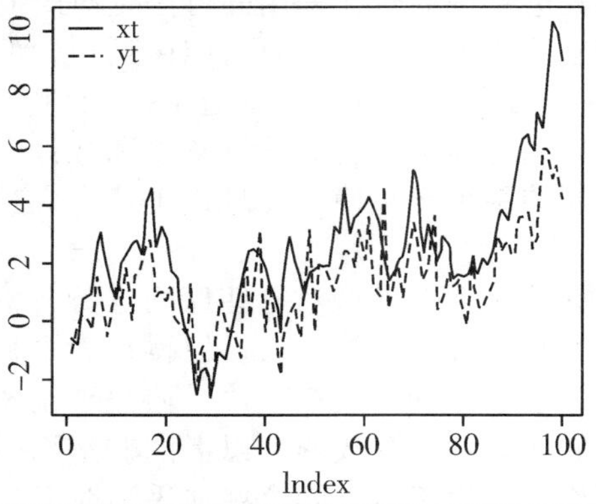

显然这两个序列是非平稳的，下面是它们的一阶差分图，基本上可以认为它们是平稳序列。

```
plot(diff(xt), type = 'l', ylab = '', ylim = c( - 5, 5));
lines(diff(yt), lty = 3);abline(h = 0)
legend("topleft", c("diff(xt)", "diff(yt)"), lty = 1:2, bty = "n")
```

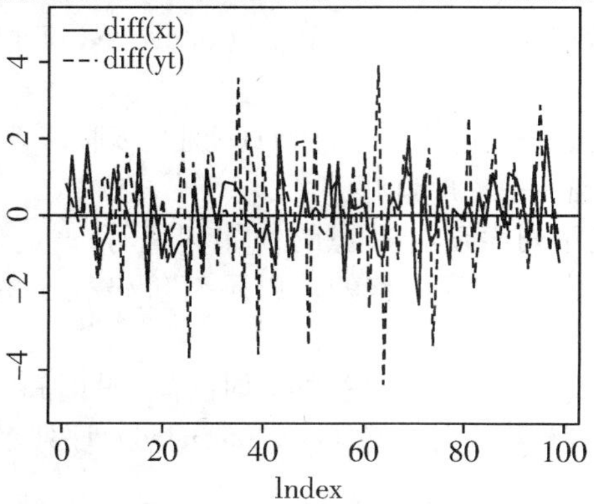

下面我们用 ADF 检验 X_t 与 Y_t 一阶差分序列的单整性。

```
ADF.test(diff(xt), type = "trend")
---------------------------------------------
Augmented Dickey-Fuller Test Unit Root Test

Value of test statistic is: -7.779  20.2  30.26

Critical values for test statistics:
        1%     5%     10%
tau3  -4.04  -3.45  -3.15
phi2   6.50   4.88   4.16
phi3   8.73   6.49   5.47
```

```
ADF.test(diff(xt), type = "drift")
---------------------------------------------
Augmented Dickey-Fuller Test Unit Root Test

Value of test statistic is: -7.703  29.71

Critical values for test statistics:
        1%     5%     10%
tau2  -3.51  -2.89  -2.58
phi1   6.70   4.71   3.86
```

```
ADF.test(diff(xt), type = "none")
---------------------------------------------
Augmented Dickey-Fuller Test Unit Root Test

Value of test statistic is: -7.631

Critical values for test statistics:
       1%     5%     10%
tau1  -2.6  -1.95  -1.61
```

```
ADF.test(diff(yt), type = "trend")
---------------------------------------------
Augmented Dickey-Fuller Test Unit Root Test

Value of test statistic is: -13.43  60.1  90.14

Critical values for test statistics:
        1%     5%     10%
tau3  -4.04  -3.45  -3.15
phi2   6.50   4.88   4.16
phi3   8.73   6.49   5.47
```

```
ADF.test(diff(yt), type = "drift")
--------------------------------------------------
Augmented Dickey-Fuller Test Unit Root Test

Value of test statistic is: -13.46   90.65

Critical values for test statistics:
          1%      5%     10%
tau2   -3.51   -2.89   -2.58
phi1    6.70    4.71    3.86
```

```
ADF.test(diff(yt), type = "none")
--------------------------------------------------
Augmented Dickey-Fuller Test Unit Root Test

Value of test statistic is: -13.45

Critical values for test statistics:
         1%      5%     10%
tau1   -2.6   -1.95   -1.61
```

表 5-5　Δx_t 与 Δy_t 序列的 ADF 检验结果

时间序列	检验方程	检验 t 值	1% 临界值	5% 临界值	10% 临界值	结 论
Δx_t	3	-7.779	-4.04	-3.45	-3.15	平稳
	2	-7.703	-3.51	-2.89	-2.58	
	1	-7.631	-2.60	-1.95	-1.61	
Δy_t	3	-13.43	-4.04	-3.45	-3.15	平稳
	2	-13.46	-3.51	-2.89	-2.58	
	1	-13.45	-2.60	-1.95	-1.61	

结果验证了 X_t 与 Y_t 是一阶单整的 $I(1)$。

二、协整的概念

根据贾奇（G. G. Judge）等人（1993）对平稳和非平稳序列的研究，单整序列的线性组合具有如下性质：

（1）如果 $x_t \sim I(0)$，则 $a + bx_t$ 是 $I(0)$；

　　如果 $x_t \sim I(1)$，则 $a + bx_t$ 是 $I(1)$。

（2）如果 $x_t \sim I(0)$，$y_t \sim I(0)$，则 $ax_t + by_t$ 是 $I(0)$。

（3）如果 $x_t \sim I(0)$，$y_t \sim I(1)$，则 $ax_t + by_t$ 是 $I(1)$，即 $I(1)$ 具有占优势的性质。

（4）如果 $x_t \sim I(1)$，$y_t \sim I(1)$，则 $ax_t + by_t$ 一般情况下是 $I(1)$，但不保证一定是 $I(1)$。

例如，考虑下面两个变量：

$$\begin{cases} x_t = \omega_t + \tilde{x}_t \\ y_t = a\omega_t + \tilde{y}_t \end{cases} \tag{5.16}$$

其中 ω_t 为 $I(1)$，$\tilde{x}_t$，$\tilde{y}_t$ 都是 $I(0)$ 且具有零均值。由性质(3)知，虽然 x_t，y_t 都是 $I(1)$，但由性质(2)知

$$u_t = y_t - ax_t = \tilde{y}_t - a\tilde{x}_t \tag{5.17}$$

是 $I(0)$ 且具有零均值，表明性质(4)不成立。但是，它反映了两个变量之间的协整关系。

定义：如果 x_t，y_t 是 $I(1)$，但存在某个线性组合

$$u_t = m + ax_t + by_t \tag{5.18}$$

是 $I(0)$ 且具有零均值，则称 x_t，y_t 是协整的(Cointegrated)，(a, b) 称为协整向量。

协整表明：尽管两个序列都是非平稳的 $I(1)$，但两者的某个线性组合却可能是平稳的。两个 $I(1)$ 序列之间的这种稳定关系，是对经济学中所说的规律的定量描述。因此，研究变量之间的协整关系就等同于研究变量之间的定量规律。

三、协整检验

在具体应用协整理论进行时间序列分析时，必须先分别检验被分析序列是否为 $I(1)$，进而再判别其协整性，而单整检验即前面所说的单位根检验，常用 ADF 检验。

1. 单变量检验

设 x_t、y_t 都是 $I(1)$，协整回归方程如下（加进常数项和时间趋势项）：

$$y_t = \alpha_0 + \alpha x_t + \delta t + u_t \tag{5.19}$$

则估计误差为：

$$u_t = y_t - \alpha_0 - \hat{\alpha}_1 x_t - \hat{\delta} t \tag{5.20}$$

协整存在的一个重要条件是协整回归方程的残差估计量 $\hat{u}_t$ 是平稳的。按着标准形式回归，可对残差的平稳性进行检验。因此，可对下式

$$\Delta u_t = \beta u_{t-1} + \sum_{i=1}^{m} \phi_i \Delta \hat{u}_{t-i} + v_t \tag{5.21}$$

进行检验，其检验方法与单整检验基本相同。即零假设成立($\beta = 0$)，说明 $\hat{u}_t$ 为 $I(1)$，则 x_t、y_t 不是协整的，若零假设不成立($\beta < 0$)，说明 $\hat{u}_t$ 为 $I(0)$，则 x_t、y_t 是协整的。不同的地方是由于误差 $\hat{u}_t$ 是估计出来的，此时用作检验的 t 统计量不再具有 DF 分布，而是服从 Engle-Granger 分布，其临界值由 Engle-Granger 协整检验临界值表查出即可。

2. 多变量检验

k 维向量 $y_t = (y_{1t}, y_{2t}, \cdots, y_{kt})'$ 的分量间被称为 (d, b) 阶协整，记为 $y_t \sim CI(d, b)$，如果满足：①y_t 是 d 阶单整，即 $y_t \sim I(d)$，要求 y_t 的每个分量 $y_{it} \sim I(d)$；②存在非零向量 β，使得 $\beta y_t \sim I(d-b)$，$0 < b \leqslant d$。那么就称 y_t 是协整的，向量 β 又称为协整向量。

需要注意的是：第一，作为对非平稳变量之间关系的描述，协整向量不是唯一的；第二，协整变量必须具有相同的单整阶数；第三，最多可能存在 $k-1$ 个线性无关的协整向量（y_t 的维数是 k），协整变量之间具有共同的趋势成分，在数量上成比例。

对变量之间是否存在协整关系的协整检验从检验对象上可以分为两种：一种是基于回归系数的协整检验，一种是基于回归残差的协整检验，如 CRDW 检验、DF 检验和 ADF 检验。

应用比较多的是恩格尔和格兰杰所提出的协整检验方法，这种协整检验方法是对回归方程的残差进行的单位根检验。从协整理论的思想来看，如果自变量和因变量之间存在协整关系，那么两者之间存在稳定的均衡关系，因变量不能被自变量所解释的部分构成一个残差序列，这个残差序列应该是平稳的。因此，检验一组变量之间是否存在协整关系等价于检验回归方程的残差序列是否平稳。检验的主要步骤为：

（1）两变量的 Engle-Granger 检验。为了检验两变量 Y_t，X_t 是否协整，恩格尔和格兰杰于 1987 年提出两步检验法，也称为 EG 检验。

第一步，用 OLS 法估计方程

$$Y_t = \alpha_0 + \alpha_1 X_t + u_t$$

并计算非均衡误差，得到：

$$\hat{Y}_t = \hat{\alpha}_0 + \hat{\alpha}_1 X_t$$

$$e_t = Y_t - \hat{Y}_t$$

称为协整回归（cointegrating regression）或静态回归（static regression）。

第二步，检验 e_t 的单整性。如果 e_t 为平稳序列，则认为变量 X_t 和 Y_t 为(1，1)阶协整；如果 e_t 为一阶单整序列，则认为变量 X_t 和 Y_t 为(2，1)阶协整……e_t 的单整性的检验方法仍然是 DF 检验或者 ADF 检验。

由于协整回归中已含有截距项，则检验模型中无须再用截距项。如使用模型 1

$$\Delta e_t = \delta e_{t-1} + \sum_{i=1}^{p} \theta_i \Delta e_{t-i} + \varepsilon_t$$

进行检验时，拒绝零假设 H_0：$\delta = 0$，意味着误差项 e_t 是平稳序列，从而说明 X 与 Y 间是协整的。

需要注意的是：这里的 DF 或 ADF 检验是针对协整回归计算出的误差项 e_t 而非真正的非均衡误差 u_t 进行的，而 OLS 法采用了残差最小平方和原理，因此估计量 δ 是向下偏倚的，这样将导致拒绝零假设的机会比实际情形大。于是对 e_t 平稳性检验的 DF 与 ADF 临界值应该比正常的 DF 与 ADF 临界值还要小。

（2）多变量的 Engle-Granger 检验。对于多变量的协整检验过程，基本与双变量情形相同，即需检验变量是否具有同阶单整性，以及是否存在稳定的线性组合。在检验是否存在稳定的线性组合时，需设置一个变量为被解释变量，其他变量为解释变量，进行 OLS 估计并检验残差序列是否平稳。如果不平稳，则需更换被解释变量，进行同样的 OLS 估计及相应的残差项检验。当所有的变量都被作为被解释变量检验之后，仍不能得到平稳的残差项序列，则认为这些变量间不存在（d，d）阶协整。

①若 k 个序列 y_{1t}，y_{2t}，y_{3t}，…，y_{kt}都是 d 阶单整，建立回归方程：

$$y_{1t} = \beta_1 + \beta_2 y_{2t} + \beta_3 y_{3t} + \cdots + \beta_k y_{kt} + u_t$$

模型估计的残差为：

$$\hat{u}_t = y_{1t} - \hat{\beta}_1 - \hat{\beta}_2 y_{2t} - \hat{\beta}_3 y_{3t} - \cdots - \hat{\beta}_k y_{kt}$$

②检验残差序列 $\hat{u}_t$ 是否平稳，也就是判断残差序列 $\hat{u}_t$ 是否含有单位根。通常是用 ADF 检验来判断残差序列 $\hat{u}_t$ 是否平稳。残差序列是平稳的，则可以确定回归方程中的 k 个变量存在协整关系；否则这 k 个变量不存在协整关系。

表 5-6 给出了麦金农（D. P. Mackinnon）(1991)通过模拟试验得到的不同变量协整

检验的临界值。

表 5-6 多变量协整检验 ADF 临界值

样本容量	变量数=3			变量数=4			变量数=6		
	显著性水平			显著性水平			显著性水平		
	0.01	0.05	0.10	0.01	0.05	0.10	0.01	0.05	0.10
25	-4.92	-4.10	-3.71	-5.43	-4.56	-4.15	-6.36	-5.41	-4.96
50	-4.59	-3.92	-3.58	-5.02	-4.32	-3.98	-5.78	-5.05	-4.69
100	-4.44	-3.83	-3.51	-4.83	-4.21	-3.89	-5.51	-4.88	-4.56
∝	-4.30	-3.74	-3.45	-4.65	-4.10	-3.81	-5.24	-4.70	-4.42

【例 5-12】模拟数据：检验例 5-11 的两个单整序列 X_t 和 Y_t 的协整性。

```
fm = lm(yt ~ xt)
et = resid(fm)
plot(et, type = 'h',ylim = c( - 4, 4));abline(h = 0)
```

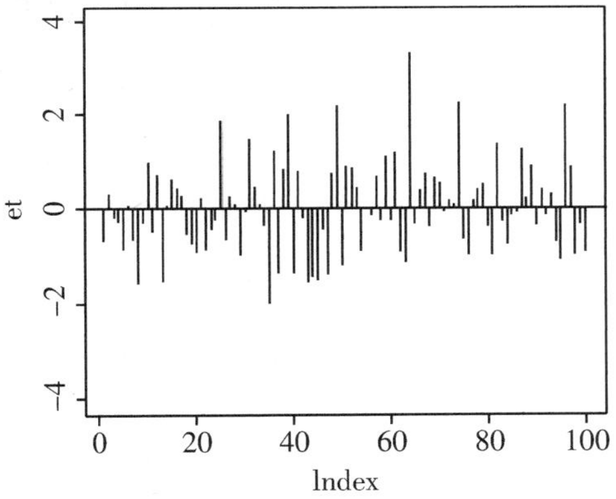

从模型的残差图上看，残差序列基本上是平稳的。

```
ADF.test(et, type = "none")   #残差平稳性检验
```

```
Augmented Dickey-Fuller Test Unit Root Test
Value of test statistic is: -8.055
Critical values for test statistics:
         1%    5%    10%
tau1  -2.6  -1.95  -1.61
```

由残差的 ADF 检验知，残差序列是平稳的，因而可以认为 X_t 和 Y_t 间是协整的。

5.2.2 误差修正模型（ECM）原理

误差修正模型（Error Correction Model，ECM）的基本形式是由戴维森（J. E. H. Davidson）、亨德利、谢尔巴（F. Srba）和亚萨卡（J. S. Yeo）于 1978 年提出的，称为 DHSY 模型。考虑一阶自回归分布滞后模型 ADF（1，1）：

$$y_t = \beta_0 + \beta_1 x_t + \beta_2 y_{t-1} + \beta_3 x_{t-1} + \varepsilon_t \tag{5.22}$$

移项后整理可得：

$$\Delta y_t = \beta_0 + \beta_1 \Delta x_t + (\beta_2 - 1)\left(y - \frac{\beta_1 + \beta_3}{1 - \beta_2}x\right)_{t-1} + \varepsilon_t \tag{5.23}$$

(5.23)式即为误差修正模型（ECM），其中$\left(y - \frac{\beta_1 + \beta_3}{1 - \beta_2}x\right)_{t-1}$是误差修正项，记为 ecm_{t-1}。模型（5.23）解释了因变量 y_t 的短期波动 Δy_t 是如何被决定的。一方面，它受到自变量短期波动 Δx_t 的影响，另一方面，取决于 ecm_{t-1}。如果变量 y_t 和 x_t 间存在长期均衡关系，即有 $\bar{y} = a\,\bar{x}$。

模型(5.23)的 ecm 可以改写为：

$$\bar{y} = \frac{\beta_1 + \beta_3}{1 - \beta_2}\bar{x} \tag{5.24}$$

可见，ecm 反映了变量在短期波动中偏离它们长期均衡关系的程度，称为均衡误差。模型(5.23)可改写为：

$$\Delta y_t = \beta_0 + \beta_1 \Delta x_t + \lambda \cdot ecm_{t-1} + \varepsilon_t \tag{5.25}$$

其中 $\lambda = \beta_2 - 1$。一般地，由于(5.22)式中 $|\beta_2| < 1$，所以误差项的系数 $\lambda < 0$，通常也称为调整系数。因此，当 $y_{t-1} > \frac{\beta_1 + \beta_3}{1 - \beta_2}x_{t-1}$ 时，ecm_{t-1} 为正，则 $\lambda \cdot ecm_{t-1}$ 为负，使 Δy_t 减少，反之亦然。这体现了均衡误差对 y_t 的控制。

对 ECM 模型参数的估计最常用的方法是恩格尔和格兰杰两步法，其基本思想如下：

第一步是求模型：

$$y_t = k_1 x_t + \varepsilon_t$$

的 OLS 估计，又称协整回归，得到 $\hat{k}_1$ 及残差序列：

$$\hat{\varepsilon}_t = y_t - \bar{k}_1 x_t$$

第二步是用 $\hat{\varepsilon}_{t-1}$ 替换（5.23）式中的 $y_{t-1} - \frac{\beta_1 + \beta_3}{1 - \beta_2}x_{t-1}$，即

$$\Delta y_t = \beta_0 + \beta_1 \Delta x_t + \lambda \cdot \hat{\varepsilon}_{t-1} + \varepsilon_t$$

最后，用 OLS 法估计其参数，得到其误差修正模型。

由协整与误差修正模型的关系，可以得到误差修正模型建立的 E-G 两步法：

第一步，进行协整回归（OLS 法），检验变量间的协整关系，估计协整向量（长期均衡关系参数）；

第二步，若协整性存在，则以第一步求到的残差作为非均衡误差项加入到误差修正模型中，并用 OLS 法估计相应参数。

需要注意的是：在进行变量间的协整检验时，如有必要可在协整回归式中加入趋势项，这时，对残差项的稳定性检验就无须再设趋势项。另外，第二步中变量差分滞后项的多少，可以残差项序列是否存在自相关性来判断，如果存在自相关性，则应加入变量差分的滞后项。

可以采用打开误差修整模型中非均衡误差项括号的方法直接用 OLS 法估计模型。但仍需事先对变量间的协整关系进行检验。

如对双变量误差修正模型

$$\Delta Y_t = \beta_1 \Delta X_t - \lambda(Y_{t-1} - \alpha_0 - \alpha_1 X_{t-1}) + \varepsilon_t$$

可打开非均衡误差项的括号直接估计下式：

$$\Delta Y_t = \lambda\alpha_0 + \beta_1 \Delta X_t - \lambda Y_{t-1} + \lambda\alpha_1 X_{t-1} + \varepsilon_t$$

这时短期弹性与长期弹性可一并获得。

需要注意的是：用不同方法建立的误差修正模型结果也往往不一样。

```
ecmt_1 = L_(resid(fm), na.is = F);          #误差的一阶滞后 ecm_{t-1},不包含缺失值 NA
summary(lm(diff(yt) ~ diff(xt) + ecmt_1))
```

```
Call: lm(formula = diff(yt) ~ diff(xt) + ecmt_1)


Residuals:
    Min        1Q    Median      3Q      Max
-1.9988   -0.6966   -0.0917  0.5896   3.1501


Coefficients:
             Estimate  Std. Error  t value  Pr(>|t|)
(Intercept)   0.0118     0.0979     0.12       0.9
diff(xt)      0.5373     0.1070     5.02    2.4e-06 ***
ecmt_1       -1.1295     0.1014   -11.14    < 2e-16 ***
---
Signif. codes: 0 '***' 0.001 '**' 0.01 '*' 0.05 '.' 0.1 ' ' 1


Residual standard error: 0.969 on 96 degrees of freedom
Multiple R-squared:0.607,    Adjusted R-squared:0.599
F-statistic: 74 on 2 and 96 DF,   p-value: <2e-16
```

该模型符合我们定义的模型 $y_t = 0.6x_t + u_t$。

5.2.3 格兰杰因果关系检验

一、格兰杰因果关系检验原理

通过协整分析，如果我们得出 Y 与 X 之间存在协整关系，那么它们之间的因果关系到底是怎样的呢？究竟是 X 引起 Y 变化还是 Y 导致 X 变化呢？关于这个问题，格兰杰因果关系检验提供了解决的办法。

若 Y 与 X 是平稳时间序列，格兰杰因果关系检验要求检验以下两式：

$$Y_t = \sum_{i=1}^{n}\alpha_i X_{t-i} + \sum_{j=1}^{n}\beta_i Y_{t-i} + u_{1t} \tag{5.26}$$

$$X_t = \sum_{i=1}^{n}\lambda_i Y_{t-i} + \sum_{j=1}^{n}\delta_i X_{t-i} + u_{2t} \tag{5.27}$$

其中假设 u_{1t} 与 u_{2t} 不相关，可能存在有四种检验结果：

（1）X 对 Y 有单向影响，表现为(5.26)式 X 各滞后项前的参数整体为零，而 Y 各滞后项前的参数整体不为零；

（2）Y 对 X 有单向影响，表现为(5.27)式 Y 各滞后项前的参数整体为零，而 X 各滞后项前的参数整体不为零；

（3）Y 与 X 间存在双向影响，表现为 Y 与 X 各滞后项前的参数整体不为零；

(4) Y 与 X 间不存在影响，表现为 Y 与 X 各滞后项前的参数整体为零。

格兰杰检验是通过对受约束的 F 进行检验完成的。如针对

$$Y_t = \sum_{i=1}^{n}\alpha_i X_{t-i} + \sum_{j=1}^{n}\beta_i Y_{t-i} + u_{1t} \tag{5.28}$$

中 X 滞后项前的参数整体为零的假设（X 不是 Y 的格兰杰原因）。分别做包含与不包含 X 滞后项的回归，记前者与后者的残差平方和分别为 RSS_U、RSS_R；再计算 F 统计量：

$$F = \frac{(RSS_R - RSS_U)/m}{RSS_U/(n-k)}$$

k 为无约束回归模型的待估参数的个数。

如果 $F > F_\alpha(m,\ n-k)$，则拒绝原假设，认为 X 是 Y 的格兰杰原因。

需要注意的是，格兰杰因果关系检验对于滞后期长度的选择有时很敏感，不同的滞后期可能会得到完全不同的检验结果。

因此，一般而言，常进行不同滞后期长度的检验，以检验模型中随机误差项不存在序列相关的滞后期长度来选取滞后期。

对于两个存在协整关系的非平稳变量之间的因果关系检验，格兰杰提出了如下的解决办法，即通过检验以下两式：

$$\Delta Y_t = \sum_{i=1}^{n}\alpha_i \Delta X_{t-i} + \sum_{j=1}^{n}\beta_i \Delta Y_{t-i} + \gamma_1 ecm_{t-1} + u_{1t} \tag{5.29}$$

$$\Delta X_t = \sum_{i=1}^{n}\lambda_i \Delta Y_{t-i} + \sum_{j=1}^{n}\delta_i \Delta X_{t-i} + \gamma_2 ecm_{t-1} + u_{2t} \tag{5.30}$$

其中 ecm_{t-1} 表示滞后一期误差修正项，ΔY 与 ΔX 分别代表 Y 与 X 的一阶差分，由于 ecm_{t-1} 中含有 Y_{t-1}，若检验结果中 γ_1 或者 α_1 在统计上不为零，这说明 X 的过去值对现期 Y 产生了显著影响，即可得知 X 是 Y 的格兰杰原因。同理，可通过 γ_2 和 α_2 是否为零来判断 Y 是否是 X 的格兰杰原因。而判断 α_1 与 α_2 是否同时为零可通过 F 检验来实现。

【例 5-13】对例 5-11 的模拟序列 x_t 和 y_t 的格兰杰检验。

```
library(lmtest)
grangertest(xt ~ yt)
```

```
Granger causality test


Model 1: xt ~ Lags(xt, 1:1)  + Lags(yt, 1:1)
Model 2: xt ~ Lags(xt, 1:1)
Res. Df Df      F Pr( >F)
1      96
2      97    -1   0.02   0.88
```

可以看出，（5.27）式 y_t 的一阶滞后项不显著，说明 y_t 不是 x_t 的原因，这符合我们模拟的数据序列。

```
grangertest(yt ~ xt)

Granger causality test

Model 1: yt ~ Lags(yt, 1:1) + Lags(xt, 1:1)
Model 2: yt ~ Lags(yt, 1:1)
Res. Df Df      F    Pr( >F)
1    96
2    97    -1   57.6   2.1e-11  ***
---
Signif. codes: 0  '***'  0.001  '**'  0.01  '*'  0.05  '.'  0.1  ' '  1
```

可以看出，(5.26) 式 x_t 的一阶滞后项不显著，说明 x_t 是 y_t 的原因，这也符合我们模拟的数据序列。

这里仅做了一阶格兰杰检验，也可进一步做多阶检验。

二、单位根检验、协整检验和格兰杰因果关系检验三者之间的关系

实证检验步骤：先做单位根检验，看变量序列是否是平稳序列，若平稳，可构造回归模型等经典计量经济学模型；若非平稳，进行差分，当进行到第 i 次差分时序列平稳，则服从 i 阶单整（注意趋势、截距不同情况选择，根据 p 值和原假设判定）。若所有检验序列均服从同阶单整，可做协整检验（注意滞后期的选择），判断模型内部变量间是否存在协整关系，即是否存在长期均衡关系。如果有，则进行格兰杰因果关系检验，检验变量之间"谁引起谁变化"，即因果关系。

1. 平稳性问题

(1) 单位根检验是序列的平稳性检验，如果不检验序列平稳性直接应用 OLS 法容易导致伪回归；

(2) 当检验的数据平稳时（即不存在单位根），要想进一步考察变量的因果联系，可以采用格兰杰因果关系检验，但要做格兰杰检验的前提是数据必须是平稳的，否则不适用；

(3) 当检验的数据是非平稳的（即存在单位根），并且各个序列同阶单整时（协整检验的前提），想进一步确定变量之间是否存在协整关系，可以进行协整检验。协整检验主要用 EG 两步法，EG 两步法是基于回归残差的检验，可以通过建立 OLS 模型检验其残差平稳性。

当变量之间存在协整关系时，可以建立 ECM 进一步考察短期关系。

2. 协整性问题

(1) 格兰杰检验只能用于平稳序列，这是格兰杰检验的前提，而其因果关系并非我们通常理解的因与果的关系，而是说 X 的前期变化能有效地解释 Y 的变化，所以称其为"格兰杰原因"。

(2) 非平稳序列很可能出现伪回归，协整的意义就是检验它们的回归方程所描述的因果关系是否是伪回归，即检验变量之间是否存在稳定的关系。所以，非平稳序列的因果关系检验就是协整检验。

(3) 平稳性检验有 3 个作用：①检验平稳性，若平稳，做格兰杰检验，非平稳，作协整检验。②协整检验中要用到每个序列的单整阶数。③判断时间序列的数据生成过程。

3. 格兰杰因果问题

关于格兰杰因果关系，很多人存在误解。有如下几点，需要澄清：

（1）格兰杰因果关系检验是用来检验统计上的时间先后顺序，而这并不表示真正存在因果关系，是否存在因果关系需要根据理论、经验和模型来判定。

（2）格兰杰因果关系检验的变量应是平稳的，如果单位根检验发现两个变量是不稳定的，那么，不能直接进行格兰杰因果关系检验，所以，很多人对不平稳的变量进行格兰杰因果关系检验，这是错误的。

（3）协整结果仅表示变量间存在长期均衡关系，那么，到底是先做格兰杰因果检验还是先做协整检验呢？因为变量不平稳才需要协整，所以，首先应对变量进行差分，平稳后，可以用差分项进行格兰杰因果关系检验，来判定变量变化的先后次序，之后，进行协整，看变量是否存在长期均衡。

（4）长期均衡并不意味着分析的结束，还应考虑短期波动，要建立误差修正模型。

5.2.4 协整和 ECM 的实证分析

【例 5－14】进出口总额 *IE* 与国内生产总值 *GDP* 之间的协整分析。

取我国 1978—2013 年间的国内生产总值 *GDP* 与进出口总额 *IE* 数据，分析它们之间可能存在的协整关系，并建立误差修正模型，描述进出口总额与国内生产总值增长的短期关系。

```
GDP = ts(GDP, start = 1978)
IE = ts(IE, start = 1978)
plot(GDP, ylab = '');lines(IE, lty = 2);
legend("topleft", c("GDP", "IE"),lty = 1: 2, bty = "n")
```

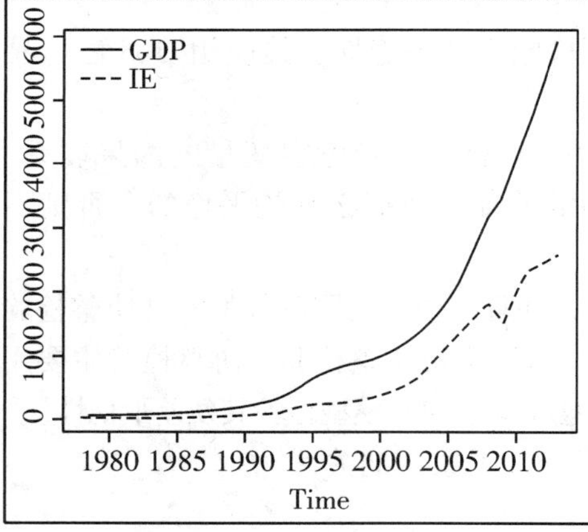

我们首先对两个时间序列取对数（用 ln*GDP* 表示国内生产总值 *GDP* 的对数，ln*IE* 表示进出口总额 *IE* 的对数），取对数既可以不改变各个时间序列的增长趋势，同时还有利于消除异方差现象。

下图是 1978—2013 年进出口总额与国内生产总值的增长趋势图。从图中可以看出，进出口总额与国内生产总值增长量都是非平稳的。

```
lnGDP = log(GDP);lnIE = log(IE)
plot(lnGDP, ylab = '');lines(lnIE, lty = 2)
legend("topleft", c("log(GDP)", "log(IE)"), lty = 1:2, bty = "n")
```

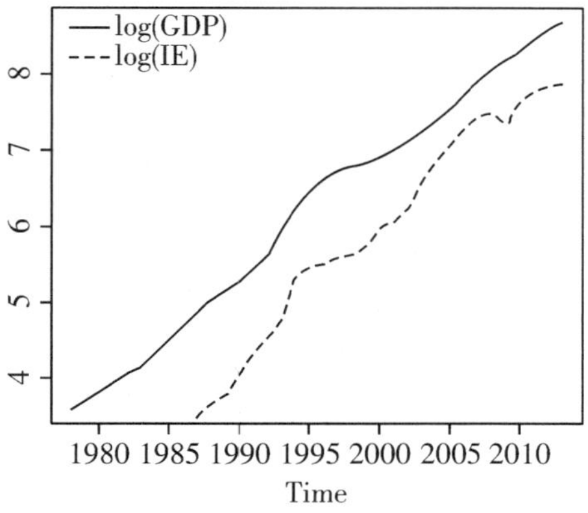

1. 单位根检验

协整理论及方法由恩格尔和格兰杰于1987年提出，他们认为虽然两个非平稳时间序列是不平稳的，但只要它们是同阶单整序列则它们的线性组合就有可能是平稳序列，这种平稳的线性组合被称为协整方程。因此为了得知 *IE* 与 *GDP* 之间是否存在长期协整关系，我们首先得对两个时间序列进行平稳性检验，以验证 *GDP* 与 *IE* 是否是同阶单整的。由于两个序列的残差项有可能存在自相关问题，下面采用稳健的 ADF 检验方法来检验两个时间序列的平稳性。

在运用 ADF 检验方法进行单位根检验时，我们可从模型 3 方程开始检验，若该方程拒绝原假设，我们再运用模型 2 方程检验，如果原假设还是被拒绝，我们接下来应用模型 1 方程检验时间序列的平稳性，若原假设还是被拒绝，则我们可以得出原时间序列不平稳的结论，否则如任一方程原假设被接受，都可以得出其为平稳时间序列的结论。

根据前面介绍的 ADF 检验方法，对 ln*IE* 数据进行平稳性检验，而 ln*GDP* 的平稳性见前面的分析。

```
ADF.test(lnIE, type = "trend")
```

```
Augmented Dickey-Fuller Test Unit Root Test


Value of test statistic is: -1.187   5.941   2.002


Critical values for test statistics:
         1%      5%     10%
tau3  -4.15   -3.50   -3.18
phi2   7.02    5.13    4.31
phi3   9.31    6.73    5.61
```

```
ADF.test(lnIE, type = "drift")
Augmented Dickey-Fuller Test Unit Root Test

Value of test statistic is: -1.745   8.44

Critical values for test statistics:
        1%      5%      10%
tau2  -3.58   -2.93   -2.60
phi1   7.06    4.86    3.94
ADF.test(lnIE, type = "none")
Augmented Dickey-Fuller Test Unit Root Test

Value of test statistic is: 2.079

Critical values for test statistics:
        1%      5%      10%
tau1  -2.62   -1.95   -1.61
```

结果整理如表 5 -7 所示。

表 5 -7　ln*IE* 序列的 ADF 检验结果

时间序列	检验方程	检验 t 值	1% 临界值	5% 临界值	10% 临界值	结 论
ln*IE*	3	-1.187	-4.15	-3.50	-3.18	不平稳
	2	-1.745	-3.58	-2.93	-2.60	
	1	2.079	-2.62	-1.95	-1.61	

```
ADF.test(diff(lnIE),type = "trend")
Augmented Dickey-Fuller Test Unit Root Test

Value of test statistic is: -4.52   6.864   10.25

Critical values for test statistics:
        1%      5%      10%
tau3  -4.15   -3.50   -3.18
phi2   7.02    5.13    4.31
phi3   9.31    6.73    5.61
```

```
ADF.test(diff(lnIE), type = "drift")

Augmented Dickey-Fuller Test Unit Root Test

Value of test statistic is: -3.991   8.006

Critical values for test statistics:
          1%      5%      10%
tau2   -3.58   -2.93   -2.60
phi1    7.06    4.86    3.94
```

```
ADF.test(diff(lnIE), type = "none")

Augmented Dickey-Fuller Test Unit Root Test

Value of test statistic is: -1.906

Critical values for test statistics:
          1%      5%      10%
tau1   -2.62   -1.95   -1.61
```

结果整理如表5－8所示。

表5－8 ln*IE* 差分序列ADF检验结果

时间序列	检验方程	检验 t 值	1%临界值	5%临界值	10%临界值	结论
d ln*IE*	3	－4.520	－4.15	－3.50	－3.18	平稳
	2	－3.991	－3.58	－2.93	－2.60	平稳
	1	－1.906	－2.62	－1.95	－1.61	不平稳

从结果可知：*IE* 对数时间序列是不平稳的时间序列，通过做一阶差分，在5%的显著性水平下变成了平稳序列，是一阶单整序列，满足协整检验条件。

2. 协整检验

由于 ln*GDP* 与 ln*IE* 都是 $I(1)$ 单整过程，满足建立协整方程的条件，可尝试对它们进行协整检验。协整检验常用的是 Engel-Granger 两步检验法，该方法第一步先对两个非平稳时间序列用 OLS 法回归，得出回归方程；第二步对上述回归方程的残差序列进行平稳性检验，如果残差序列是平稳的，则两时间序列存在长期均衡关系，若残差序列不平稳，则两时间序列不存在长期均衡关系。

依上所述，首先建立 ln*IE* 与 ln*GDP* 之间的回归方程。

```
fm = lm(lnIE  ~ lnGDP)
summary(fm)
```

```
Call: lm(formula = lnIE ~ lnGDP)

Residuals:
     Min        1Q    Median       3Q      Max
 -0.4002   -0.1663   0.0381   0.1965   0.2911

Coefficients:
              Estimate  Std. Error   t value     Pr(>|t|)
(Intercept)    -3.0252     0.1418     -21.3      <2e-16 ***
lnGDP           1.3002     0.0222      58.5      <2e-16 ***
---
Signif. codes: 0  '***'  0.001  '**'  0.01  '*'  0.05  '.'  0.1  ' '  1

Residual standard error: 0.21 on 34 degrees of freedom
Multiple R-squared:0.99,        Adjusted R-squared:0.99
F-statistic: 3.42e+03 on 1 and 34 DF,   p-value: <2e-16
```

然后取残差序列并选取适当方程形式进行平稳性检验，所用方法仍然为 ADF 检验。

```
et = resid(fm)
plot(et, type = "h", ylim = c(-0.8, 0.8));abline(h = 0)
```

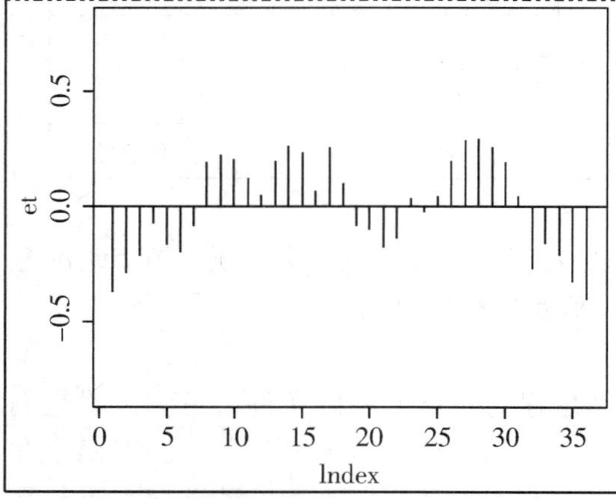

从协整回归的残差序列图可以看出：回归方程的残差都在 0 附近波动，应该满足平稳条件，那么结果是否和我们的猜想一样呢？依然用 ADF 方法做残差平稳性检验。

```
ADF.test(et, type = "none")    #残差平稳性检验
---------------------------------------------------------------
Augmented Dickey-Fuller Test Unit Root Test

Value of test statistic is: -2.024

Critical values for test statistics:
          1%      5%      10%
tau1   -2.62   -1.95   -1.61
```

检验结果如表 5-9 所示。

表 5-9 残差平稳性检验结果

时间序列	检验 t 值	1% 临界值	5% 临界值	10% 临界值
协整方程残差	-2.024	-2.62	-1.95	-1.61

从检验结果我们可以发现：$-2.024 < -1.95$，残差序列通过了 5% 显著性水平的平稳性检验，即：我国进出口总额 *IE* 和国内生产总值 *GDP* 之间通过了协整检验，即 *GDP* 和 *IE* 之间存在着长期的均衡关系。

3. 误差修正模型

从上面分析我们知道我国 *IE* 与 *GDP* 是协整的，即两者之间有一种长期的均衡稳定关系。然而，在短期中，它们有可能偏离均衡，需要一种机制来表达对短期失衡的修正，即若两个变量存在协整关系，则两者可以用 ECM 模型表述。首先引入一阶误差修正模型。

```
ecmt_1 = head(et, -1);                        #去掉最后一个残差值
fm1 = lm(diff(lnIE) ~ diff(lnGDP) + ecmt_1)
summary(fm1)
---------------------------------------------------------------
Call: lm(formula = diff(lnIE) ~ diff(lnGDP) + ecmt_1)

Residuals:
     Min        1Q    Median      3Q      Max
 -0.2778   -0.0828   0.0133   0.0777   0.2225

Coefficients:
                 Estimate  Std. Error   t value   Pr(>|t|)
(Intercept)      -0.0587     0.0629     -0.93    0.35776
diff(ln(GDP))     1.7170     0.4141      4.15    0.00023 ***
ecmt_1           -0.2493     0.1215     -2.05    0.04843 *
---
Signif. codes: 0 '***' 0.001 '**' 0.01 '*' 0.05 '.' 0.1 ' ' 1

Residual standard error: 0.12 on 32 degrees of freedom
Multiple R-squared:0.35,        Adjusted R-squared:0.309
F-statistic:8.6 on 2 and 32 DF,   p-value: 0.00102
```

$$\Delta \ln IE_t = -0.0587 + 1.7170 \Delta \ln GDP_t - 0.2493 ecm_{t-1} + \varepsilon_t$$

其中 $ecm_{t-1} = \ln IE_{t-1} - \beta_1 - \beta_2 \ln GDP_{t-1}$。

从方程结果可知：方程除了常数项外，其他项都通过了 t 检验，且 ecm_{t-1}的系数为负数，符合要求。误差修正项为 $-0.2493 ecm_{t-1}$，这说明长期 $\ln IE$ 与 $\ln GDP$ 之间的偏离在一年内得到约 24.93% 的修正。

4. 格兰杰因果关系检验

通过以上分析，我们得出 *IE* 增长与 *GDP* 增长之间存在协整关系，那么他们之间的因果关系到底是怎样的呢？关于这个问题，格兰杰因果关系检验提供了解决的办法。

若 *IE* 与 *GDP* 增长时间序列是平稳的，格兰杰因果关系检验要求检验以下两式：

$$\ln IE_t = \sum_{i=1}^{n} \alpha_i \ln GDP_{t-i} + \sum_{j=1}^{n} \beta_i \ln IE_{t-i} + u_{1t}$$

$$\ln GDP_t = \sum_{i=1}^{n} \lambda_i \ln IE_{t-i} + \sum_{j=1}^{n} \delta_i \ln GDP_{t-i} + u_{2t}$$

其中假设 u_{1t}与 u_{2t}不相关，若 β_i 在统计上是异于零的，而 δ_i 在统计上不是异于零的，则说明 $\ln GDP$ 是 $\ln EC$ 的格兰杰原因；若 δ_i 在统计上是异于零的，而 β_i 在统计上不是异于零的，则说明 $\ln IE$ 是 $\ln GDP$ 的格兰杰原因。然而 *IE* 与 *GDP* 时间序列是不平稳的，以上方法不能提供正确的格半杰因果关系检验结果。

对于两个存在协整关系的非平稳变量之间的因果关系检验，格兰杰在一篇论文中提出了解决的办法，即通过检验以下两式：

$$\Delta \ln EC_t = \sum_{i=1}^{n} \alpha_{1i} \Delta \ln GDP_{t-i} + \sum_{j=1}^{m} \beta_{1j} \Delta \ln IE_{t-j} + \lambda_1 ecm_{t-1} + u_{1t}$$

$$\Delta \ln GDP_t = \sum_{i=1}^{n} \alpha_{2i} \Delta \ln IE_{t-i} + \sum_{j=1}^{m} \beta_{2j} \Delta \ln GDP_{t-j} + \lambda_2 ecm_{t-1} + u_{2t}$$

其中 ecm_{t-1}表示滞后一期误差修正项，$\Delta \ln IE$ 与 $\Delta \ln GDP$ 分别代表 *IE* 与 *GDP* 对数的一阶差分。

```
library(lmtest)
grangertest(lnIE ~ lnGDP)
```

```
Granger causality test


Model 1: lnIE ~ Lags(lnIE, 1:1) + Lags(lnGDP, 1:1)
Model 2: lnIE ~ Lags(lnIE, 1:1)
    Res. Df   Df      F      Pr( >F)
1     32
2     33     -1     0.25     0.62
```

```
grangertest(lnIE ~ lnGDP, order = 2)
```

```
Granger causality test


Model 1: lnIE ~ Lags(lnIE, 1:2)  + Lags(lnGDP, 1:2)
Model 2: lnIE ~ Lags(lnIE, 1:2)
    Res. Df  Df      F      Pr( >F)
1     29
2     31     -2     0.08     0.92
```

```
grangertest(lnGDP ~ lnIE)
Granger causality test

Model 1: lnGDP ~ Lags(lnGDP, 1:1) + Lags(lnIE, 1:1)
Model 2: lnGDP ~ Lags(lnGDP, 1:1)
   Res.Df  Df      F     Pr(>F)
1    32
2    33    -1    12.8    0.0011 **
---
Signif. codes: 0 '***' 0.001 '**' 0.01 '*' 0.05 '.' 0.1 ' ' 1
grangertest(lnGDP ~ lnIE, order = 2)
Granger causality test

Model 1: lnGDP ~ Lags(lnGDP, 1:2) + Lags(lnIE, 1:2)
Model 2: lnGDP ~ Lags(lnGDP, 1:2)
   Res.Df  Df      F     Pr(>F)
1    29
2    31    -2    1.59    0.22
```

根据以上方法，我们将检验结果列于表 5 - 10。

表 5 - 10 格兰杰因果关系检验结果

原假设	滞后阶数	*F* 值	*p* 值
ln*GDP* 不是 ln*IE* 的格兰杰原因	1	12.8	0.001
ln*IE* 不是 ln*GDP* 的格兰杰原因	1	0.25	0.62
ln*GDP* 不是 ln*IE* 的格兰杰原因	2	1.59	0.22
ln*IE* 不是 ln*GDP* 的格兰杰原因	2	0.08	0.92

由上表检验结果得知在 5% 的水平下，国内生产总值 *GDP* 是进出口总额 *IE* 的格兰杰原因，进出口总额 *IE* 不是国内生产总值 *GDP* 的格兰杰原因。

*5.3 异方差时间序列模型

前几章介绍了处理非稳定时间序列的一些最新的发展，着重讨论了对单位根过程和协整过程的参数估计和假设检验方法。本节将介绍另一种重要的时间序列过程——自回归条件异方差过程（autoregressive conditional heteroskedastic process，ARCH）。它在过去十几年中得到广泛的重视，如今已成为研究实证金融学和经济计量学的主要工具之一。ARCH 模型由恩格尔（1982）首次提出，立即受到广大研究人员的重视，出现了许多重要的研究成果。ARCH 模型的理论和数学结构已经建立，它的主要性质和特点已为研究人员和实际工作者所接受。ARCH 模型和它的各种推广形式，以及它们在金融领域里的应用，是本章讨论的中心。

在 ARCH 模型提出之前，描述股票价格等金融现象最常用的模型是随机游动模型。如以

$$P_t = P_{t-1} + \varepsilon_t$$

描述某股价在时刻 t 的值，ε_t 为白噪声干扰。根据这一模型，股价 P_t 在时刻 t 的增值 $\Delta P_t = P_t - P_{t-1}$ 是期望为零的白噪声过程，在样本量较大时可用正态分布作近似。这一模型符合金融学中有效市场（efficient market）的理论，运用简便，常用来预测和估算股票价格。但随机游动模型在应用中有明显的局限性。金融市场中的一个常见的现象，是股价或其他类似的金融产品的变易率（volatility）不仅随时间变化，而且常在某一时段中连续出现偏高或偏低的情况。如 4.2 节的上证指数收益的序列图，它们上下波动的范围相应于变易率的大小。显然，这个时间序列呈现变易率聚类（volatility clustering）的特点。

股价和其他金融变量（如兑换率等）的这一特征很难由随机游动模型解释，但却可用 ARCH 模型及其各种推广模型来描述。正由于 ARCH 模型的这一特点，它在过去的十几年里得到了普遍的重视，并由此出现了许多重要的成果。由于篇幅有限，本章只能对 ARCH 模型作简要的介绍。

5.3.1 ARCH 模型

恩格尔在 1982 年第一次提出针对时间序列变化的方差的自回归条件异方差模型（ARCH）。对于序列 y_t，一个简单的 ARCH（q）模型为：

$$y_t = \varepsilon_t \tag{5.31}$$

$$\varepsilon_t = \sqrt{h_t}\nu_t \quad \nu_t \overset{iid}{\sim} \mathrm{N}(0,\ 1) \tag{5.32}$$

$$h_t = a_0 + \sum_{i=1}^{q} a_i \varepsilon_{t-i}^2 \tag{5.33}$$

其中，h_t 是基于时刻 t 可得信息条件下 ε_t 的方差。h_t 称为 ε_t 的条件方差（conditional variance）。序列$\{\varepsilon_t\}$是待拟合的误差过程。(5.31)式称为 y_t 的均值方程，它的形式可以更加复杂，可以包含其他解释变量的相关过程或者常数项，如下面的(5.34)式。ARCH 模型的重点是(5.33)式，它描绘的是在过去 ε_{t-i}^2 的条件下 h_t 的变化，过程$\{\varepsilon_{t-i}^2\}$称为噪声过程。随机变量 v_t 是一个新息项，通常假定它是一个均值为零、方差为 1 的 *iid*。

1. ARCH 模型的构建

自回归条件异方差模型（ARCH 模型）最早由恩格尔提出，ARCH 模型的主要思想是：扰动项 ε_t 的条件方差依赖于它的前期值 ε_{t-1} 的大小。

对于通常的回归模型

$$y_t = x_t\beta + \varepsilon_t \tag{5.34}$$

如果随机干扰项的平方 ε_t^2 服从 AR（q）过程，即：

$$\varepsilon_t^2 = a_0 + a_1\varepsilon_{t-1}^2 + \cdots + a_q\varepsilon_{t-q}^2 + e_t \quad t = 1,\ 2,\ \cdots,\ n \tag{5.35}$$

其中，e_t 独立同分布，并满足 $\mathrm{E}(e_t) = 0$，$\mathrm{D}(e_t) = \lambda^2$，则称模型为自回归条件异方差模型，即 ARCH 模型。称序列 ε_t 服从 q 阶 ARCH 过程，记作 $\varepsilon_t \sim \mathrm{ARCH}(q)$。（5.34）式和（5.35）式构成的模型称为回归 ARCH 模型。

ARCH（q）模型还可以表示为：

$$\varepsilon_t = \sqrt{h_t}v_t \tag{5.36}$$

$$h_t = a_0 + a_1\varepsilon_{t-1}^2 + \cdots + a_q\varepsilon_{t-q}^2 \tag{5.37}$$

其中 v_t 独立同分布，且 $\mathrm{E}(v_t) = 0$，$\mathrm{D}(v_t) = 1$，$a_0 > 0$，$a_i \geqslant 0$（$i = 1,\ 2,\ \cdots,\ q$），

且$\sum a_i <1$（保证 ARCH 过程平稳）。

2. ARCH 效应的检验

为了确定一个 ARCH 描述是否必要，我们需要检验条件均值方差残差的 ARCH 效应。检验方法一般有两种：第一种是将通常的 Ljung-Box 统计量 Q（m）应用于$\{\varepsilon_t^2\}$，参见麦克劳德（A. I. McLeod）和李（W. K. Li）（1983）。该检验的原假设为$\{\varepsilon_t^2\}$序列前 m 个间隔的 ACF 值都为零。第二种对条件异方差的检验是恩格尔（1982）的拉格朗日乘数检验（LM 检验）。Ljung-Box 前面已介绍过，下面着重介绍第二种方法，类似于前面介绍的误差自相关的 LM 检验，但其辅助回归方程不同。

判断序列是否存在 ARCH 效应，最常用的检验方法是拉格郎日乘数法。若模型随机扰动项 $\varepsilon_t \sim$ ARCH（p），则可以建立辅助回归方程：

$$h_t = a_0 + a_1\varepsilon_{t-1}^2 + \cdots + a_q\varepsilon_{t-q}^2 \tag{5.38}$$

检验序列是否存在 ARCH 效应，即检验（5.38）式中所有回归系数是否同时为 0。若所有回归系数同时为 0 的概率较大，则序列不存在 ARCH 效应；若所有回归系数同时为 0 的概率很小，或至少有一个系数显著不为 0，则序列存在 ARCH 效应。检验的原假设和备择假设为：

$$H_0: a_0 = a_1 = \cdots = a_q = 0$$
$$H_1: \exists a_i \neq 0 \quad (1 \leqslant i \leqslant q) \tag{5.39}$$

检验统计量：

$$LM = nR^2 \sim \chi^2(q) \tag{5.40}$$

其中，n 是辅助回归（5.38）时的样本数据个数，R^2 是辅助回归（5.38）的决定系数（OLS 估计）。

给定显著性水平 α 和自由度 q，如果 $LM > \chi^2(q)$，则拒绝 H_0，认为序列存在 ARCH 效应；如果 $LM \leqslant \chi^2(q)$，则不能拒绝 H_0，认为序列不存在 ARCH 效应。

3. 模型的参数估计

（1）最小二乘估计法。对于一个 ARCH 模型，最小二乘估计为：

$$\hat{\delta} = \left(\sum_{t=2}^{T}\tilde{e}_{t-1}\tilde{e}'_{t-1}\right)^{-1}\sum_{t=2}^{T}\tilde{e}_{t-1}\tilde{e}_t^2 \tag{5.41}$$

其中，$\hat{\delta} = (\alpha_0, \alpha_1, \cdots, \alpha_p)'$，$\tilde{e}_t = (1, e_t^2, \cdots, e_{t-p+1}^2)'$，如果 $E(e_t^2) < \infty$，则 $\hat{\delta}$ 为一致渐进正态。

（2）极大似然估计法。采用极大似然法来估计 ARCH 模型的参数，设样本量是 n，回归 ARCH（q）模型参数估计的对数似然函数为：

$$\ln L(\beta, \alpha | y, x) = -\frac{1}{2}n\ln(2\pi) - \frac{1}{2}\sum_{t=1}^{n}\ln(h_t) - \frac{1}{2}\sum_{t=1}^{n}(u_t^2/h_t) + \sum_{t=1}^{n}\ln\left|\frac{\partial u_t}{\partial y_t}\right| \tag{5.42}$$

使该函数取得最大值的参数 β 和 α 值，就是参数 β 和 α 的极大似然估计值。

（3）准极大似然估计法。当噪声过程不服从正态分布或者不完全知道条件分布时，由于参数的渐进有效性，我们仍可以使用高斯的 MLE 方法进行估计。这种估计称为伪极大似然估计（pseudo-MLE，PMLE）或准极大似然估计（quasi-MLE，QMLE）。$E(\varepsilon_t^2) < \infty$，QMLE 是一致渐进正态的，如果残差确实服从高斯分布，QMLE 通常比 MLE 准确性差。

4. 建模流程图

ARCH 模型建模流程如下图所示。

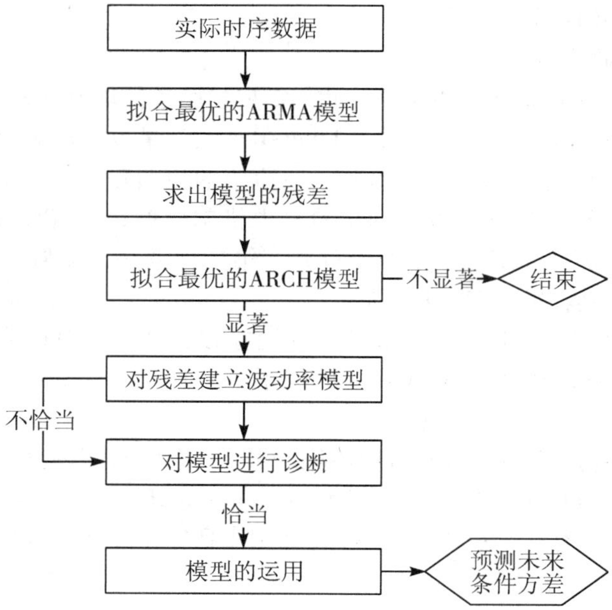

ARCH 模型建立流程图

【例 5－15】模拟研究——模拟 ARCH（1）模型：$h_t=\alpha_0+\alpha_1\varepsilon_{t-1}^2=0.02+0.8\varepsilon_{t-1}^2$。

```
library(EmRa)
set.seed(123456)
ht1 = garch.sim(alpha = c(0.02, 0.8), n = 500)
plot(ht1, type = 'l')
```

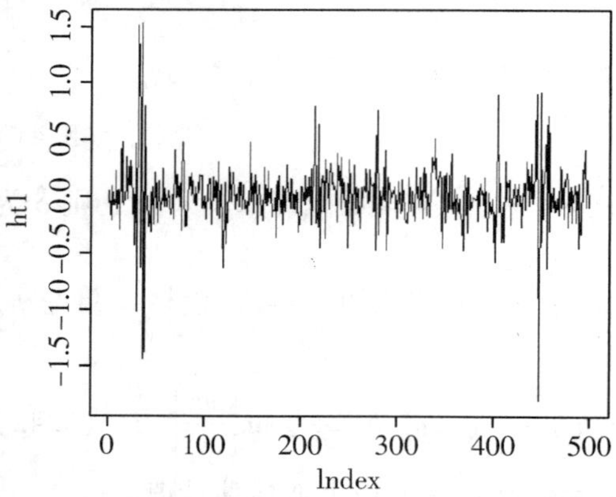

上图展示了一个容量为 500 的用 ARCH（1）模拟的时间序列数据，虽然由于条件方差过程记忆短，数据能够从大的波动中很快恢复，但是较大的波动聚集在一起，使得数据的波动集群性非常明显。

```
acf(ht1)
```

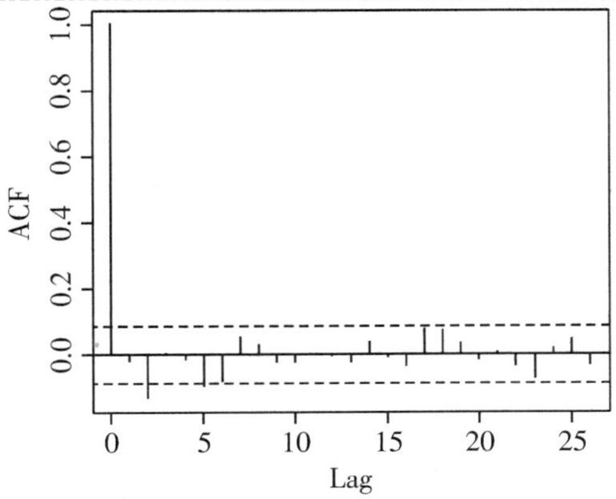


```
pacf(ht1)
```

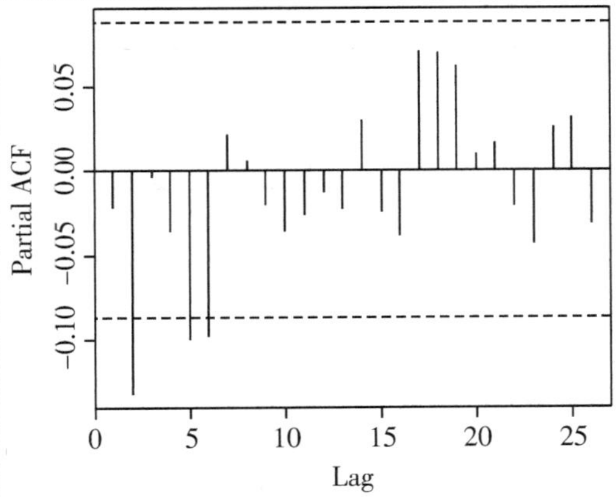

从序列的自相关和偏自相关图可以看到，模拟的过程看起来基本上是序列无关的。

```
acf(ht1^2)
```

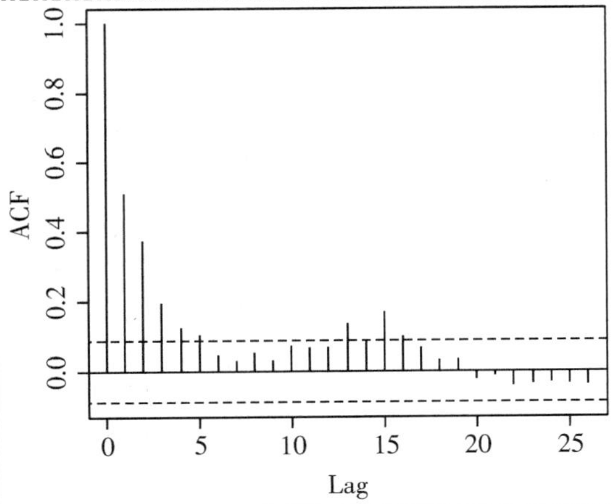

```
pacf(ht1^2)
```

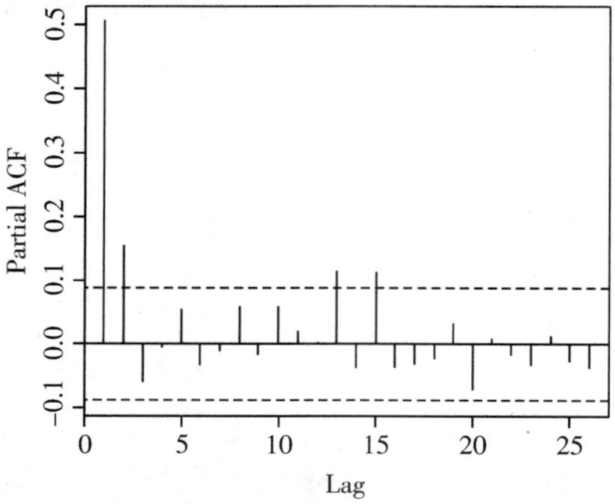

而序列的平方数据都存在明显的自相关性。

```
library(tseries)
G01 = garch(ht1, order = c(0, 1))
summary(G01)
```

```
Call:garch(x = ht1,order = c(0,1),trace = F)

Model: GARCH(0,1)

Residuals:
    Min       1Q   Median     3Q    Max
 -3.846   -0.610    0.110  0.696  2.687

Coefficients:
     Estimate   Std. Error   t value    Pr(>|t|)
a0    0.01841    0.00195      9.43      < 2e-16 ***
a1    0.87031    0.11611      7.50      6.6e-14 ***
---
Signif. codes: 0 '***' 0.001 '**' 0.01 '*' 0.05 '.' 0.1 ' ' 1

Diagnostic Tests:
        Jarque Bera Test

data:Residuals
X-squared = 1.617, df = 2, p-value = 0.4456

        Ljung-Box test

data:Squared. Residuals
X-squared = 1.054, df = 1, p-value = 0.3046
```

对数据进行 ARCH（1）模型拟合，拟合结果跟假定参数基本一致，$\hat{h}_t = 0.018 + 0.870\varepsilon_{t-1}^2$，这里采用GARCH统计方法，而 GARCH（0，1）= ARCH（1），见下节。而且模型的残差满足正态性要求(Jarque-Bera Test)，也不存在自相关性（Ljung-Box test）。

但 ARCH 模型有一个显著的缺点，就是通常拟合的模型阶数 q 较大，博勒斯莱文（Tim Bollerslev）在恩格尔的 ARCH 模型基础上提出了广义 ARCH 模型——GARCH 模型。

5.3.2 GARCH 模型

1. GARCH 模型的基本原理

ARCH (q)模型 $\varepsilon_t = \sqrt{h_t}v_t$ 决定于条件异方差 h_t 的结构：

$$h_0 = \alpha_0 + \alpha_1\varepsilon_{t-1}^2 + \cdots + \alpha_q\varepsilon_{t-q}^2 \tag{5.43}$$

若 ARCH (q)模型的阶数 q 过大，在样本有限时，上节介绍的迭代估计方法的效率会降低。为弥补这一缺点，以下介绍广义的 ARCH 模型——GARCH 模型。

博勒斯莱文把恩格尔的 ARCH 模型一般化，扩展为 ARMA 形式：

$$\varepsilon_t = \sqrt{h_t}v_t \qquad v_t \sim N(0, 1) \tag{5.44}$$

$$h_t = a_0 + a_1\varepsilon_{t-1}^2 + \cdots + a_q\varepsilon_{t-q}^2 + \beta_1 h_{t-1} + \cdots + \beta_p h_{t-p} \tag{5.45}$$

则称序列服从 GARCH (p, q)过程。其中 $p \geqslant 0$, $q > 0$; $a_0 > 0$, $a_i \geqslant 0$ ($i = 1, 2, \cdots, q$); $\beta_j \geqslant 0$ ($j = 1, 2, \cdots, p$)。

同在 AR 模型中加入 MA 成分得到了一般的 ARMA 模型一样，我们可以将一个 ARCH 模型扩展为一个广义的 ARCH 模型——GARCH 模型。因此，在 ARCH 模型的基础上，只要将(5.43)式改为下式：

$$h_t = a_0 + \sum_{i=1}^{q} a_i\varepsilon_{t-i}^2 + \sum_{j=1}^{p} \beta_j h_{t-j} \tag{5.46}$$

(5.46) 式就是一个 GARCH (p, q)过程。可见，GARCH (p, q)模型中的条件方差 h_t 是关于误差平方过去值和条件方差过去值的一个线性函数。GARCH 模型与 ARCH 模型的不同之处在于：GARCH 模型对于条件方差的拟合，不仅考虑过去的冲击，而且考虑它本身的过去值。GARCH 模型建模流程如第 204 页图所示，可以看出 GARCH 模型建模的关键是求出相关序列所拟合的模型的残差，但残差的质量取决于我们前面所建立的相关模型。

2. GARCH 模型的应用

在实际中，p 和 q 都不会很大，最常用的是 p 和 q 都为 1 的 GARCH (1, 1)过程。

GARCH (1, 1)是最简单的一种 GARCH 过程。尽管形式简单，但它在经济学中的许多领域，特别是在金融学中被多次运用。GARCH (1, 1)过程可表示为：

$$\varepsilon_t = \sqrt{h_t}v_t;\ h_t = \alpha_0 + \alpha_1\varepsilon_{t-1}^2 + \beta_1 h_{t-1} \tag{5.47}$$

其中，$\{v_t\}$ 独立同分布，且有 $v_t \sim N(0, 1)$，参数满足条件 $\alpha_0 > 0$，$\alpha_1 \geqslant 0$，$\beta_1 \geqslant 0$。$\varepsilon_t \sim$ GARCH (1, 1)是稳定过程的充分必要条件为 $\alpha_1 + \beta_1 < 1$。

【例 5－16】模拟 GARCH (1, 1)：$h_t = 0.02 + 0.05\varepsilon_{t-1}^2 + 0.9h_{t-1}$。

```
library(EmRa)
set.seed(123456)
ht11 = garch.sim(alpha = c(0.02, 0.05), beta = 0.9, n = 500)
plot(ht11, type = 'l')
```

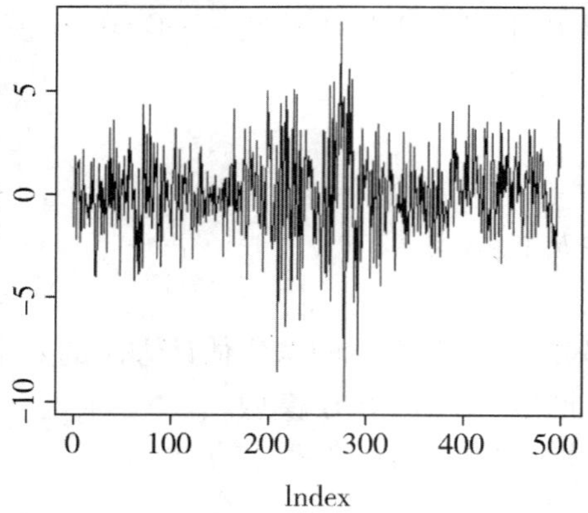


```
acf(ht11)
Box.test(ht11)
```

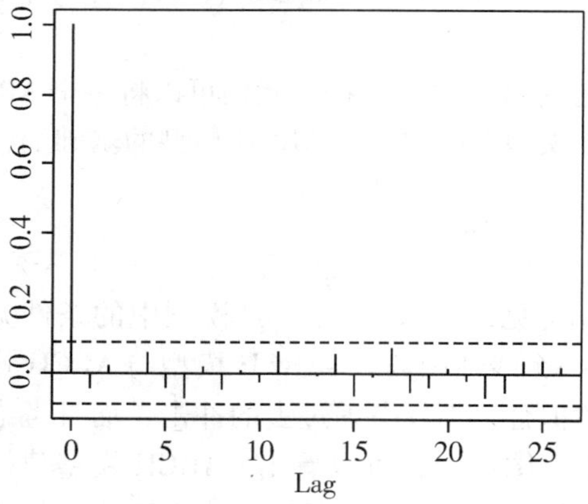


```
Box-Pierce test

data:ht11
X-squared = 0.8797, df = 1, p-value = 0.3483
```

pacf(ht11)

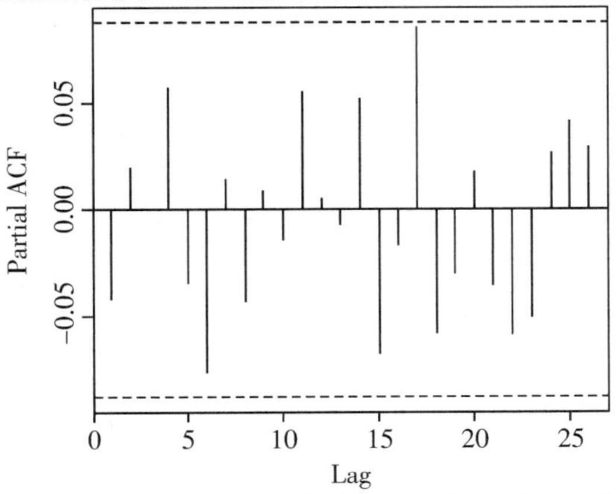

acf(ht11^2)

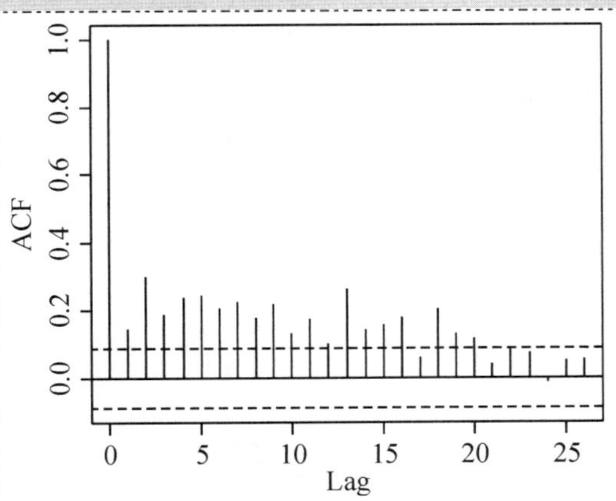

pacf(ht11^2)

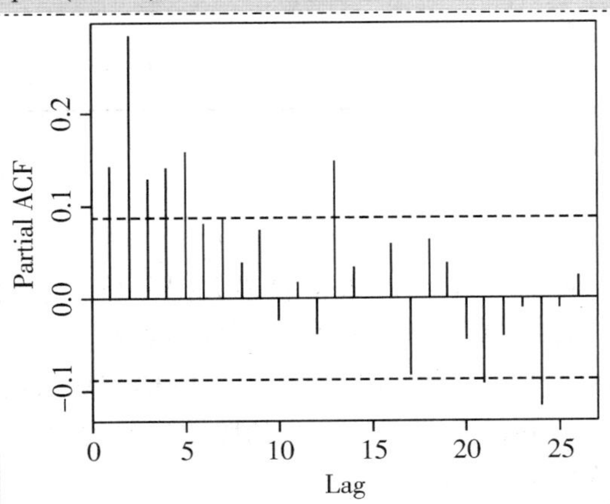

从模拟序列的散点图和自相关图可以看到，序列是平稳的，并不存在序列相关。进一步的 Box-Pierce 检验也证实了这一点。

但序列的平方存在明显的相关性，说明模拟序列存在明显的 ARCH 效应。下面拟合 GARCH 模型。

```
G11 = garch(ht11,order = c(1,1),trace = F)
summary(G11)
```

```
Call:garch(x = ht11, order = c(1,1), trace = F)

Model: GARCH(1,1)

Residuals:
    Min       1Q   Median     3Q    Max
 -3.838   -0.614   0.116   0.706  2.666

Coefficients:
      Estimate  Std. Error  t value  Pr(>|t|)
a0    0.1585    0.0860      1.84     0.0652 .
a1    0.1017    0.0322      3.16     0.0016 **
b1    0.8654    0.0401      21.59    <2e-16 ***
---
Signif. codes: 0 '***' 0.001 '**' 0.01 '*' 0.05 '.' 0.1 ' ' 1

Diagnostic Tests:
        Jarque Bera Test

data:Residuals
X-squared = 1.994, df = 2, p-value = 0.3689


        Ljung-Box test

data:Squared. Residuals
X-squared = 0.7345, df = 1, p-value = 0.3914
```

模型的拟合效果不错。

5.3.3 实证分析

【例 5 - 17】股票数据的 ARCH 模型分析。继续用例 4 - 4 来作股票数据分析，本例选取 2003 年 1 月 2 日至 2010 年 4 月 14 日的上海证券交易所每日收盘价格指数作为样本数据。我们研究股票市场的波动，以股票市场的日收益率作为考察变量，股票市场日收益率以相邻两日收盘指数的对数一阶差分来表示，并以 R_t 作为第 t 日的股票对数收益率，即这里的 $R_t = \ln(P_t/P_{t-1}) \times 100$，$P_t$ 表示股票价格指数。

指数日对数收益率 R_t 组成新的样本时间序列。对序列 $\{R_t\}$ 进行基本的统计分析，得到日收益率的时间序列图和描述性分析结果。

（1）基本统计分析。

```
Pt = read.csv("http://eclab.jnu.edu.cn/stat/SCIdata.csv") $ Pt
Rt = log(Pt[-1]/L_(Pt))* 100
plot(Rt, type = 'l');abline(h = 0)
```

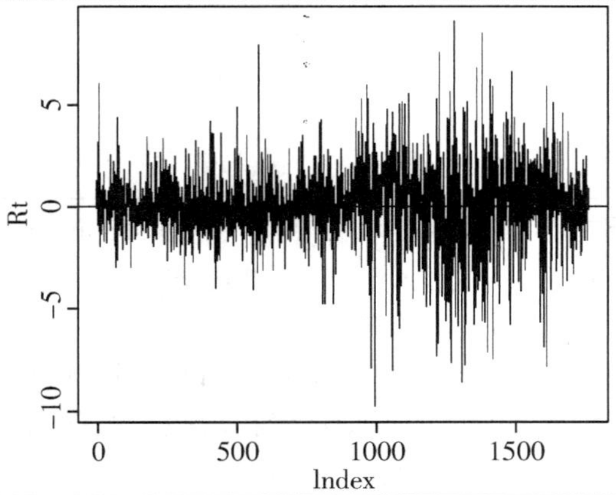


```
hist(Rt, breaks = 50, main = " ")
```

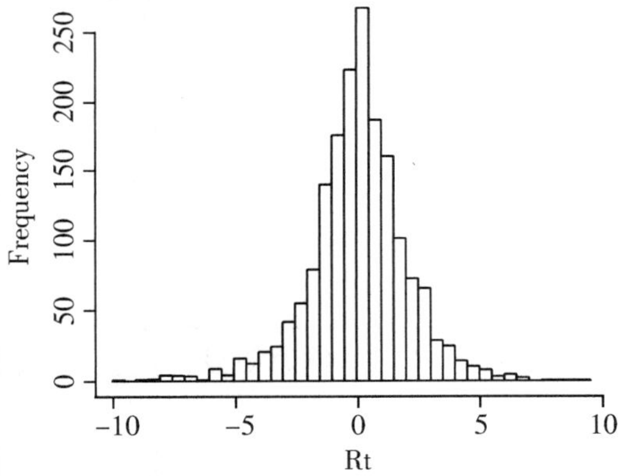


```
qqnorm(Rt);qqline(Rt)
```

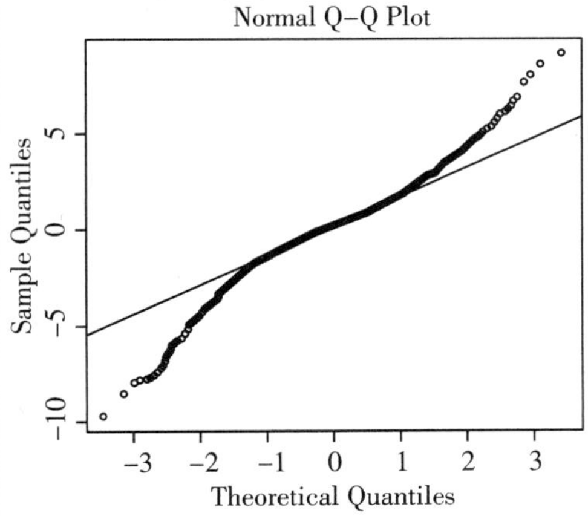

```
summary(Rt)
      Min     1st Qu.    Median      Mean    3rd Qu.       Max
 -0.09750   -0.00904   0.00139   0.00087   0.01160   0.09160
```

```
shapiro.test(Rt)    #jarque.bera.test(Rt)

        Shapiro-Wilk normality test

data:Rt
W =0.9664, p-value <2.2e-16
```

从 R_t 正态概率图可以看出日对数收益率具有显著的尖峰厚尾特点。使用 shapiro. test 统计量检验序列的正态性，检验所得的 p 值接近于 0，这说明至少可以在 99% 的置信水平下拒绝序列为正态分布的零假设，即认为序列不服从正态分布。

从收益率的散点图可以看出，在 2003 年 1 月 2 日至 2010 年 4 月 14 日这段时间内，上证指数日收益率表现出一个明显的特点，即在较大幅度的波动后紧接着较大幅度的波动，较小幅度的波动后紧接着较小幅度的波动，也就是具有波动的集群性。

（2）平稳性检验。对 $\{R_t\}$ 进行平稳性检验，检验结果如下：

```
ADF.test(Rt)
Augmented Dickey-Fuller Test Unit Root Test

Value of test statistic is: -29.91
Critical values for test statistics:
          1%      5%     10%
tau1   -2.58   -1.95   -1.62
```

根据上述结果，我们看出至少可以在 0.01 的显著性水平下拒绝原假设，接受备择假设，认为 $\{R_t\}$ 序列是平稳的。

（3）均值方程 $R_t = c + u_t$。

```
lm.Rt = lm(Rt ~ 1);summary(lm.Rt)
Call:lm(formula = Rt ~ 1)

Residuals:
    Min       1Q   Median      3Q     Max
 -9.837   -0.991   0.052   1.076   9.074

Coefficients:
             Estimate  Std. Error  t value  Pr( > |t| )
(Intercept)   0.0873     0.0474      1.84      0.065 .
---
Signif. codes: 0 '***' 0.001 '**' 0.01 '*' 0.05 '.' 0.1 ' ' 1

Residual standard error: 1.99 on 1764 degrees of freedom
```

可知 $R_t = 0.0873 + u_t$。

(4)ARCH 检验。

```
et = resid(lm.Rt)
plot(et,type = 'l', ylim = c( - 15, 15));abline(h = 0)
Box.test(et)
```

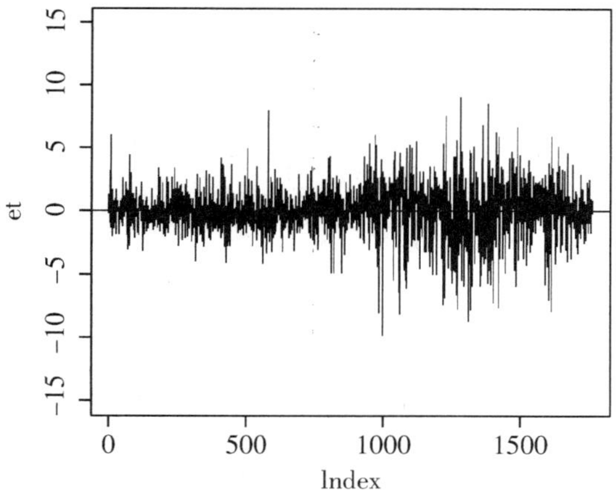


```
Box-Pierce test

data: et
X-squared = 2. 979, df = 1, p-value = 0. 08436
```

从模型的标准化残差图和自相关图可以看到，残差序列是平稳的，并不存在序列相关性。进一步的 Box-Pierce 检验也证实了这一点。

```
acf(et^2)
```

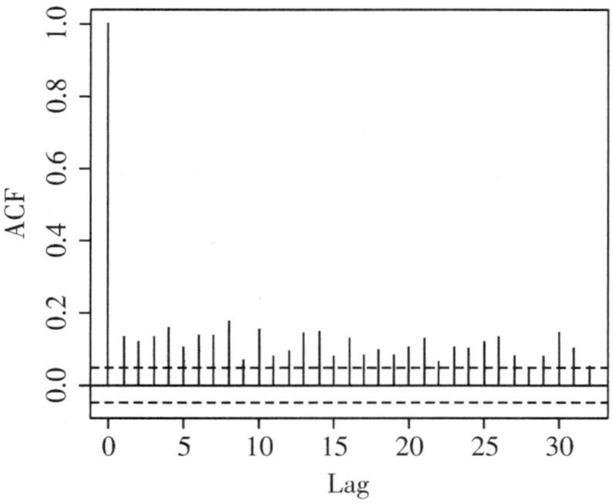

```
pacf(et^2)
```

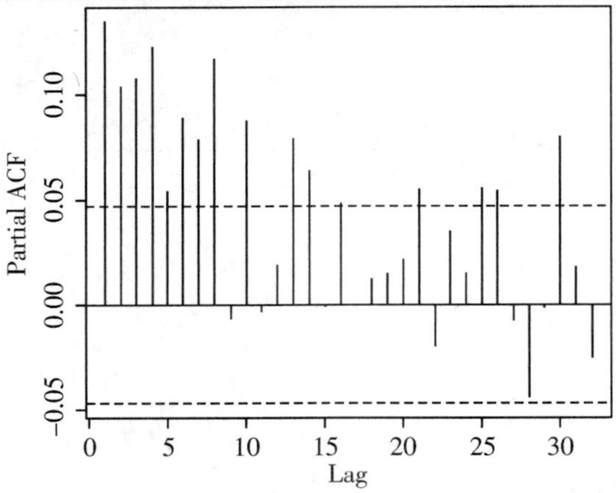


```
Box.test(et^2)
```

```
        Box-Pierce test

data: et^2
X-squared = 31.23, df = 1, p-value = 2.295e-08
```

但模型残差的平方序列就存在明显的序列相关性，说明对数日收益率存在明显的 ARCH 效应。

（5）ARCH 模型。

```
library(tseries)
summary(garch(Rt,order = c(0,1),trace = F))    #ARCH(1)
```

```
Call: garch(x = Rt, order = c(0,1), trace = F)


Model: GARCH(0,1)


Residuals:
     Min        1Q    Median      3Q     Max
 -5.3992   -0.4636   0.0728   0.5918  4.3998


Coefficients:
     Estimate  Std. Error   t value    Pr(>|t|)
a0    3.2542     0.0924     35.21     <2e-16 ***
a1    0.1875     0.0270      6.95     3.7e-12 ***
---
Signif. codes: 0 '***' 0.001 '**' 0.01 '*' 0.05 '.' 0.1 ' ' 1


Diagnostic Tests:
        Jarque Bera Test

data: Residuals
X-squared = 466.3, df = 2, p-value < 2.2e-16
```

```
        Ljung-Box test

data:Squared. Residuals
X-squared = 0. 412,  df = 1,  p-value = 0. 5209
```

```
summary(garch(Rt,order = c(0,5),trace = F))    #ARCH(2)
```

```
Call:garch(x = Rt,order = c(0,5),trace = F)

Model: GARCH(0,5)

Residuals:
      Min        1Q   Median      3Q     Max
 -6. 3417  -0. 5087  0. 0722  0. 6258  4. 3368

Coefficients:
      Estimate  Std. Error  t value   Pr( > |t| )
a0     1. 5404    0. 0826    18. 65     < 2e-16  ***
a1     0. 0990    0. 0252     3. 93     8. 7e-05 ***
a2     0. 1479    0. 0268     5. 52     3. 4e-08 ***
a3     0. 1210    0. 0239     5. 07     4. 0e-07 ***
a4     0. 1968    0. 0303     6. 50     8. 2e-11 ***
a5     0. 0891    0. 0185     4. 81     1. 5e-06 ***
---
Signif. codes: 0  '***'  0. 001  '**'  0. 01  '*'  0. 05  '.'  0. 1  ' '  1

Diagnostic Tests:
        Jarque Bera Test

data:Residuals
X-squared = 347. 9,  df = 2,  p-value < 2. 2e-16



        Ljung-Box test

data:Squared. Residuals
X-squared  =  0. 102,  df  =  1,  p-value  =  0. 7494
```

```
summary(garch(Rt, order = c(0, 8), trace = F))    #ARCH(8)
```

```
Call:garch(x = Rt,order = c(0,8),trace = F)

Model: GARCH(0,8)

Residuals:
      Min        1Q   Median      3Q     Max
 -4. 7357  -0. 5286  0. 0772  0. 6479  3. 8824
```

```
Coefficients:
    Estimate   Std. Error  t value   Pr( > |t| )
a0   0.9383    0.1039      9.03     < 2e-16 ***
a1   0.0676    0.0225      3.01       0.0026 **
a2   0.1294    0.0272      4.76     1.9e-06 ***
a3   0.0588    0.0222      2.64       0.0082 **
a4   0.1366    0.0302      4.53     5.9e-06 ***
a5   0.0418    0.0201      2.08       0.0371 *
a6   0.1072    0.0228      4.71     2.5e-06 ***
a7   0.1024    0.0231      4.43     9.6e-06 ***
a8   0.1672    0.0261      6.40     1.6e-10 ***
---
Signif. codes: 0 '***' 0.001 '**' 0.01 '*' 0.05 '.' 0.1 ' ' 1

Diagnostic Tests:
        Jarque Bera Test

data:Residuals
X-squared = 125.2, df = 2, p-value < 2.2e-16


        Ljung-Box test

data:Squared. Residuals
X-squared = 0.0532, df = 1, p-value = 0.8176
```

```
summary(garch(Rt, order = c(0, 9), trace = F))    #ARCH(9)
```

```
Call:garch(x = Rt,order = c(0,9),trace = F)

Model: GARCH(0,9)

Residuals:
    Min        1Q    Median     3Q      Max
 -4.5242   -0.4773   0.0738   0.5873   4.0601

Coefficients:
      Estimate     Std. Error   t value    Pr( > |t| )
a0   2.14e+00     1.88e-01     11.41      < 2e-16 ***
a1   5.54e-02     2.35e-02      2.36       0.0185 *
a2   6.37e-02     2.59e-02      2.45       0.0141 *
a3   5.23e-02     2.28e-02      2.30       0.0216 *
a4   8.57e-02     2.83e-02      3.03       0.0024 **
a5   2.22e-02     2.04e-02      1.09       0.2766
a6   6.01e-02     2.20e-02      2.73       0.0063 **
a7   6.50e-02     2.39e-02      2.71       0.0067 **
a8   1.04e-01     2.41e-02      4.30      1.7e-05 ***
a9   1.39e-14     1.65e-02      0.00       1.0000
```

```
---
Signif. codes: 0 '***' 0.001 '**' 0.01 '*' 0.05 '.' 0.1 ' ' 1

Diagnostic Tests:
        Jarque Bera Test

data:Residuals
X-squared = 189.1, df = 2, p-value < 2.2e-16

        Ljung-Box test

data:Squared. Residuals
X-squared = 2.182, df = 1, p-value = 0.1397
```

从建立的 ARCH 模型可以看到，从 ARCH (1)到 ARCH (8)模型各阶系数都是显著的，这也是 ARCH 模型的缺点，即其阶数通常较高，于是考虑使用广义 ARCH 模型——GARCH 模型。

(6) GARCH 模型。在前面的分析中，我们知道残差序列存在 ARCH 效应，但现在建立的 ARCH 模型已达到 8 阶，这时可尝试用 GARCH (1, 1)模型来描述这个时间序列。

```
G11.Rt = garch(Rt, order = c(1, 1), trace = F)
summary(G11.Rt)
```

```
Call: garch(x = Rt, order = c(1, 1), trace = F)

Model: GARCH(1,1)

Residuals:
     Min        1Q   Median       3Q      Max
 -4.0354   -0.5047   0.0788   0.6490   4.3686

Coefficients:
     Estimate   Std. Error   t value   Pr(>|t|)
a0    0.03640     0.00962      3.78    0.00015 ***
a1    0.06933     0.00822      8.43    < 2e-16 ***
b1    0.92218     0.00839    109.93    < 2e-16 ***
---
Signif. codes: 0 '***' 0.001 '**' 0.01 '*' 0.05 '.' 0.1 ' ' 1

Diagnostic Tests:
        Jarque Bera Test

data:Residuals
X-squared = 88.51, df = 2, p-value < 2.2e-16

        Ljung-Box test

data:Squared. Residuals
X-squared = 0.1862, df = 1, p-value = 0.6661
```

```
summary(garch(Rt, order = c(2, 1), trace = F))
----------------------------------------------------
Call:garch(x = Rt,order = c(2,1),trace = F)

Model: GARCH(2,1)

Residuals:
     Min        1Q   Median      3Q      Max
 -4.0382   -0.5054  0.0788  0.6491   4.3661

Coefficients:
       Estimate    Std. Error   t value   Pr(>|t|)
a0   3.61e-02    1.46e-02     2.47      0.0137  *
a1   6.97e-02    2.23e-02     3.12      0.0018  **
b1   9.22e-01    3.33e-01     2.77      0.0056  **
b2   8.92e-14    3.10e-01     0.00      1.0000
---
Signif. codes: 0 '***' 0.001 '**' 0.01 '*' 0.05 '.' 0.1 ' ' 1

Diagnostic Tests:
        Jarque Bera Test

data:Residuals
X-squared = 87.75, df = 2, p-value < 2.2e-16


        Ljung-Box test

data:Squared. Residuals
X-squared = 0.1897, df = 1, p-value = 0.6631
```

于是得如下的模型：

均值方程：$R_t = 0.087\ 31 + \varepsilon_t$，

方差方程：$h_t = 0.036\ 4 + 0.069\ 3\varepsilon_{t-1}^2 + 0.922\ 2h_{t-1}$。

式中 $a_1 + \beta_1 = 0.991\ 5 < 1$，满足平稳条件，所有系数都显著，说明 GARCH（1，1）能较好地拟合数据。残差平方的 Ljung-Box 检验不显著（$p = 0.661$），接受原假设，可以认为该残差序列不存在 ARCH 效应，说明 GARCH（1，1）模型消除了残差序列的条件异方差性，也表明 GARCH（1，1）模型能较好地拟合数据的生成过程。

```
summary(garch(Rt, order = c(2, 1), trace = F))
----------------------------------------------------
Call:garch(x = Rt,order = c(2,1),trace = F)

Model: GARCH(2,1)

Residuals:
     Min        1Q   Median      3Q      Max
 -4.0382   -0.5054  0.0788  0.6491   4.3661
```

```
Coefficients:
        Estimate   Std. Error   t value   Pr( > |t| )
a0    3.61e-02    1.46e-02     2.47      0.0137 *
a1    6.97e-02    2.23e-02     3.12      0.0018 **
b1    9.22e-01    3.33e-01     2.77      0.0056 **
b2    8.92e-14    3.10e-01     0.00      1.0000
---
Signif. codes: 0 '***' 0.001 '**' 0.01 '*' 0.05 '.' 0.1 ' ' 1

Diagnostic Tests:
        Jarque Bera Test

data:Residuals
X-squared = 87.75, df = 2, p-value < 2.2e-16



        Ljung-Box test

data:Squared. Residuals
X-squared = 0.1897, df = 1, p-value = 0.6631
```

可以看出 GARCH(2，1)的 b2 系数已不显著了。读者可自行拟合 GARCH(1，2)，GARCH(2，2)等，效果都不如 GARCH(1，1)模型。

（7）AR + GARCH 模型的建立。在(3)的均值方程 $R_t = c + u_t$ 建立过程中我们看到，实际上该模型并不显著，这时我们可考虑建立 R_t 的 AR 模型来描述，详情见 4.2.3 节。

```
AR4 = arima(Rt, order = c(4, 0, 0), include.mean = F, fixed = c(0, 0, 0, NA), transform.pars = FALSE)
arima.test(AR4)
```

```
arima(x = Rt,order = c(4,0,0),include. mean = F,transform. pars = FALSE,fixed = c(0,0,0,NA))


Coefficients:
       Estimate  Std. Error   t value   Pr( > |t| )
ar1    0.00000        NA        NA            NA
ar2    0.00000        NA        NA            NA
ar3    0.00000        NA        NA            NA
ar4    0.06528    0.02375     2.749     0.005971


sigma^2 estimated as 3.947;log likelihood = -3716,   aic = 7436
```

于是得最终的 AR（4）模型为：$R_t = 0.065\ 28R_{t-4} + \varepsilon_t$。

所以我们建立的最终模型如下：

均值方程：$R_t = 0.065\ 28R_{t-4} + \varepsilon_t$，

方差方程：$h_t = 0.036\ 4 + 0.069\ 3\varepsilon_{t-1}^2 + 0.922\ 2h_{t-1}$。

5.4 时间序列模型的诊断与评价

5.4.1 时间序列模型的诊断

计量经济学模型的建立是一个反复的过程，从模型识别和参数估计开始，在参数估计之后，通过检查模型的假定是否满足来检验模型的适应性。因此模型的诊断检验主要是通过对残差序列的仔细分析而实现的。由于残差序列是参数估计的产物，因此在 R 语言里，模型的诊断检验可以通过估计输出的结果计算得出。

经典的时间序列计量模型主要是一些常用的自回归模型 AR，有自回归移动平均模型 ARMA、自回归差分移动平均模型 ARIMA、自回归条件异方差模型 ARCH 和广义自回归条件异方差模型 GARCH。

使用 ARMA/ARIMA 模型拟合时间序列数据的生成过程，首先要利用样本自相关函数 ACF 和偏自相关函数 PACF 来判断时间序列是否可用 ARMA/ARIMA 模型来拟合。如果可以用 ARMA/ARIMA 模型进行拟合，则对时间序列进行平稳性检验，如果平稳就使用 ARMA 模型，否则就使用 ARIMA 模型。然后再利用自相关函数 ACF、偏自相关函数 PACF 和 AIC 以及 SBC 信息准则确定 ARMA 或 ARIMA 模型的滞后阶数，并利用极大似然估计法估计模型参数得到节俭的模型，最后对模型的误差项进行相关的检验。通过对所建立的 ARMA/ARIMA 模型的分析研究，可以更本质地认识时间序列的结构和特征，并达到最小方差意义下的最优预测。

在建立 ARMA/ARIMA 模型的过程中，对模型的误差项进行了相关的假定，假定误差项是相互独立的白噪声序列，且服从均值为 0、方差不变的正态分布，也就是说要求时间序列的条件方差不变。但是实际的很多时间序列，特别是一些金融时间序列的条件方差是随着时间而改变的。

5.4.2 时间序列模型的优劣评价

在时间序列分析中，可能会有若干个适应的模型能用来描述给定的数据集。对于这些模型，通常可以基于由拟合模型计算出残差的综合统计量，结合由样本外推预报计算出的预报误差来对它们进行比较。前者相当于是对模型拟合优度的比较，其比较的方法主要有：

1. 校正的判定系数（adjusted R^2）

其定义为：

$$\text{adj } R^2 = 1 - (n-1)(1 - R^2)/(n-k) \tag{5.48}$$

其中 n 为样本数，k 为包括截距项在内的模型中的参数个数，R^2 为判定系数。对于不同的模型，校正的 R^2 越大，则认为模型能够更好地拟合时间序列的数据生成过程。

2. 赤池弘次的 AIC 和 BIC 准则

为了检验模型拟合的质量，赤池弘次（1974）将其定义为：

$$\text{AIC}(p) = n\ln\hat{\sigma}_e^2 + 2p \tag{5.49}$$

其中 p 是模型中的参数个数，$\hat{\sigma}_e^2$是对 σ_e^2的极大似然估计。对于不同的模型，我们选

择 p 使 AIC (p) 达到最小。

赤池弘次(1978，1979)对原来的 AIC 准则进行了修改，提出了极小 AIC 方法的 Bayesian 推广，称为 BIC，其定义为：

$$\mathrm{BIC}(p)=n\ln\hat{\sigma}_e^2-(n-p)\ln\left(1-\frac{p}{n}\right)+p\ln n+p\ln\left[\left(\frac{\frac{\hat{\sigma}_y^2}{\hat{\sigma}_e^2}-1}{p}\right)\right] \tag{5.50}$$

这里，$\hat{\sigma}_e^2$ 是 σ_e^2 的极大似然估计，p 是模型中的参数个数，$\hat{\sigma}_y^2$ 是序列的样本方差。与 AIC 方法的使用一样，我们要选择 p 使 BIC(p) 达到最小。

3. 施瓦茨的 SBC 准则

施瓦茨（Gideon E. Schwrtz）（1978）提出模型选择的 Bayesian 准则，称为 SBC 准则，其定义为：

$$\mathrm{SBC}(p)=n\ln\hat{\sigma}_e^2+p\ln n \tag{5.51}$$

其中，$\hat{\sigma}_e^2$ 是 σ_e^2 的极大似然估计，p 是模型中的参数个数，n 是有效观测个数，等价于可由序列中计算的残差个数。我们选择使 SBC(p) 达到最小的 p。

这是几种常用的模型的选择准则，在应用 R 语言进行模型的选择时，要把这几种准则综合起来进行考虑。

5.4.3 基于预测的评价方法

上面几种方法是基于由拟合模型计算出残差的综合统计量来对模型进行比较，这只是模型比较的第一阶段。我们建立时间序列模型还有一个很重要的应用是预测，不同的模型在预测方面有不同的表现，只有那些能更好地预测时间序列未来的发展趋势的模型才是更好的模型，所以我们还要对模型的预测方面进行评价。其评价方法有如下几种（令 $\hat{y}_i$ 为预测值，y_i 为实际值，n 为预测点数）：

1. 均方误差（*MSE*）

$$MSE=\frac{1}{n}\sum_{i=1}^{n}(y_i-\hat{y}_i)^2 \tag{5.52}$$

对于不同的模型，使得预测的 *MSE* 最小的模型为更好的模型。

2. 误差均方根（*RMSE*）

$$RMSE=\sqrt{\frac{1}{n}\sum_{i=1}^{n}(y_i-\hat{y}_i)^2} \tag{5.53}$$

使得预测的 *RMSE* 越小的模型则越好。

3. 平均绝对误差（*MAE*）

$$MAE=\frac{1}{n}\sum_{i=1}^{n}|y_i-\hat{y}_i| \tag{5.54}$$

使得预测的 *MAE* 越小的模型则越好

4. 平均绝对百分误差（*MAPE*）

$$MAPE=\left(\frac{1}{n}\sum_{i=1}^{n}\frac{|y_i-\hat{y}_i|}{|y_i|}\right)\times 100\% \tag{5.55}$$

使得预测的 *MAPE* 越小的模型则越好。

以上的统计量中，误差均方根 *RMSE* 比其他四种统计量更加有用，因为它度量了误差的大小。在预测方面对模型进行评价要注意两点，一是在样本内拟合程度越好的模型其预测效果并不是越好，二是由于模型参数估计误差的存在，小模型的预测效果往往好于大模型。所以我们在对模型进行评价的时候要把模型的拟合程度和预测效果结合起来。

如 R 语言软件给出了一个广泛定义上的模拟预测函数 predict，该函数可针对 lm，ARIMA 等模型进行预测，在前面各章都有所介绍。

练习题

一、手工解答题（纸质作业）

1. 简述时间序列模型的基本概念及其适用性。
2. 简述随机时间序列模型的平稳性条件。
3. 试证明随机游走过程的非平稳性。
4. 何谓单位根检验？DF 检验和 ADF 检验有何不同？
5. 为何要考察序列之间的协整关系？单整和协整有何联系？
6. 试述误差修正模型的基本原理。
7. 格兰杰因果关系是真的“因果”关系吗？为什么？
8. ARCH 模型和 GARCH 模型有何不同？为何要应用 GARCH 模型？

二、软件计算题（电子作业）

1. 下表是 1978—2003 年中国财政收入（Y，亿元）和税收（X，亿元）的数据，判断 $\ln Y$ 和 $\ln X$ 的平稳性，如果是同阶单整的，检验它们之间是否存在协整关系，如果协整，则建立相应的协整模型。

年度	Y	X	年度	Y	X
1978	1 132. 26	519. 28	1995	6 242. 20	6 038. 04
1980	1 159. 93	571. 70	1996	7 407. 99	6 909. 82
1985	2 004. 82	2 040. 79	1997	8 651. 14	8 234. 04
1989	2 664. 90	2 727. 40	1998	9 875. 95	9 262. 80
1990	2 937. 10	2 821. 86	1999	11 444. 08	10 682. 58
1991	3 149. 48	2 990. 17	2000	13 395. 23	12 581. 51
1992	3 483. 37	3 296. 91	2001	16 386. 04	15 301. 38
1993	4 348. 95	4 255. 30	2002	18 903. 64	17 636. 45
1994	5 218. 10	5 126. 88	2003	21 715. 25	20 017. 31

2. 下表是某地区消费模型建立所需的数据（单位：元）。

年份	C	Y	年份	C	Y
1950	92.28	151.20	1971	151.20	274.08
1951	97.92	165.60	1972	163.20	286.68
1952	105.00	182.40	1973	165.00	288.00
1953	118.08	198.48	1974	170.52	293.52
1954	121.92	203.64	1975	170.16	301.92
1955	132.96	211.68	1976	177.36	313.80
1956	123.84	206.28	1977	181.56	330.12
1957	137.88	255.48	1978	200.40	361.44
1958	138.00	226.20	1979	219.60	398.76
1959	145.08	236.88	1980	260.76	491.76
1960	143.04	245.40	1981	271.08	501.00
1961	155.40	240.00	1982	290.28	529.20
1962	144.24	234.84	1983	318.48	522.72
1963	132.72	232.68	1984	365.40	671.16
1964	136.20	238.56	1985	418.92	811.80
1965	141.12	239.88	1986	517.56	988.44
1966	132.84	239.04	1987	577.92	1 094.64
1967	139.20	237.48	1988	655.76	1 231.80
1968	140.76	239.40	1989	756.24	1 374.60
1969	133.56	248.04	1990	833.76	1 522.20
1970	144.60	261.48			

对实际人均年消费支出 C 和人均年收入 Y 分别取对数，得到 $\ln C$ 和 $\ln Y$：

（1）对 $\ln C$ 和 $\ln Y$ 进行平稳性检验。

（2）用 EG 两步检验法对 $\ln C$ 和 $\ln Y$ 进行协整性检验并建立误差修正模型，分析该模型的经济意义。

3. 经济理论指出，居民消费支出是其实际收入的函数。以中国国民核算中的居民消费支出经过居民消费价格指数缩减得到中国居民实际消费支出时间序列 COM；以支出法国内生产总值对居民消费价格指数缩减近似地代表国内生产总值时间序列 GDP。

（1）请通过网络或统计年鉴得到 1978—2014 年我国居民消费 COM 和国内生产总值 GDP 的时间序列数据；

（2）分别画出 COM 和 GDP 的时间序列图，并将 COM 和 GDP 画在一张图中；

（3）检验 $\ln COM$ 与 $\ln GDP$ 的协整性，并建立长期均衡关系；

（4）建立误差修正模型；

（5）进行预测。

4．股票波动率的研究。请读者选取 2005 年 1 月 1 日至 2014 年 12 月 31 日的上证指数作为样本数据，对我国上证指数波动率进行分析，并用 R 语言命令进行分析。

（1）画出收益率的趋势图；

（2）建立相应的 ARCH 模型；

（3）建立相应的 GARCH 模型；

（4）从中选一个合适的模型。

5．股票波动率的研究。请读者选取 2005 年 1 月 1 日至 2014 年 12 月 31 日的深圳证券交易所成份股价指数作为样本数据，对我国深圳证券交易所成份股价指数波动率进行分析，并用 R 语言命令进行分析。

（1）画出收益率的趋势图；

（2）建立相应的 ARCH 模型；

（3）建立相应的 GARCH 模型；

（4）从中选一个合适的模型。

附录 A　R 语言软件

一、R 语言软件下载

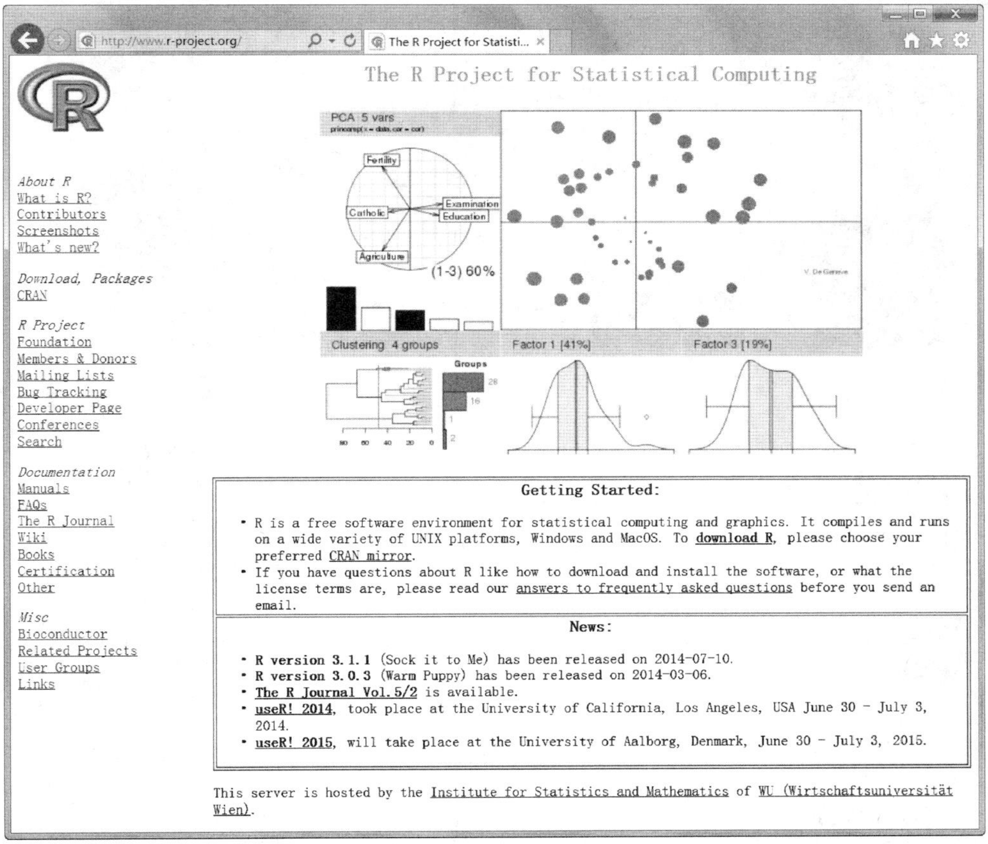

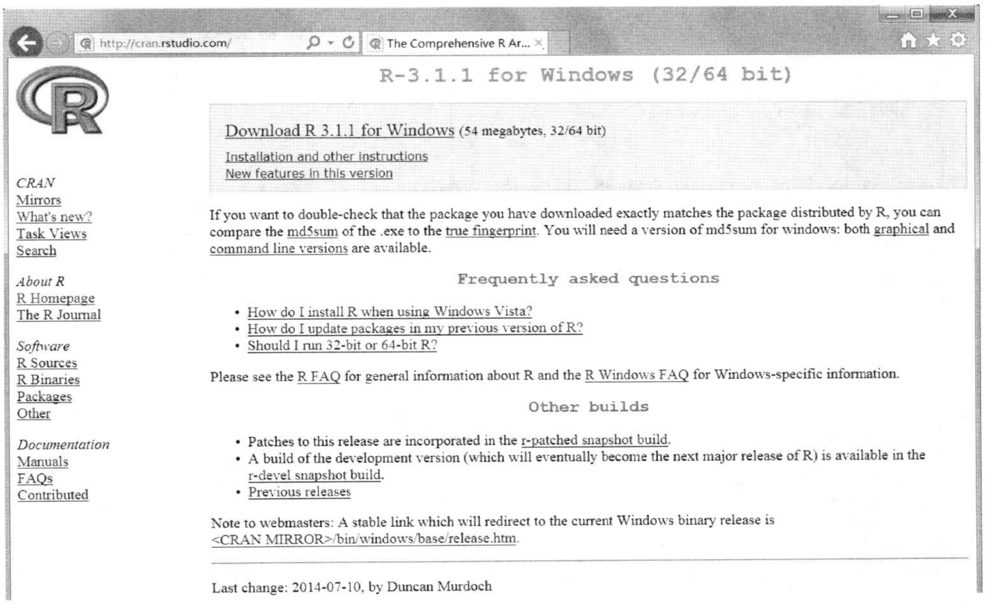

二、R Studio 下载

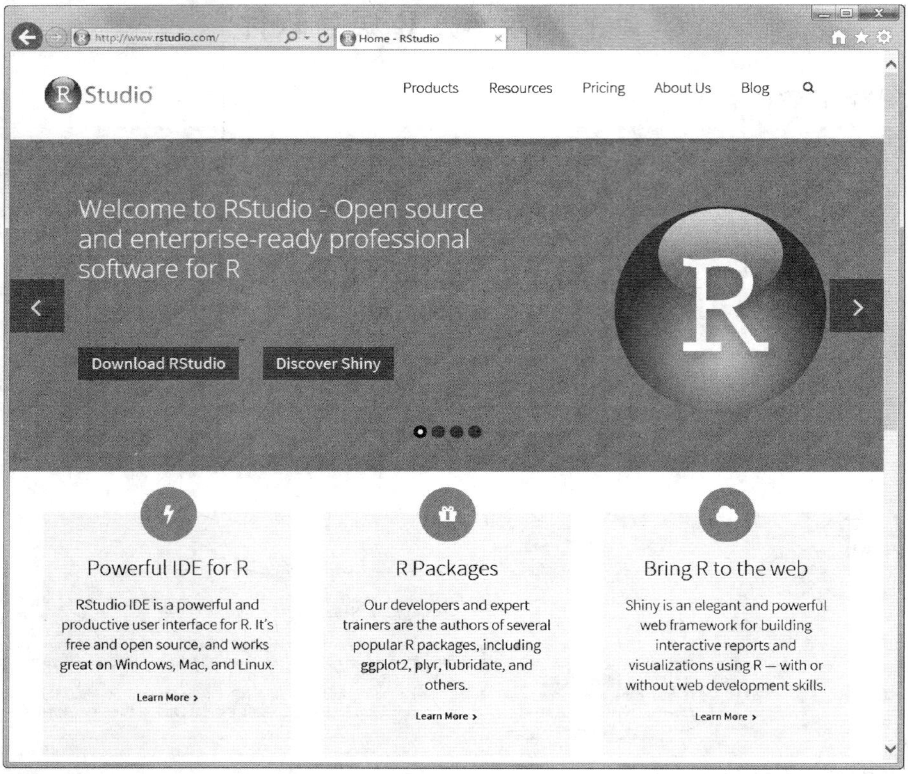
http://www.rstudio.com/
Home - RStudio
Studio
Products
Resources
Pricing
About Us
Blog
Welcome to RStudio - Open source and enterprise-ready professional software for R
Download RStudio
Discover Shiny
R
Powerful IDE for R
RStudio IDE is a powerful and productive user interface for R. It's free and open source, and works great on Windows, Mac, and Linux.
Learn More ›
R Packages
Our developers and expert trainers are the authors of several popular R packages, including ggplot2, plyr, lubridate, and others.
Learn More ›
Bring R to the web
Shiny is an elegant and powerful web framework for building interactive reports and visualizations using R — with or without web development skills.
Learn More ›

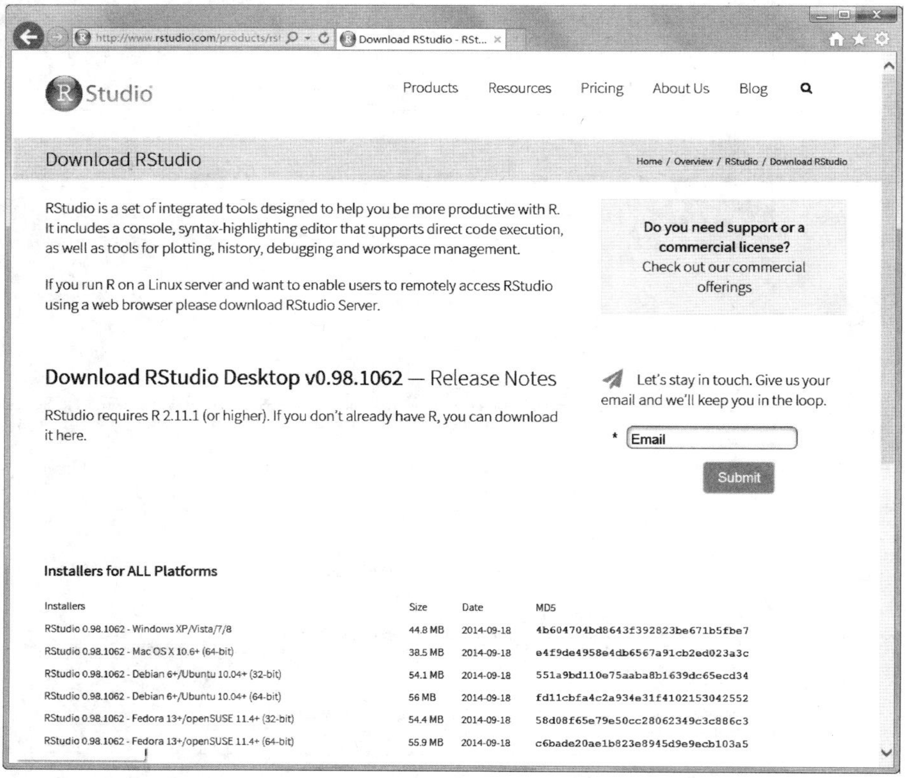
http://www.rstudio.com/products/rs
Download RStudio - RSt...
Studio
Products
Resources
Pricing
About Us
Blog
Download RStudio
Home / Overview / RStudio / Download RStudio
RStudio is a set of integrated tools designed to help you be more productive with R. It includes a console, syntax-highlighting editor that supports direct code execution, as well as tools for plotting, history, debugging and workspace management.
If you run R on a Linux server and want to enable users to remotely access RStudio using a web browser please download RStudio Server.
Do you need support or a commercial license?
Check out our commercial offerings
Download RStudio Desktop v0.98.1062 — Release Notes
RStudio requires R 2.11.1 (or higher). If you don't already have R, you can download it here.
Let's stay in touch. Give us your email and we'll keep you in the loop.
Email
Submit
Installers for ALL Platforms
Installers Size Date MD5
RStudio 0.98.1062 - Windows XP/Vista/7/8 44.8 MB 2014-09-18 4b604704bd8643f392823be671b5fbe7
RStudio 0.98.1062 - Mac OS X 10.6+ (64-bit) 38.5 MB 2014-09-18 e4f9de4958e4db6567a91cb2ed023a3c
RStudio 0.98.1062 - Debian 6+/Ubuntu 10.04+ (32-bit) 54.1 MB 2014-09-18 551a9bd110e75aaba8b1639dc65ecd34
RStudio 0.98.1062 - Debian 6+/Ubuntu 10.04+ (64-bit) 56 MB 2014-09-18 fd11cbfa4c2a934e31f4102153042552
RStudio 0.98.1062 - Fedora 13+/openSUSE 11.4+ (32-bit) 54.4 MB 2014-09-18 58d08f65e79e50cc28062349c3c886c3
RStudio 0.98.1062 - Fedora 13+/openSUSE 11.4+ (64-bit) 55.9 MB 2014-09-18 c6bade20ae1b823e8945d9e9ecb103a5

三、R 语言包

所有的 R 语言函数和数据集都是保存在包（package）里面的，只有当一个包被载入时，它的内容才可以被访问。这样做一是为了高效（完整的列表会耗去大量的内存并且增加搜索的时间），二是为了帮助包的开发者防止命名时和其他代码中的名字起冲突。

1. R 语言标准包

标准(基本)包构成 R 源代码的一个重要部分。它们包括允许 R 语言软件工作的基本函数和本文档中描述的数据集、标准统计和图形工具，在任何 R 语言软件的安装版本中，它们都会被自动获得。下面的标准包在 R 语言软件安装后自动载入：

```
> search ()
[1] ".GlobalEnv"          "package:stats"    "package:graphics"
[4] "package:grDevices"   "package:utils"    "package:datasets"
[7] "package:methods"     "Autoloads"        "package:base"
```

这里.GlobalEnv 为全局变量，Autoloads 为自动调用函数。每个包中都包含大量的函数。

2. R 语言扩展包

全世界有许多作者为 R 语言软件捐献了成百上千的 R 语言扩展包，都可以从 R Project 网站（http://www. r-project. org/）免费下载。目前已有 5 095 个包可供下载使用。

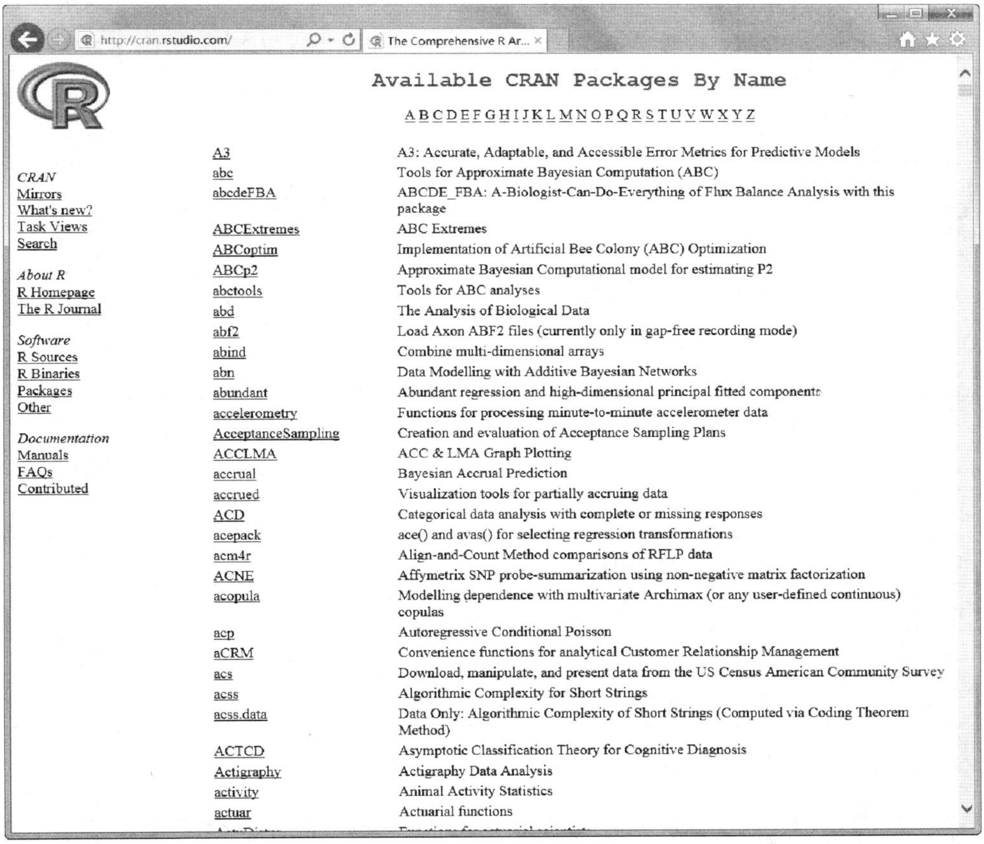

注意：安装程序包和载入程序包是两个概念，安装程序包是指将需要的程序包安装到 R 语言系统中，但此时包中的函数还不能用，还需将包载入 R 语言环境中，这些都可以在 R 语言界面的主菜单“程序包”中实现。

附录B　R语言函数

书中使用的主要R语言函数及其所在包

函数名	用途	所在章节	所在包
rm	清除内存中的变量和数据	1. 4. 1	默认
options	各种设置选项	1. 4. 1	默认
par	图形边际设置	1. 4. 1	默认
rnorm	正态随机数生成函数	1. 4. 1	默认
c	形成向量	1. 4. 2	默认
plot	散点图绘制函数	1. 4. 2	默认
ts	生成时间序列	1. 4. 2	默认
read. table	读取文本数据函数	1. 4. 2	默认
read. csv	读取 csv 数据函数	1. 4. 2	默认
names	查看数据框中的变量名	1. 4. 2	默认
nrow	数据框行数	1. 4. 2	默认
ncol	数据框列数	1. 4. 2	默认
attach	数据框绑定	1. 4. 2	默认
detach	数据框松绑	1. 4. 2	默认
summary	综合统计量	1. 4. 2	默认
lm	建立线性回归模型	1. 4. 2	默认
coef	获得回归系数	1. 4. 2	默认
fitted	获得拟合值	1. 4. 2	默认
resid	获得残差值	1. 4. 2	默认
cbind	数据列合并	1. 4. 2	默认
abline	添加回归线	1. 4. 2	默认
predict	线性模型预测函数	1. 4. 2	默认
set. seed	设置随机种子数	2. 1. 2	默认
runif	产生均匀随机数	2. 1. 2	默认
step	逐步回归函数	2. 1. 4	默认
pairs	矩阵散点图函数	2. 2. 1	默认
cor	相关系数函数	2. 2. 1	默认
cor. test	相关系数检验函数	2. 2. 1	默认
mcor. test	矩阵相关系数及检验	2. 2. 3	EmRa

（续上表）

函数名	用途	所在章节	所在包
pcor. test	偏相关系数及检验	2. 2. 3	EmRa
nls	非线性模型拟合函数	2. 4. 1	默认
qqnorm	正态 QQ 图	3. 1. 2	默认
qqline	正态 QQ 线	3. 1. 2	默认
shaprio. test	正态性检验	3. 1. 2	默认
leverage	杠杆值	3. 1. 3	EmRa
rstudent	学生化残差	3. 1. 3	默认
White. test	异方差的 White 检验	3. 2. 2	lmtest
Bptest	异方差的 Breusch-Pagan 检验	3. 2. 2	lmtest
dwtest	自相关的 D-W 检验	3. 3. 1	EmRa
bgtest	自相关的 Breusch-Godfrey 检验	3. 3. 1	lmtest
acf	自相关函数	4. 1. 2	默认
Box. test	自相关的 Box 检验	4. 1. 3	默认
ar	建立 AR 模型的函数	4. 2. 1	默认
arima. sim	ARIMA 模型随机数生成函数	4. 2. 2	默认
arima	建立 ARIMA 模型的函数	4. 2. 2	默认
arima. test	ARIMA 模型检验函数	4. 2. 2	EmRa
pacf	偏自相关函数	4. 2. 3	默认
auto. arima	自动确定 ARIMA 模型参数函数	4. 4. 3	forecast
L_	滞后函数	4. 4. 3	EmRa
cumsum	累积和函数	5. 1. 1	默认
diff	差分函数	5. 1. 2	默认
ADF. test	ADF 检验	5. 1. 3	EmRa
grangertest	格兰杰因果检验函数	5. 2. 3	lmtest
garch. sim	GARCH 模型随机数生成函数	5. 3. 1	EmRa
garch	建立 GARCH 模型的函数	5. 3. 1	tserise

EmRa 为作者为本书建立的包，请读者到网站 http://eclab. jnu. edu. cn/stat/上下载。

在使用 R 语言软件前，最好在本地建立一个目录，这样你的所有数据、代码及计算结果都可保存在该目录下，方便操作。这里假设我们建立的目录是 D:\myR，然后下载函数包到本地目录中，我们将本书所有自编函数编译成一个 R 语言包 EmRa，读者可下载安装使用。

1. 安装包

(1) 网上安装。在 R 环境中执行下述命令:

```
> install.packages("http://eclab.jnu.edu.cn/stat/EmRa_1.0.zip")
```

(2) 本地安装。在网址栏输入 http://eclab.jnu.edu.cn/stat/EmRa_1.0.zip，下载函数包，然后在 R 环境中执行下述命令:

```
> install.packages("D:/myR/ EmRa_1.0.zip")
```

2. 调用 library 包(EmRa)

本书为了方便，读者可直接在 R 环境中调用这些函数:

```
> source("http://eclab.jnu.edu.cn/stat/EmRa.txt")
```

参考文献

［1］王斌会. 数据统计分析及 R 语言编程. 北京：北京大学出版社，广州：暨南大学出版社，2014.

［2］王斌会. 多元统计分析及 R 语言建模（第三版）. 广州：暨南大学出版社，2014.

［3］［美］达摩达尔. N. 古扎拉蒂. 计量经济学基础. 费剑平，孙春霞等译. 北京：中国人民大学出版社，2005.

［4］程振源. 时间序列分析：历史回顾与未来展望. 统计与决策，2002(9).

［5］李子奈，潘文卿. 计量经济学(第二版). 北京：高等教育出版社，2005.

［6］庞皓. 计量经济学（第二版）. 北京：科学出版社，2010.

［7］高铁梅. 计量经济分析方法与建模：EViews 应用及实例. 北京：清华大学出版社，2006.

［8］金赛男，苏良军. 经济计量最新发展及其在中国的应用：2005 年经济计量最新发展国际研讨会评述. 数量经济技术经济研究，2005(9).

［9］于俊年. 计量经济学（精编本）. 北京：对外经济贸易大学出版社，2009.

［10］［美］沃尔特·恩德斯. 应用计量经济学：时间序列分析(第二版). 杜江，谢志超译. 北京：高等教育出版社，2006.

［11］［美］Ruey S. Tsay. 金融时间序列分析(第三版). 王远林，王辉，潘家柱译. 北京：人民邮电出版社，2012.

［12］［美］克莱尔等. 时间序列分析及应用（R 语言）（第二版）. 潘红宇等译. 北京：机械工业出版社，2011.